Das Ingrid Früchtel Vollkorn-Backbuch

Das Ingrid Früchtel
Vollkorn Backbuch

Rat und erprobte Rezept-Ideen
zum Backen mit Vollgetreide

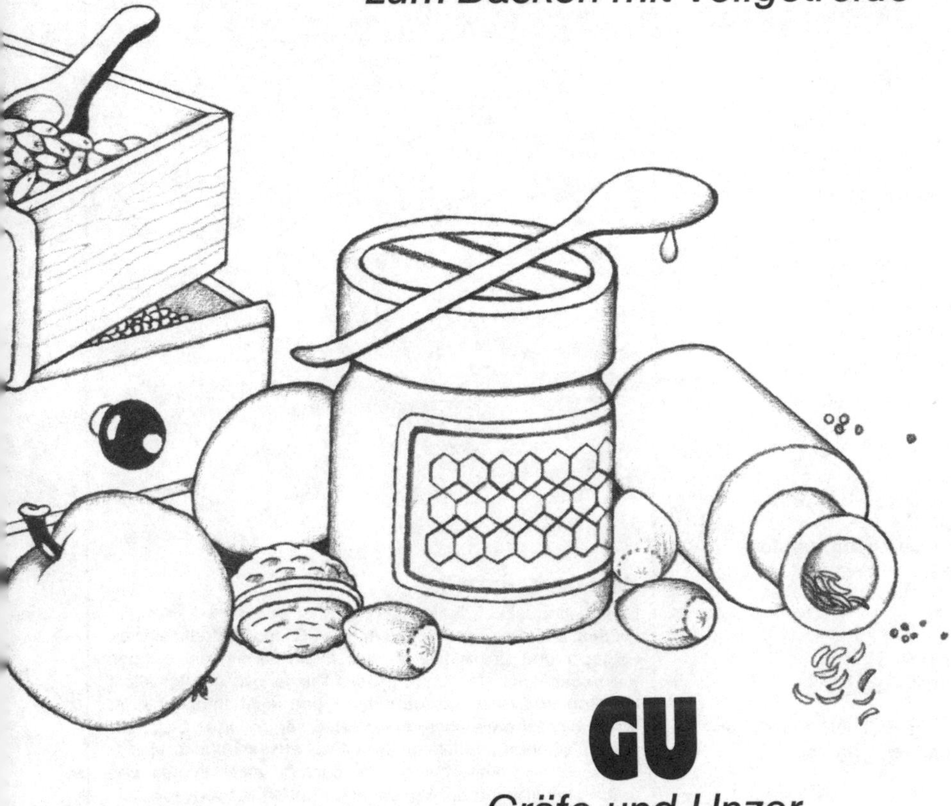

GU
Gräfe und Unzer

Die Farbfotos auf dem Einband zeigen:
Gewürzbrot mit Hefe und Zwiebel-Kräuter-Brot, Rezepte Seite 34
Schwedische Apfeltorte, Rezept Seite 56
Mürbe Vollkornplätzchen, gefüllte Vollkornplätzchen und Mandelkränzchen, Rezepte Seite 97, 98
Quarkblätterteigwaffeln, Rezept Seite 111
Amerikanischer Peanutpie, Rezept Seite 122.

CIP-Kurztitelaufnahme der Deutschen Bibliothek

Früchtel, Ingrid:

Das Ingrid-Früchtel-Vollkorn-Backbuch: Rat u. erprobte Rezept-Ideen zum Backen mit Vollgetreide.
– 5. Aufl. – München: Gräfe und Unzer, 1986
Bis 3. Aufl. u.d.T.: Früchtel, Ingrid: Das große Vollkorn-Backbuch

ISBN 3-7742-2022-0

5. Auflage 1986

Redaktion: Antje Schunka-Späth
Herstellung: Robert Gigler
Farbfotos: Studio Teubner, Füssen
Einbandgestaltung: Heinz Kraxenberger
Zeichnungen: Ingrid Schütz
Satz und Druck des Textteils: Wagner GmbH, Nördlingen
Reproduktion, Druck des Farbteils und Bindung: Kösel, Kempten

ISBN 3-7742-2022-0

Die Autorin

Ingrid Früchtel, in Rostock geboren, verbrachte ihre Jugend im Schwarzwald, war nach ihrer Ausbildung zum Bankkaufmann in mehreren Banken und in der Industrie tätig und studierte anschließend Betriebs- und Volkswirtschaft. Sie heiratete bald nach dem Staatsexamen und versorgt heute Familie, Haus mit Garten, 10 000 qm Grund mit altem Bauernhaus und großem Obstbaumbestand. Dieser eigene große Garten und Hinweise auf den Wert der Getreidekost in der Reform-Rundschau gaben den ersten Anstoß zur Beschäftigung mit naturgemäßer Ernährung. Der Erfolg in der Praxis stellte sich bald ein, Zivilisationskrankheiten verschwanden zum Erstaunen des Arztes, schwerste Arbeit wird heute mühelos bewältigt. Die Autorin Ingrid Früchtel, deren bisherige Bücher – Das Vollkorn-Kochbuch und Das vegetarische Kochbuch – volle Erfolge sind, beweist, daß eine naturgemäße Ernährung ein richtiger Weg zu Gesundheit und Wohlbefinden ist. Wie abwechslungsreich sie sein kann und wie gut sie schmeckt, wird in diesem Vollkorn-Backbuch wieder auf jeder Seite deutlich.

Wichtiger Hinweis

Beim Getreidekauf direkt vom Erzeuger muß darauf geachtet werden, daß das Getreide gereinigt ist. Es muß befreit sein von Schmutz und Unkrautsamen (vor allem Samen der giftigen Kornrade). Auch der heute seltene Pilzparasit, der vor allem den Roggen befällt, das Mutterkorn, darf nicht enthalten sein. Es ist ein schwärzliches, meist stark vergrößertes Getreidekorn. Mutterkorn ruft beim Genuß lebensgefährliche Vergiftungserscheinungen hervor. Vermutlich ungereinigtes Getreide muß also vor der Verarbeitung unbedingt verlesen werden.

Inhalt

Inhalt

Ein Wort zuvor

Immer mehr Menschen legen heute Wert auf eine biologisch vollwertige Ernährung. Das Interesse an meinen beiden im Gräfe und Unzer Verlag erschienenen Spezialkochbüchern »Das Ingrid Früchtel Vollkorn-Kochbuch« und »Das vegetarische Kochbuch« beweist es. Viele suchen eine Alternative, je mehr Zweifel an der gesundheitlichen Qualität herkömmlicher Nahrungsmittel aufkommen. Immer bewußter wird nach naturbelassenen Rohstoffen und ihrer optimalen Verwendung gefragt. Und hier möchte auch dieses aktuelle Backbuch helfen.

Schon vor fast 150 Jahren schrieb Johanna Kuss in ihrem mehrfach preisgekrönten Kochbuch »Die Holsteinische Küche oder eine Anleitung zur Führung des Hausstandes« im Vorwort: »Um noch ein Kochbuch in die Welt zu schicken, bedarf es wohl einiger Worte der Rechtfertigung, da unsere deutsche Litteratur auch darin nicht arm ist.«

Auch ich will nun nicht die große Zahl der Backbücher nur um ein weiteres vermehren. Vielmehr soll mein Vollkorn-Backbuch eine Lükke füllen: es soll allen, die Spaß am Backen haben und dabei natürlich und gesund leben wollen, die richtigen Rezepte bieten. Ich möchte Ihnen zeigen, daß man mit Vollkornmehl, Honig und anderen naturbelassenen Zutaten ganz ausgezeichnet backen kann. Sie werden entdecken, daß Gebäck aus dem vollen Korn viel aromatischer und kräftiger schmeckt und daß Sie sich bei dieser naturgemäßen Kost wohler und gesünder fühlen als bisher.

Für dieses Backbuch habe ich viele Rezepte neu entwickelt und mehrfach ausprobiert. Doch auch liebgewordene alte Rezepte, nach denen schon unsere Mütter und Großmütter gebacken haben, wurden für die Vollkornbäckerei umgearbeitet. Sie sind dadurch leichter und einfacher, also bekömmlicher und gesünder geworden.

Ob Sie Familie und Gäste mit einem duftenden Hefekuchen oder einer zarten Biskuitrolle verwöhnen wollen oder ob Sie den sommerlichen Obstsegen aus dem Garten für Kuchen und Torten verwenden möchten, die große Rezeptauswahl macht es Ihnen leicht, das Richtige zu finden. Daß auch Strudel aus Vollkornmehl perfekt gelingen und Vollkornwaffeln viel besser schmecken, davon können Sie sich selbst überzeugen.

Und wenn Sie nach all den süßen Sachen Appetit auf Herzhaft-Kräftiges haben, finden Sie eine reiche Auswahl an pikanten Kuchen, die satt machen, und knusprigen salzigen Kleinigkeiten, mit denen Sie Ihre Gäste überraschen können. Daß meine besondere Liebe seit jeher dem Backen von Vollkornbroten und -brötchen gilt, zeigen Ihnen die ausführlichen Rezepte. Ich bin sicher, daß Sie unter den vielen Möglichkeiten rasch Ihr »Hausbrot« entdecken werden und es in Zukunft bestimmt nicht mehr missen wollen.

Am Anfang jedes Kapitels können Sie nachlesen, was zum guten Gelingen besonders wichtig ist. Die brillanten Farbfotos und die Zeichnungen zeigen Ihnen außerdem, worauf es im Einzelfall ankommt.

Was Sie über die naturbelassenen Zutaten und Gewürze, die Sie zum Backen brauchen, über Getreidemühlen und Backgeräte wissen müssen, habe ich im Kapitel »Backvergnügen mit Vollgetreide« erläutert.

Ein Besuch im Europäischen Brotmuseum in Mollenfelde weckte mein Interesse für die Kulturgeschichte von Brot und Gebäck. Ganz besonders faszinierte mich dort die Ausstellung »Historisches Brot«, die einen Überblick über alle möglichen Brotformen vom steinzeitlichen Fladenbrot bis zum nordischen Kultbrot gibt. Ich fand es sehr reizvoll, einige dieser alten Formen mit Vollkornmehl nachzubacken. Versuchen auch Sie es einmal nach den Zeichnungen und dem Farbbild auf Seite 43 – Sie werden bestimmt viel Beifall für Ihre Back-(Kunst-)Werke ernten!

Wie überall, macht auch beim Backen die Übung erst den Meister. Doch ich bin sicher, daß Ihnen meine Rezepte schon bald sehr gut gelingen und daß Sie ebensoviel Spaß beim Backen mit Vollkorn haben wie ich, als ich dieses Buch für Sie zusammenstellte.

Ihre Ingrid Früchtel

Backvergnügen mit Vollgetreide

Aus der Geschichte von Korn und Gebäck

Die Geschichte des Getreides reicht bis in die Jungsteinzeit zurück. Als die Menschen von Jägern und Sammlern zu seßhaften Ackerbauern und Viehzüchtern wurden, begannen sie, die Samen von Wildgräsern zu sammeln und neue, ertragreiche Sorten daraus zu züchten. So entstanden über viele Zwischenstufen unsere heutigen Getreidearten. Zuerst wurde die anspruchslose Gerste angebaut, später kamen Einkorn und Emmer, aus denen sich unser Weizen entwickelte, hinzu. Erst seit der Bronzezeit kultivierte man Hafer und Roggen, der wahrscheinlich als Unkraut mit dem Emmer aus Kleinasien und Persien nach Europa gelangte. Er wurde das Brotgetreide der germanischen und später der slawischen Völker, während die Römer keinen Geschmack an ihm fanden.

In ältester Zeit zerstampfte man die Körner in Mörsern oder zerquetschte sie zwischen primitiven Mahlsteinen. Der einfache Brei aus Getreideschrot war Jahrtausende lang das Hauptnahrungsmittel der Menschen, bei vielen Völkern Asiens und Südamerikas blieb er es bis heute. Ursprünglich wurde er nur aus Gerste zubereitet, später kamen die übrigen Getreidesorten hinzu. Die Buchweizengrütze in Norddeutschland, Dänemark und Rußland, die Polenta in Italien und der Porridge in England sind noch die letzten Reminiszenzen der ursprünglichen Breinahrung.

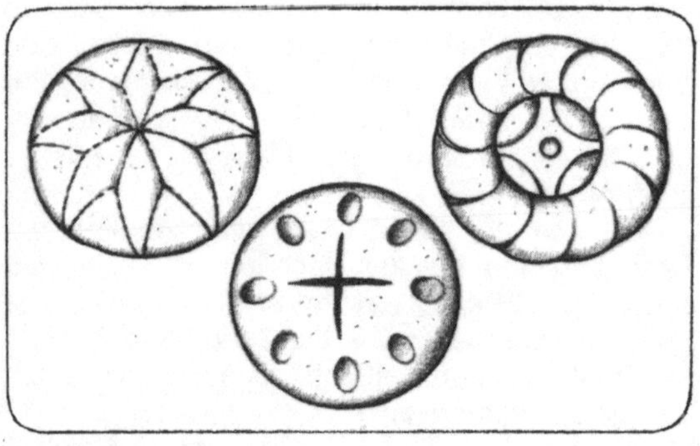

Historische Brotformen: links Osterfleck aus Oberösterreich, in der Mitte römisches Frühstücksbrot, rechts altgriechisches Weizenbrot (6. Jh. v. Chr.).

Aus dem Brei, den man auf erhitzten Steinen in der Sonne trocknen ließ oder in heißer Asche röstete, entstand das erste Gebäck: Fladen aus ungesäuertem Teig. Frisch gebacken und warm waren sie noch weich, einmal erkaltet wurden sie steinhart und lagerfähig, also eine Art Dauergebäck. In Finnland, Norwegen und in manchen abgelegenen Alpentälern Südtirols und der Schweiz wurden solche Fladenbrote noch bis in unsere Zeit gebacken. Oft mußten sie mit dem Hammer zerkleinert werden, ehe man die harten Brocken in Wasser oder Milch wieder aufweichen konnte.

Mit der Entdeckung des Sauerteigs wurde auch das Brotbacken revolutioniert, denn erst jetzt war es möglich, lockeres Brot mit einer elastischen Krume zu backen, wie wir es heute schätzen. Wie Wandmalereien in ägyptischen Gräbern zeigen, kannten die Ägypter bereits den Sauerteig und stellten Brot in den verschiedensten Formen her. Von ihnen lernten später die Griechen die Kunst des Brotbackens und gaben sie an die Römer weiter. Ursprünglich verwendete man zum Backen das volle Korn, so, wie es aus der Mühle kam. Aus Vollkornmehl ließen sich nur einfache Gebäckformen herstellen: Die Sauerteigbrote der Ägypter waren flach, rund oder länglich geformt und nicht viel größer als unsere heutigen Brötchen. Eine ähnliche Form hatten die in der Bibel erwähnten Brote. Deshalb ist dort nie vom »Schneiden«, sondern immer vom »Brechen« des Brotes die Rede. Die Römer versahen ihre runden, fladenförmigen Brote meist mit Einschnitten, damit man sie leichter auseinanderbrechen konnte, oder verzierten sie mit einfachen Kerbmustern oder durch Eindrücken mit dem Finger. Durch die Weiterentwicklung der Getreidemühlen war es möglich, das Getreide immer feiner zu mahlen. Die Kleie wurde mehr oder weniger stark ausgesiebt, und mit dem feineren hellen Mehl ließ sich auch kunstvoll geformtes Gebäck herstellen.

Mit Honig gesüßtes Backwerk war schon im Altertum sehr beliebt. Zu großer Kunstfertigkeit brachten es dabei die griechischen Bäcker, die

Hunderte von verschiedenen Kuchensorten zu backen wußten: Sesam-, Rosinen- und Käsekuchen waren damals ebenso begehrt wie Torten und Luxuskuchen, die mit Pistazien, Mandeln und Nüssen gefüllt und mit Gewürzen aus dem Orient aromatisiert wurden. Da gab es außer Zwieback und in heißem Fett gebackenen Küchlein auch Hochzeitskuchen, die man mit brennenden Kerzen zierte. Von den Griechen erlernten die Römer das Handwerk und machten ein blühendes Geschäft daraus. Einige unter ihnen gründeten Großbäckereien und wurden sogar Millionäre dabei.

In Deutschland wurden Brot und feines Gebäck lange Zeit von den Frauen und Mägden im Hause gebacken. Erst seit dem 8. Jahrhundert entwickelten sich auch hier die gewerblichen Bäckereien. Die Bäcker gelangten bald zu hohem Ansehen und jeder, der einen Bäcker erschlug, mußte nach germanischem Recht dreimal soviel Buße bezahlen wie für einen »gewöhnlichen« Menschen. Zu besonderer Blüte gelangte die Backkunst in den Klöstern. Dort waren alle Zutaten reichlich vorhanden und nach der langen Fastenzeit erfreuten sich die Mönche an allerlei feinem Gebäck. So hat man bereits im Jahre 1000 im Benediktinerkloster St. Gallen außer Fladen- und Sauerteigbrot auch Biskuits, Brezeln, Lebkuchen, Oblaten, Zwieback und üppige Hefekuchen gebacken, wobei an Rosinen, Mandeln und feinen Gewürzen keineswegs gespart wurde.

Da das Brot als kraftspendende Nahrung und göttliche Gabe verehrt wurde, hat man bald Brot und Gebäck in den verschiedensten Formen hergestellt. Zwar wurde das Alltagsbrot allgemein als runder Laib oder als länglicher Wecken gebacken, doch daneben gab es Kleinbrote in vielerlei Formen, die oft auf alte Traditionen und religiöse Überlieferungen zurückgingen. Manches davon findet man auch heute noch in unseren Bäckereien: Unter dem Namen »similia« kannten schon die Römer unsere heutigen Semmeln. Die halbmondförmigen Hörnchen oder Kipferl tauchten schon vor Jahrtausenden bei den Griechen und Römern als Opferbrote zu Ehren der Mondgöttin auf. Auch die im Kloster St. Gallen gefundenen Handschriften aus dem Jahre 800 überliefern uns die Zubereitung eines hörnchenähnlichen Gebäcks, des »panis lunatus« – also des Mondbrotes. Eine alte Tradition hat auch unsere Brezel, ohne die wir uns ein bayrisches Bierfest gar nicht vorstellen können. Ihre heutige Form hat sich über viele Varianten aus dem ursprünglichen römischen Ringbrot entwickelt. Wahrscheinlich verwendeten auch die ersten Christen solche Ringbrote bei ihren Abendmahlsfeiern. Brezeln aus einfachem gesalzenem Teig waren das ganze Mittelalter hindurch ein Fastengebäck. Erst zum Palmsonntag hat man geflochtene Palmbrezeln aus feinem Hefeteig gebacken, wie das auch heute noch in einigen Gegenden Süddeutschlands und Österreichs Brauch ist.

Für die verschiedenen Feste und das damit verbundene Brauchtum entwickelten sich im Laufe der Zeit vielerlei Brot- und Gebäckformen, die – wie auch die Formen des Alltagsbrotes – oft stammes- und siedlungsbedingt auf bestimmte Gegenden beschränkt waren. So hat jeder Kanton in der Schweiz sein eigenes Brot, und entsprechend dem Jahresablauf könnte man für manche Gegend sogar einen Brotkalender schreiben. Herausragende Feste waren dabei schon immer Ostern und Weihnachten, wo viele Gebäckformen Heidnisches und Christliches miteinander verbanden. Der Osterfleck oder Osterfladen, ein reich verziertes Fladenbrot, ist wohl eines der ältesten Brauchtumsgebäcke. Er wird heute aber nur noch selten in Süddeutschland und in Österreich gebacken. Das bekannteste und beliebteste Ostergebäck ist der Osterzopf oder Osterkranz, der am Ostermorgen – manchmal mit bunten Eiern gefüllt – den Frühstückstisch schmückt. Auch der gebackene Hase als Symbol der Fruchtbarkeit darf bei diesem Fest nicht fehlen, und das Osterlamm aus Biskuitteig ist als »Lamm Gottes« Symbol für Auferstehung und neues Leben. Auch aus Brotteig gebackene Vögel symbolisierten einst Fruchtbarkeit, da sie an die Vogelhochzeit erinnern sollten. Der griechische Dichter Theokrit berichtet schon vor über 2300 Jahren darüber, und auch die südrussischen Juden stellten zum

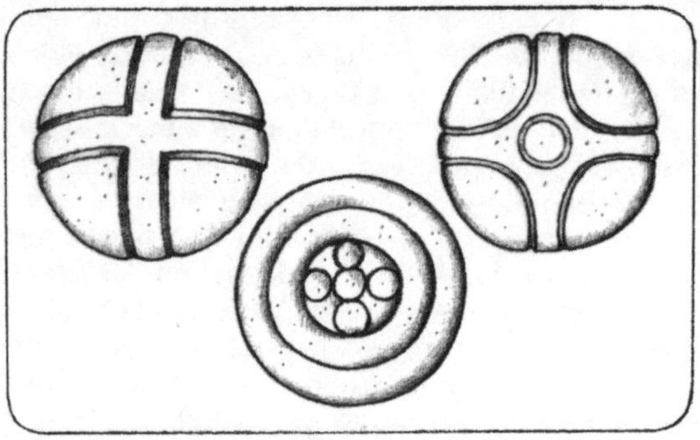

Zum Nachbacken für Ihr Hausbrot: von links nach rechts römisches Rundbrot, altbäuerliches Brot aus den Dolomiten, ägyptisches Gerstenbrot (um 1200 v. Chr.).

Herbstfest Vogelgebäck her. Sie glaubten nämlich, daß die Vögel das Gebet zum Himmel tragen.

Wiedergeburt und Auferstehung, Gebetserhörung und Wachstumskraft sind die Hauptgedanken, die in diesen Formen Ausdruck finden. Brot und Gebäck während der kalten Winterszeit mußte aber auch nahrhaft sein und Ersatz für das fehlende Obst bieten. Deshalb haben Bäuerinnen und Hausfrauen schon seit Jahrhunderten Hutzel- oder Kletzenbrot nach überlieferten Rezepten mit gedörrten Früchten und vielen Nüssen in der Zeit vor Weihnachten gebacken. Unser beliebtestes Weihnachtsgebäck sind wohl die Lebkuchen und Honigkuchen. Ihre Geschichte reicht zurück bis in die Eisenzeit, als man begann, die Fladenbrote mit Wildhonig zu süßen. Im Laufe der Zeit verfeinerte und verbesserte man den Teig immer mehr und würzte ihn mit Ingwer, Nelken, Muskat, Koriander und Pfeffer. Als Triebmittel diente übrigens früher »Honigsauer«, also ein mit Honig bereiteter Sauerteig, der etwa unserem Grundansatz beim Brotbacken entspricht. Schon bald entwickelten sich Lebkuchen-Spezialitäten, die weithin bekannt und berühmt wurden, wie die Basler Lekkerli, Aachener Printen, Thorner Katharinchen oder die Nürnberger Lebkuchen aus feinem Mandelteig. Es ist ein alter Brauch, am Nikolaustag die Kinder mit Äpfeln, Nüssen und Backwerk zu beschenken. Dazu hat man früher aus Roggen- oder Hutzelbrotteig Nikolausfiguren – »Klausenmännle« und »Klausenweible« – gebacken; auch Schnecken, Fische, Hirsche und Vögel aus Teig waren beliebt. Mit dem letzten Brot vor Weihnachten haben die Bäuerinnen in den Alpenländern und im Böhmerwald aus besserem Mehl ein Gebildebrot, das Christkindl oder Christmanndl, hergestellt. Die Figuren wurden mit Zuckerguß bestrichen und als Schmuck an den Lichterbaum gehängt.

Dieses kurze Kapitel konnte nur einen kleinen Einblick in die Geschichte von Korn und Gebäck und das damit verbundene Brauchtum geben. Mehr darüber finden Sie bei Paul Friedl (»Himmel, erhalt uns das Bauernbrot«), der im Laufe seines Lebens vieles über Geschichte und Tradition des Brotes gesammelt und sehr lebendig erzählt hat.

Backen mit dem vollen Korn

Namhafte Wissenschaftler haben nachgewiesen, daß das volle Korn bei der Verhütung und Heilung ernährungsbedingter Zivilisationskrankheiten eine ganz entscheidende Rolle spielt, denn das Getreidekorn enthält nahezu alles, was für die Erhaltung unserer Gesundheit notwendig ist:

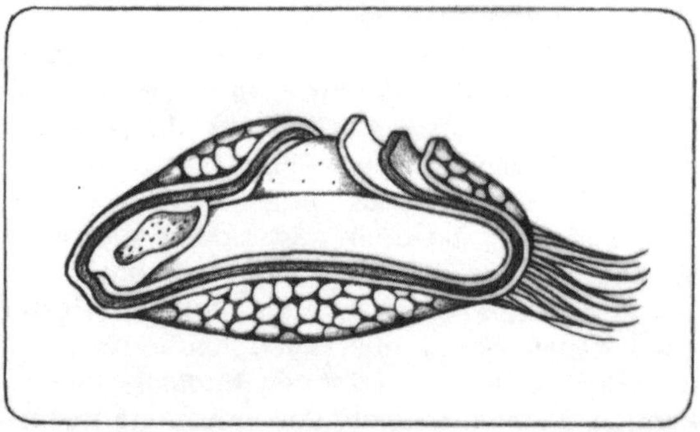

Querschnitt durch ein Weizenkorn: innen der Mehlkörper (80–85%), links eingebettet der Keimling (2–3%), um das Innere die Aleuronschicht (7–9%), die Frucht- und Samenschale (5–6%) und die Schale (2,5%). Die beiden äußeren Schichten ergeben die Kleie.

Im Keim und in den Randschichten finden sich die biologisch wertvollsten Wirkstoffe: hochwertiges Keimöl, Eiweiß, fast alle Vitamine des B-Komplexes, die Vitamine D, E und Spuren von Karotin (der Vorstufe des Vitamins A), ferner zahlreiche Fermente, Geschmacks- und Aromastoffe. Außerdem enthalten die Randschichten eine Vielzahl von Mineralstoffen und Spurenelementen: Kalium, Natrium, Kalzium, Magnesium, Phosphor, Chlor, Kieselsäure und Eisen, um nur einige zu nennen.

Eine besondere Rolle spielt der große Rohfasergehalt der Fruchtschale: Die Ballaststoffe können Wasser bis zur fünffachen Menge ihres Eigengewichts binden. Sie quellen im Magen-Darm-Bereich stark auf, machen also schneller und länger satt und regen die Peristaltik an.

Der Mehlkörper im Inneren des Getreidekorns besteht zu 75% aus Stärke und zu etwa 10% aus Eiweiß, das aber infolge seiner andersartigen Zusammensetzung weniger wertvoll ist als das in den Randschichten enthaltene Eiweiß. Vitamine und Mineralstoffe sind im Korninneren nur noch in winzigen Spuren festzustellen.

Vom Korn zum Mehl

Früher wurde das Getreide nur auf einfache Weise gequetscht und gemahlen. Das Mehl enthielt also noch alle Inhaltsstoffe des vollen Korns, doch es war nicht lange haltbar und lagerfähig. Die Geschmacks- und Aromastoffe verflüchtigten sich in kurzer Zeit, die Keimöle wurden ranzig: schon bald nahm das Vollkornmehl einen unangenehmen Geschmack an.

Durch moderne Mahltechnik werden heute der Keim und die Randschichten entfernt: übrig bleibt ein blütenweißes, lange haltbares Mehl, dem aber alle lebenswichtigen Vitalstoffe fehlen. Die wertvollsten Bestandteile des Korns – also der Keim und die Randschichten – werden an das Vieh verfüttert oder dem Verbraucher in Form von Getreidekeimen, Keimölen oder Kleie als teure Ergänzung zu seiner denaturierten Zivilisationskost angeboten.

Die handelsüblichen Mehlsorten sind durch Typenzahlen klassifiziert. Diese geben an, wieviel Milligramm an Mineralstoffen in 100 g Mehl vorhanden sind. 100 g Weizenvollkornmehl Type 1700 enthalten demnach 1700 mg Mineralstoffe, 100 g Weizenmehl der Type 405 (das übliche Haushaltsmehl) dagegen nur noch 405 mg. Je niedriger die Typenzahl, desto wertloser ist also das Mehl. Nur die Typen 1700 (Weizenmehl oder -schrot) und 1800 (Roggenmehl oder -schrot) enthalten alle Inhaltsstoffe des ganzen Korns. Doch schon nach kurzer Lagerung verlieren auch Vollkornmehle und -schrote viel von ihrem ursprünglichen Wert: sofort nach dem Mahlen setzt ein Oxidationsprozeß ein, durch den wertvolle Inhaltsstoffe sehr schnell zerstört werden.

Die Getreidemühle in der Küche

Wie wir eben gesehen haben, ist also die eigene Getreidemühle für jede fortschrittlich denkende Hausfrau unentbehrlich, denn nur dadurch ist es möglich, das Getreide unmittelbar vor dem Verbrauch frisch zu mahlen, so daß alle Vitalstoffe erhalten bleiben. Wenn man bedenkt, daß die Getreidemühle jeden Tag mehrmals gebraucht wird, ist ihre Anschaffung kein Luxus.

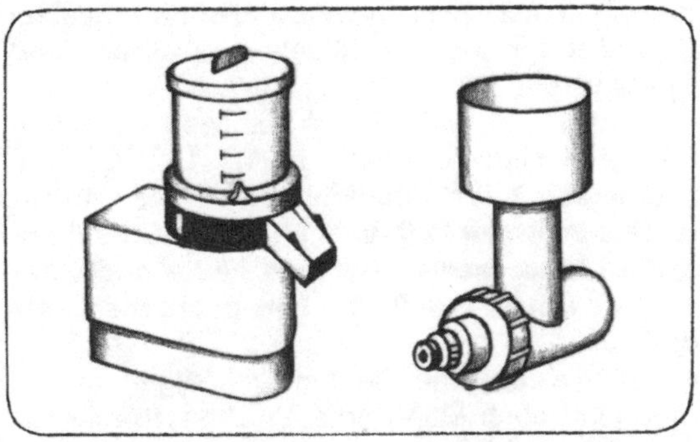

Information über Getreidemühlen und Mahlwerkvorsätze für Küchenmaschinen erhalten Sie von Herstellern und Lieferanten (Adressen auf Seite 128).

Moderne Haushalts-Getreidemühlen mahlen das Getreide von grobem Schrot bis zu feinem Mehl. Doch leider haben nur wenige Modelle eine genaue Einstellmöglichkeit. Meistens muß der gewünschte Feinheitsgrad immer wieder neu gesucht und eingestellt werden, was aber mit einiger Übung durchaus möglich ist. Kuchen und Plätzchen gelingen mit feinem Vollkornmehl am besten; stellen Sie dazu also Ihre Mühle so fein wie möglich ein. Für rustikale Brote kann das Getreide – wie aus den Rezepten ersichtlich – auch gröber geschrotet werden. Sie werden schnell herausfinden, welcher Feinheitsgrad Ihrem Geschmack am besten entspricht. Bedenken Sie aber bitte dabei, daß ein Teig aus groberem Schrot nicht so hoch aufgeht und weniger gut gelockert ist als ein Teig aus feinem Vollkornmehl.

Welche Mühle soll man wählen?

Mit allen guten Mühlen können sämtliche Getreidearten und Buchweizen gemahlen oder geschrotet werden. Handmühlen reichen zwar für das tägliche Müsli aus, doch wenn Sie ihre Ernährung auf eine gesunde Basis stellen und mit Vollkorn kochen und backen möchten, sollten Sie eine elektrische Mühle wählen.

Moderne Getreidemühlen arbeiten nach zwei verschiedenen Systemen; es gibt

- Mühlen mit gegossenen Mahlsteinen aus Naturmaterialien (Bösen-Getreidemühle System Dr. H. Burggrabe, Schnitzer-, Elsässer und Spessart-Mühle),
- Mühlen mit Stahlkegel-Mahlwerk (System Messerschmidt-Bauknecht A2-1).
- Eine Mühle für Naturliebhaber ist die Osttiroler Haushaltsmühle (Hausmühlenbau Green) mit echten Natur-Mahlsteinen, die heute noch, genau wie früher, direkt vom Fels gebrochen werden.
- Außer elektrischen Mühlen mit eigenem Antrieb sind auch Mahlwerke als Zusatzgeräte zu elektrischen Küchenmaschinen entwickelt worden. Bedenken Sie aber bitte dabei, daß Sie Ihre Küchenmaschine nicht für andere Zwecke benützen können, solange das Getreide gemahlen wird.

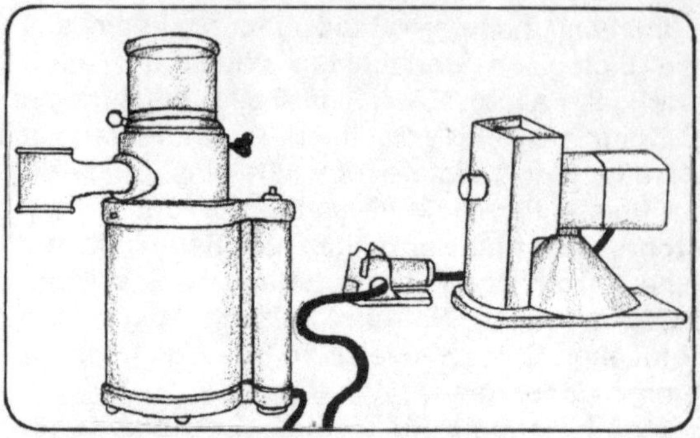

Zum Backen mit dem vollen Korn ist eine elektrische Getreidemühle unentbehrlich.

Getreidemühlen sind in Reformhäusern, Naturkostläden, Elektrofachgeschäften und bei verschiedenen Versandfirmen erhältlich. Die auf Seite 128 genannten Hersteller und Lieferanten beraten Sie gerne und senden Ihnen Prospektmaterial. Eine sehr gute Informationsquelle ist das Handbuch der Haushalts-Getreidemühlen (siehe Seite 128). Dort finden Sie eine ausführliche Beschreibung der wichtigsten Geräte mit genauen Testergebnissen.

Getreide richtig einkaufen

In unserer Küche verwenden wir nur Getreide aus biologischem Anbau, das weitgehend frei von Schadstoffen ist. Leider gibt es keinen Schutz gegen Gift, das aus der Luft und mit dem Wasser ins Erdreich gelangt.

Der Gehalt der einzelnen Getreidearten an Vitaminen, Mineralstoffen und Spurenelementen ist unterschiedlich hoch. Um eine ausgeglichene Ernährung zu gewährleisten, verwenden wir nach Möglichkeit auch beim Backen alle Sorten. Die beste Backfähigkeit haben Roggen, Weizen und Dinkel. Aber auch alle übrigen Getreidearten lassen sich verbacken, wenn man sie mit den drei genannten Sorten zusammen verarbeitet.

Backvergnügen mit Vollgetreide

Was Sie vom Getreide wissen müssen

Die Getreidearten der Vollkornküche haben unterschiedliche Backeigenschaften. Manche lassen sich eher für feines, andere für herzhaftes Gebäck verwenden. Wie sie aussehen, zeigt Ihnen das Farbbild auf Seite 114.

Roggen ist unser wichtigstes Brotgetreide. Er eignet sich auch gut für rustikales Gebäck.

Weizen wird hauptsächlich für feines Backwerk verwendet.

Dinkel, eine alte Kulturform des Weizens, war schon fast in Vergessenheit geraten, wird aber heute wieder mehr angebaut. Dinkelmehl läßt sich besonders gut verbacken und gibt dem Gebäck einen feinen nußartigen Geschmack. Da Dinkel nicht überall zu bekommen ist, finden Sie in diesem Backbuch nur wenige spezielle Dinkelrezepte. Sie können ihn aber immer anstelle von Weizen (oder mit Weizen gemischt) verwenden. Fragen Sie danach in Bio-Läden und im Reformhaus, dort wird man ihn gerne für Sie besorgen.

Grünkern ist milchreif geernteter und über Holzfeuer schwach gerösteter (gedarrter) Dinkel. Pikantes Gebäck schmeckt mit Grünkern besonders würzig.

Hafer wird in zwei Sorten angeboten: gewöhnlicher Spelzenhafer ist geschält und unter der Bezeichnung »Haferkerne« oder »Schälhafer« im Handel. Durch das Schälverfahren wird aber das Korn geschädigt und ist nicht mehr keimfähig. Empfehlenswerter ist »Nackthafer« (Sprießkornhafer), eine spelzenlose Züchtung.

Gerste sollten Sie ebenfalls als »Nacktgerste« (Sprießkorngerste), eine spelzenlose Spezialzüchtung, kaufen. Auch sie ist empfehlenswerter als geschälte Gerste.

Hirse ist besonders mineralstoffreich. Sie macht das Gebäck knusprig und herzhaft.

Mais kann wegen seiner harten Körner nur mit einigen großen Getreidemühlen gemahlen werden. Sie bekommen ihn aber fein gemahlen als »Polenta« oder gröber geschrotet als »Kukuruz« zu kaufen.

Naturreis kann wie alle anderen Getreidesorten in der Haushaltsgetreidemühle gemahlen werden. Zum Backen eignen sich alle Reissorten.

Buchweizen ist zwar keine Getreideart, sondern ein Knöterichgewächs. Die kleinen, dreikantigen Samen lassen sich aber ebenso gut wie Getreide mahlen und verbacken.

Getreide richtig aufbewahren

Für unsere Haushaltsmühlen können wir nur gut getrocknetes Getreide verwenden. Feuchtes Getreide verschmiert das Mahlwerk und macht die Mühlen unbrauchbar. Getreide aus dem Reformhaus ist im allgemeinen genügend abgelagert, so daß es sofort gemahlen werden kann. Haben Sie Getreide vom Bio-Bauern in größeren Mengen eingekauft, dann sollten Sie es trocken und luftig aufbewahren. Schütten Sie es nicht zu hoch auf und wenden Sie es öfters, damit sich keine Schädlinge darin ansiedeln können.

Es geht auch ohne Zucker

Eine der schlimmsten »Errungenschaften« unseres technischen Fortschritts ist der Industriezucker: aus natürlichen Lebensmitteln, nämlich Zuckerrüben und Zuckerrohr, entsteht durch die industrielle Verarbeitung der weiße Haushaltszucker. Er ist ein reines Kohlenhydrat, dem alle Vitalstoffe entzogen worden sind. Damit er vom Körper abgebaut werden kann, ist außer Kalk und anderen Mineralstoffen vor allem Vitamin B1 notwendig. Doch gerade die Vitamine des B-Komplexes fehlen meist in der üblichen Normalkost (während sie im vollen Getreidekorn reichlich vorhanden sind). Wenn wir also Industriezucker verwenden, kommt es zu Mangelerscheinungen und Stoffwechselstörungen, die im Laufe der Zeit zu den bekannten, weit verbreiteten Zivilisationskrankheiten führen.

Aus den gleichen Gründen schädlich wie Haushaltszucker sind brauner Zucker, Milchzucker, Traubenzucker, Fruchtzucker und Kandiszucker. Mit Recht ist es deshalb in den USA verboten, Zucker und Weißmehl als »natürliche Lebensmittel« anzupreisen. Nahrungsmittel, die Fabrikzucker enthalten, müssen mit dem Zusatz »with refined sugar« gekennzeichnet werden; das gleiche gilt auch für Weißmehl.

Wenn wir auf gesunde und natürliche Weise backen wollen, ergibt sich also die Frage, womit wir unser Gebäck süßen. Honig und ungeschwefelte Trockenfrüchte wie Rosinen, Aprikosen, Birnen, Datteln und Feigen eignen sich dazu besonders gut. Nicht raffinierter Zuckerrübensirup, der noch die meisten Vitalstoffe und reichlich Kalium enthält, kann ebenfalls zum Backen und als Brotaufstrich verwendet werden; er ist als Demeter-Produkt in Reformhäusern und Bio-Läden zu haben. Auch mit Birnendicksaft und Ahornsirup können wir süßen.

Zum Backen müssen wir nicht den teuersten Honig verwenden. Wir können dabei durchaus auf preisgünstige Sorten zurückgreifen. Sie sollten aber mild und neutral im Geschmack sein, damit der Honig im fertigen Gebäck nicht vorschmeckt.

Auch alle natürlichen Süßungsmittel können – wie Zucker – Karies erzeugen, wenn wir sie in konzentrierter Form zu uns nehmen. Wir sollten sie deshalb sparsam verwenden und uns nach dem Genuß jedesmal die Zähne putzen.

Welches ist das beste Fett?

Schon unsere Großmütter verwendeten zum Backen selbstverständlich das beste aller Fette: frische Butter. Zwar waren ihnen die neuesten Erkenntnisse der Ernährungswissenschaft noch unbekannt, doch sie wußten, daß die Butter ihrem Gebäck einen besonders feinen Geschmack verleiht. Daran hat sich bis heute nichts geändert, auch wenn unsere modernen Rezepte längst nicht mehr so üppig sind wie damals. Nach Dr. med. M. O. Bruker ist Butter das bekömmlichste und natürlichste Fett. Sie ist auch keineswegs die Ursache für einen überhöhten Cholesterinspiegel oder gar den Herzinfarkt, wie eine Zeitlang angenommen wurde. Schuld an dieser und anderen Zivilisationskrankheiten ist vielmehr die denaturierte Normalkost mit Fabrikzucker, hellen Auszugsmehlen und industriell vorgefertigten Nahrungsmitteln, die zu Störungen im Gesamtstoffwechsel und in der Folge zu den ernährungsbedingten Erkrankungen führt.

Angesichts des durch die EWG-Marktordnung überhöhten Butterpreises müssen wir uns allerdings fragen, ob wir es uns noch leisten können, unser Gebäck ausschließlich mit Butter herzustellen. Einen Ausweg bieten die Reformmargarinen, die frei von gehärteten Fetten und unerwünschten Fremdstoffen sind und die unserer Forderung nach einer naturbelassenen Kost weitgehend entsprechen.

Auch kaltgepreßtes, naturbelassenes Speiseöl können wir zum Backen verwenden. Es wird auf schonende Weise gewonnen und enthält noch nahezu alle Inhaltsstoffe des Ausgangsproduktes. Geschmacksneutrales Sonnenblumenöl eignet sich für süßes wie für salziges Backwerk. Kaltgepreßtes Olivenöl gibt pikantem Gebäck eine typisch südländische Note.

Alle übrigen Speiseöle und die handelsüblichen Margarinesorten sind durch Erhitzen und durch chemische Zusätze bei der Weiterverarbeitung denaturiert. Sie belasten auf die Dauer den Stoffwechsel und kommen aus diesem Grund für eine natürliche, gesunde Ernährung nicht in Betracht.

Das Wichtigste über Gewürze und sonstige Backzutaten

Gewürze aller Art und andere Zutaten wie Rosinen, Mandeln und Nüsse spielen beim Backen eine besondere Rolle. Wozu man sie verwendet und was Sie sonst noch darüber wissen müssen, erfahren Sie in diesem Kapitel.
Hier noch einige Hinweise:

- Gemahlene Gewürze verlieren schnell ihr Aroma. Kaufen Sie deshalb nur kleine Portionen, die rasch verbraucht werden können. Größere Mengen bleiben im Gefriergerät längere Zeit aromafrisch.

- Samengewürze wie Anis, Kümmel, Koriander und Pfeffer werden erst bei Bedarf frisch gemahlen oder geschrotet. Das geschieht am besten mit dem Getreide zusammen in der Getreidemühle oder separat in einer guten Pfeffermühle.
- Körnergewürze schmecken noch intensiver, wenn sie vor der Verwendung in einer Pfanne ohne Fett kurze Zeit geröstet werden.
- Auch für getrocknete Kräuter gibt es kleine Gewürzmühlen, in denen man die Blättchen zerkleinern kann.
- Einige Gewürze und Gewürzmischungen der Gewürzmühle Brecht, auf die Sie in meinen Rezepten stoßen, sind nur im Reformhaus erhältlich. Sie können auch per Post vom Reformhaus Bein in Hamburg bezogen werden. Dort ist man auch auf den Versand ins Ausland spezialisiert (siehe Seite 128).

Gewürze und Backzutaten von A bis Z

Agar-Agar: Ein pflanzliches Geliermittel aus fein vermahlenen Meeresalgen. Ich verwende es (ähnlich wie Gelatine) zum Steifen von Gelees, Fruchtpuddings und Andicken von Saucen.

Anis: Getrocknete Spaltfrucht der Anispflanze. Anis würzt sehr intensiv, deshalb sparsam dosieren! Gemahlener Anis verliert schnell an Aroma, darum immer frisch mahlen oder im Mörser zerstoßen. Verwendung für Biskuitteig, Plätzchen, Gebäck mit Dörrobst, Weihnachtsbäckerei, Brot und Brötchen.

Backferment: siehe Seite 17.

Delifrut (Brecht-Gewürz): Eine blumig-zarte Gewürzmischung zum Aromatisieren von Süßspeisen, Obstsalaten, Kompott, Plätzchen und Lebkuchen.

Delikata (Brecht-Gewürz): Würzt ähnlich wie Curry, ist aber feiner im Aroma. Für pikante Getreidegerichte, Gemüsetorten, Quark und Brotaufstriche.

Eier: Bevorzugen Sie Eier von frei laufenden Hühnern. Wenn nichts anderes in den Rezepten vermerkt ist, habe ich mittelgroße Eier von 60–65 g, die etwa der Gewichtsklasse 3 entsprechen, verwendet.

Fenchel: Gehört wie Anis, Kümmel und Koriander zur Familie der Doldenblütler. Die getrockneten Samen werden ganz oder gemahlen oder grob geschrotet für Brote und Brötchen verwendet.

Gewürznelken: Getrocknete Blütenknospen des Gewürznelkenbaumes. Gemahlene Nelken schmecken feurig-würzig, sehr intensiv. Verwendung für Pflaumenkuchen und -strudel, Lebkuchen, Gebäck mit Dörrfrüchten.

Hefeflocken: Zum Verfeinern von Gemüsegerichten, für Brotaufstriche und zum Binden von Suppen und Saucen. In der Pfanne etwas geröstet schmecken sie noch würziger.

Ingwer: Wird aus der knolligen Wurzel der Ingwerpflanze gewonnen. Man verwendet die Wurzeln frisch oder getrocknet (jeweils gerieben) oder als »Ingwerpflaumen«, in Sirup eingelegt, für die Weihnachtsbäckerei und Ingwerkuchen nach englischer Art. Die frische Wurzel ist milder und zarter im Geschmack als die getrocknete. Frischen geriebenen Ingwer kann man längere Zeit in Honig konservieren.

Kardamom: Ein feurig-scharfes Gewürz für Lebkuchen, Spekulatius, Gewürzgebäck.

Koriander: Die hellbraunen, kugeligen Früchte werden ganz oder gemahlen für Lebkuchen, Brot und pikantes Gebäck verwendet.

Kümmel: Eines der klassischen Gewürze für Brot, Brötchen und herzhaftes Gebäck.

Kurkuma: Das intensiv gelb gefärbte Kurkumapulver ist in Currymischungen enthalten; es schmeckt aromatisch scharf, etwas nach Ingwer. Verwendung für pikante Bäckereien, Saucen und Quarkzubereitungen.

Lebkuchengewürz: Fertige Gewürzmischung aus Zimt, Ingwer, Nelken, Muskatblüte, weißem Pfeffer und Kardamom.

Mandeln und Nüsse: Beim Backen spielen Mandeln und Nüsse aller Art eine große Rolle. Mandeln verwende ich immer ungeschält, dann ist ihr Geschmack noch intensiver; nur zum Garnieren ziehe ich die Schale ab. Bittere Mandeln verstärken das Mandelaroma im Gebäck. Nur kleine Mengen nehmen und »kindersicher« aufbewahren, da sie Blausäure enthalten!

Orangeat: Die kandierte Schale von Pomeranzen oder anderen bitteren Orangensorten.

Pastetengewürz: Fertige Gewürzmischung, meist in Gewürz- und Fleischereibedarfsläden erhältlich. Wer es nicht bekommt, kann folgende Mischung selbst herstellen: je 1 gestrichener Teelöffel grob gemahlener schwarzer und weißer Pfeffer, 1/2 Teelöffel Cayennepfeffer, je 2 gestrichene Teelöffel grob gemahlener Kümmel, frisch geriebene Muskatnuß, getrockneter Majoran und Zwiebelgranulat, je 1 gestrichener Teelöffel getrocknete Petersilie und gekörnte Brühe (Reformhaus) sowie 3 gestrichene Teelöffel Glutamat.

Picata (Brecht-Gewürz): Pikant-scharfe Gewürzmischung für die exotische Geschmacksrichtung. Würzen Sie damit Reis, Suppen, Saucen, Gemüse und Brotaufstriche.

Piment: Das sehr aromatische Gewürz erinnert etwas an Nelken, Pfeffer, Muskat und Zimt. Für Gewürzkuchen und Weihnachtsgebäck.

Rosinen: Sultaninen, Rosinen und Korinthen gehören alle zu derselben Familie; die kleinen schwarzblauen Korinthen sind immer ungeschwefelt, weil sie weniger fleischig und daher auch weniger anfällig für Schimmel und Schädlinge sind. Sultaninen sind die getrockneten Beeren der Sultanatraube, für Rosinen werden andere großfrüchtige Traubensorten verwendet; beide Sorten sind häufig geschwefelt, was auf der Packung vermerkt sein muß. Verwenden Sie möglichst ungeschwefelte Sultaninen und Rosinen, denn auch der Schwefel kann gesundheitsschädliche Wirkungen haben.

Sanddorn-Vollfrucht: Der aus den orangeroten Sanddornbeeren gewonnene dicke Saft; er wird ohne weitere Zusätze hergestellt und schonend haltbar gemacht. Sanddornsaft ist außerdem mit Honig bzw. mit Zucker gesüßt erhältlich. Sanddornsaft kann für Creme- und Quarkspeisen, Fruchtsuppen und Milchmixgetränke verwendet werden.

Schabziegerklee (Brecht-Gewürz): Das getrocknete Kraut würzt Quark- und Käsecremes sowie Gemüsegerichte, Suppen und Saucen.

Sesam: Die kleinen, flachen Samenkörner bekommen ein feines nußartiges Aroma, wenn man sie in der trockenen Pfanne leicht röstet. Verwendung für süßes und pikantes Gebäck, zum Garnieren und Bestreuen.

Sojamehl: Enthält viel Pflanzeneiweiß, Lezithin, Vitamine und Mineralsalze. Suppen und Saucen kann man damit binden oder es beim Backen anstelle von Eiern verwenden (1 Eßlöffel Sojamehl in 2 Eßlöffeln Wasser angerührt ersetzt 1 Ei). Fettarmes Sojamehl ist kalorienärmer.

Vanille: Verwendet werden die ganzen Schoten oder Vanillepulver (Gewürzläden, Reformhaus) für feines Backwerk und Tortenfüllungen.

Vanillerum: 2 Vanilleschoten kleinschneiden und in 1/8 l Rum mindestens 8 Tage ziehen lassen; die Flasche dabei gelegentlich schütteln. Zum Aromatisieren von Cremes und Gebäck.

Vitam-Steinpilzbrühe: Würzt Pilze, Gemüse, Suppen und Saucen besonders pikant.

Zitronat (Sukkade): Wird aus der dickfleischigen Zedrat-Zitrone hergestellt. Verwendung für Kuchen, Plätzchen, speziell Weihnachtsgebäck.

Zitrusfrüchte: Kaufen Sie immer unbehandelte Zitronen und Orangen, denn gerade die Schalen würzen sehr intensiv. Abgeriebene Schalen kann man in Honig gut konservieren.

Teiglockerungsmittel

Die Qualität von Brot, Kuchen und Kleingebäck hängt nicht nur von den Zutaten, sondern auch von der guten Lockerung des Teiges ab. Sie kann auf verschiedene Weise erreicht werden: einerseits durch eine entsprechende Bearbeitung des Teiges (Rühren, Schlagen, Kneten), andererseits durch die Zugabe von Triebmitteln bei der Teigbereitung. Auch dabei wollen wir unseren Grundsätzen treu bleiben und versuchen, soweit es möglich ist, eine Lockerung des Teiges auf natürlichem Wege zu erreichen.

Natürliche Teiglockerungsmittel:

- Luft wird in den Teig eingerührt oder geschlagen und macht ihn locker (Eischnee).

• Wasser wird in der Backhitze zu Wasserdampf, der den Teig in die Höhe treibt.
• Fett sorgt ebenfalls für die Teiglockerung und treibt den Teig in die Höhe (Blätterteig).
• Kohlensäurereiches Mineralwasser gibt beim Rühren Kohlensäure frei; diese lockert das Gebäck.
• Alkohol verdampft und die Alkoholdämpfe lockern das Gebäck.
• Milchsäure lockert den Teig ebenfalls. Sie ist enthalten in Sauermilch, saurer Sahne, Buttermilch, Joghurt, Quark und Käse.
• Essig und Zitronensaft machen Strudel- und Mürbteig zart und locker.
• Hefe enthält Hefebakterien, die mit Hilfe der im Mehl vorhandenen Enzyme Stärke in Zucker verwandeln. Der Zucker wird anschließend in Kohlendioxid und Äthylalkohol aufgespalten. Das Kohlendioxidgas und der Alkohol, der beim Backen in Gasform übergeht, lockern den Teig und treiben ihn in die Höhe.
• Sauerteig ist für Roggenmehl-Teige notwendig. Die Teiggärung geht in mehreren Stufen vor sich. Dabei sind in erster Linie Milchsäurebakterien, außerdem Essigsäure und Wildhefen wirksam, die dem Sauerteigbrot während der langen Gärzeit den kräftigen Geschmack verleihen. Brotbacken mit echtem Sauerteig ist nicht ganz so problemlos, wie es zunächst scheint. Viel Erfahrung und ständige Überwachung sind notwendig, um ein optimales Resultat zu erzielen.
• Sekowa Spezial-Backferment wird auf rein biologischer Grundlage aus Honig und verschiedenen Getreidearten hergestellt. Mit Backferment läßt sich sehr einfach ein idealer Sauerteig, der Grundansatz, herstellen. Das Brotbacken im Haushalt ist damit kinderleicht! Auch Brötchen, einfache Kuchen, ja sogar Stollen können mit Backferment gebacken werden. Das Gebäck schmeckt ausgezeichnet und bleibt viel länger frisch als Hefegebäck. (Siehe hierzu Seite 27 ff. und 50.)

Chemische Triebmittel:
• Backpulver dient hauptsächlich zur Lockerung von schweren Rührteigen – eben dort, wo die Triebkraft von Eiern und Fett allein nicht ausreicht. Während die meisten Backpulversorten als Säureträger ein chemisches Produkt enthalten, wird beim Natura-Weinstein-Backpulver aus dem Reformhaus natürliche Weinsteinsäure (aus Holz-Weinfässern) verwendet.
• Hirschhornsalz und Pottasche wurden früher aus Hirschgeweihen und Pflanzenasche gewonnen. Heute sind sie rein chemischer Natur. Beide Triebmittel dienen zur Lockerung von flachem Gebäck wie Lebkuchen oder Honigkuchen vom Blech.

Backgeräte und Backformen

Die meisten Geräte, die Sie zum Backen brauchen, haben Sie bereits in Ihrem Haushalt.

Backgeräte

• Besonders wichtig für meine Rezepte ist eine elektrische Getreidemühle, damit Sie stets frisch gemahlenes Mehl verwenden können (siehe Seite 11).
• Praktisch ist ein elektrisches Handrührgerät oder eine große Küchenmaschine, mit der Sie auch den Teig für Ihr Vollkornbrot zubereiten können. Doch unbedingt notwendig ist dazu eine Maschine nicht. Eine große Backschüssel aus Steingut und ein großer hölzerner Rührlöffel tun mir seit Jahren die gleichen Dienste.
• Weil es beim Backen auf exaktes Arbeiten ankommt, brauchen Sie eine gute Küchenwaage und einen genauen Meßbecher.
• Außerdem sind notwendig: ein Backbrett, ein Wellholz (Nudelrolle – am besten aus Holz mit Kugellager), ein kleiner Teigroller, mit dem Sie den Teig direkt auf dem Blech oder in der Form ausrollen können, ein Teigrädchen, 2 Backpinsel in verschiedenen Breiten und ein Spritzbeutel/Tortenspritze mit verschiedenen Tüllen.
• Nützlich ist ein Tortenring aus Kunststoff, den man beim Füllen von Torten um den Tortenboden legt – er ersetzt den Springformrand.
• Wenn Sie Kuchenformen und Backbleche mit Backtrennpapier auslegen, erübrigt sich das

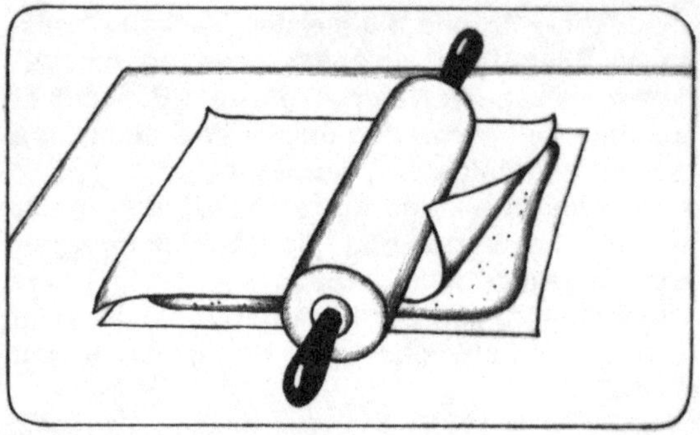

Zwischen Backtrennpapier oder Pergamentpapier läßt sich Teig, der leicht klebt, mühelos ausrollen.

Einfetten und das Gebäck bleibt nicht hängen. Teig, der dazu neigt, beim Ausrollen zu kleben, läßt sich zwischen 2 Bogen Backtrennpapier ohne Schwierigkeiten ausrollen. Auch Schablonen zum Ausschneiden von Teigformen kann man aus Backtrennpapier anfertigen.

- Mit der Sekowa-Backofenleuchte (siehe Seite 128) kann der Backofen leicht temperiert werden – praktisch für Brot- und Kuchenteige, die bei gleichmäßiger Wärme aufgehen sollen. Eine 25 Watt-Birne reicht aus, um eine Temperatur von 25° C zu erzielen.

Backformen

- Neben den bewährten Backformen aus Schwarz- oder Weißblech und aus Aluminium gibt es eine große Auswahl an hübschen Formen aus Kupfer, Gußeisen, Steingut, feuerfestem Porzellan und Glas sowie aus Kunststoff.
- Vollkornbrote und einfache Hefekuchen gelingen in Tonformen besonders gut.
- Originelle Backformen für Brote und Brötchen sind Blumentöpfe aus unglasiertem Ton. Da diese Gefäße in erster Linie für Pflanzen und nicht zum Backen bestimmt sind, ist nicht auszuschließen, daß der dazu verwendete Ton (im Gegensatz zum Römertopf) gesundheitsschädliche Stoffe enthält. Um allen Gefahren aus dem Weg zu gehen, lege ich deshalb solche Tontöpfe mit gefetteter Alufolie aus, ehe ich den Brot- oder Brötchenteig einfülle.

Für selbstgemachte Förmchen wird starke Alufolie um Schalen oder Tassen gedrückt und der Rand umgeknickt.

- Auch in Tiefkühlformen aus Aluminium können Sie kleine Kuchen und Brote backen.
- Kleine Backförmchen lassen sich aus starker Alufolie, wie auf der Zeichnung gezeigt, leicht herstellen.

Rund um den Backofen

Herdtypen

Die heutigen modernen Geräte arbeiten nach verschiedenen Systemen:

- Backofen mit konventioneller Beheizung (Strom oder Gas); der Backofen wird durch Ober- und Unterhitze beheizt. Die Wärme gelangt überwiegend durch Strahlung zum Gebäck. Wie sich in der Praxis herausstellte, hat sich die konventionelle Beheizung beim Backen von Brot und feinem Gebäck besonders gut bewährt.
- Backofen mit Heißluft (Strom); die Heißluft wird durch einen Ventilator an der Rückwand ständig umgewälzt. Sie gelangt dadurch schneller und intensiver zum Gebäck. Man kann gleichzeitig auf 2 oder 3 Ebenen backen.
- Beim Universal-Backofen – der neuesten Entwicklung – sind beide Systeme vereint. Sie können also Ihr Brot nach klassischer Art backen oder 2 Bleche mit flachem Gebäck gleichzeitig in den Herd schieben. Beim Backen auf 2 Ebenen

verlängert sich die Backzeit je nach Art und Dicke des Gebäcks um etwa 5–10 Minuten.

Backtemperaturen

In meinen Rezepten habe ich jeweils die Backtemperatur für einen nach konventioneller Art beheizten Elektrobackofen angegeben. Bei Heißluftherden liegt die erforderliche Temperatur – je nach Backgut – um etwa 20–30° C niedriger. Die folgende Tabelle zeigt, welche Temperatur beziehungsweise Schaltstufe bei den einzelnen Herdtypen zu wählen ist:

Konventionelle Beheizung	Heißluft	Gasschaltstufen
160–180° C	140–160° C	1–2
180–200° C	160–180° C	2–3
200–220° C	180–200° C	3–4
220–250° C	200–230° C	4–5

Backzeiten

Die in meinen Rezepten angegebenen Backzeiten habe ich genau ausprobiert. Da aber alle Herde unterschiedlich backen, sollten Sie schon vor dem Ende der angegebenen Zeit einen Blick auf Ihr Back-Werk werfen. Notieren Sie sich bei jedem Rezept die Backzeit, mit der Sie ein gutes Resultat erzielt haben, dann wissen Sie beim nächstenmal genau, wann Sie Ihr Gebäck aus dem Ofen nehmen müssen.

Garprobe

Machen Sie bei hohen Kuchen gegen Ende der Backzeit immer die Garprobe, indem Sie ein glattes, rundes Holzstäbchen in die Mitte des Kuchens stechen. Bleibt kein Teig mehr daran hängen, ist der Kuchen durchgebacken.

Vorheizen – ja oder nein?

In den meisten Backrezepten wird empfohlen, den Backofen vorzuheizen, ehe das Gebäck hineingeschoben wird. Doch wie eingehende Tests der Firma Siemens und der Versuchsküche der Zeitschrift »Brigitte« ergeben haben, können durchschnittlich 18% Strom eingespart werden, wenn auf das Vorheizen verzichtet wird.

Beim Ausprobieren meiner Rezepte habe ich Kuchen und Brote ebenfalls in den kalten Backofen gestellt und durchwegs gute Ergebnisse erzielt. Nur dort, wo zu befürchten war, daß der Kuchen sonst zusammenfällt (Biskuitteig), oder wo die Hitze das Gebäck sofort in die Höhe treiben soll (Brandteig, echter Blätterteig, Hefeblätterteig), habe ich wie bisher vorgeheizt; entsprechende Angaben finden Sie bei den Rezepten. Hefeteig sollte nicht zu stark gegangen sein, wenn er in den kalten Backofen kommt, denn er geht noch weiter auf, bis eine bestimmte Temperatur erreicht ist und die Hefebakterien abgetötet werden.

Bei Backzeiten, die über 1 Stunde liegen, läßt sich auch dadurch Strom sparen, daß man den Backofen 10 Minuten vor Beendigung der Backzeit abschaltet. Moderne Herde sind im allgemeinen so gut isoliert, daß sich die Temperatur bei geschlossener Tür noch so lange hält.

Vor dem Backen zu lesen

Es ist nicht zu vermeiden, daß verschiedene Inhaltsstoffe der verwendeten Zutaten beim Backen geschädigt werden. Am wenigsten hitzeempfindlich sind die Vitamine der B-Gruppe. Dort tritt eine Schädigung erst bei Temperaturen ein, die über 160° C liegen. Da Brote und Kuchen im Innern verhältnismäßig feucht sind, wird hier eine Temperatur von 100° C nicht überschritten. Nur an der Außenseite, der Kruste also, ist die Temperatur höher und der Verlust an Vitalstoffen entsprechend größer. Wenn wir also auf eine gesunde Ernährung Wert legen, so ergibt sich daraus, daß wir uns bei unserer Alltagskost auf Vollkornbrote aller Art und einfache Kuchen (mit Backferment oder Hefe) beschränken und feineres Gebäck den Festtagen vorbehalten sollten. Unbedingt notwendige Ergänzung zu allem Gekochten und Gebackenen sind das tägliche Frischkornmüsli, rohes Gemüse und Salate.

Rustikale Brote und Brötchen

Nach groben Schätzungen gibt es heute in Deutschland über 200 Brotsorten zu kaufen – für jeden Geschmack etwas, sollte man meinen. Trotzdem bleiben wohl noch spezielle Wünsche offen. Wie wäre es sonst zu erklären, daß viele Leute wieder selbst Brot backen? Ursache für diese Entwicklung ist sicher nicht irgendeine Mode oder gar die sogenannte Nostalgiewelle, sondern das Verlangen nach kräftigem, würzigem Brotgeschmack, den nur das Vollkornbrot bieten kann.

Kein anderes Brot kann mit dem Vollkornbrot konkurrieren. Das hängt mit den modernen Herstellungsmethoden und den äußeren Zwängen unserer Arbeitswelt zusammen: Früher wurde das Brot mit Natursauerteig im Holzbackofen gebacken, wobei sich die Geschmacks- und Aromastoffe des Getreides während der langen Gär- und Backzeit besonders gut entwickeln konnten. Heute hat die neuzeitliche Backtechnologie die alten handwerklichen Backverfahren – bis auf wenige Ausnahmen – verdrängt. Man verwendet Auszugsmehle, denen die gesundheitlich wertvollen Bestandteile (auch die Geschmacks- und Aromastoffe) zum größten Teil fehlen. Diesen Mehlen werden meistens Fertigmischungen zugesetzt, in denen Teigsäuerungs- und andere Backhilfsmittel enthalten sind. Sie sollen die Teigentwicklung zeitlich so steuern und den Backprozeß so beschleunigen, wie dies für den Produktionsablauf »fortschrittlicher« Bäckereibetriebe und Brotfabriken am rationellsten ist. Wen wundert es da noch, daß die nach »moderner« Art gebackenen Brote oft fade schmecken, schneller altbacken werden oder schimmeln und daß sie schon gar nicht mit unserem selbstgebackenen Vollkornbrot zu vergleichen sind?

Das Brotbacken kostet übrigens weniger Zeit und Mühe, als man zunächst meinen könnte. Mit etwas Übung läßt sich diese Arbeit leicht in den gewohnten Tagesablauf einplanen und erledigt sich beinahe von selbst. Im übrigen ergreifen auch Männer gerne die Gelegenheit, sich im Haushalt beim Brotbacken zu »emanzipieren« – und so mancher, der es nur einmal ausprobieren wollte, ist zum begeisterten Hobbybäcker geworden!

Mein Tip: Vollkornbrote und -brötchen aus der eigenen Backstube sind ein originelles und immer willkommenes Mitbringsel. Wickeln Sie Ihr »Hausbrot« in ein besonders hübsches Geschirrtuch ein oder packen Sie die Brötchen in ein schön geflochtenes Brotkörbchen, dann macht Ihr Geschenk noch mehr Freude!

Praktische Tips fürs Brotbacken

1. Zum Backen von Brot und Brötchen sind frisch gemahlener Weizen und Roggen gleich gut geeignet. Alle übrigen Getreidearten lassen sich allein nur schwer verbacken, sie sollten immer mit Weizen oder Roggen gemischt werden.
2. Als Teiglockerungsmittel werden *Hefe, Sauerteig* und das Sekowa-Spezial-*Backferment,* aus dem sich ein idealer Sauerteig herstellen läßt, verwendet. Näheres hierzu lesen Sie auf Seite 17.

Mit Hefe können nur Weizen und Dinkel verbakken werden. Das Eiweiß dieser beiden Getreidearten enthält nämlich einen Kleber, der sich – vereinfacht ausgedrückt – beim Backen verfestigt und dem fertigen Gebäck ein festes Gerüst gibt.

Der in den Eiweißstoffen des Roggens vorhandene Kleber hat diese Fähigkeit, das Gebäck zu verfestigen, nicht. Roggen kann deshalb nicht mit Hefe, sondern nur mit Sauerteig – noch besser mit dem Sekowa-Backferment – verbacken werden. Die im Sauerteig vorhandenen Säuren bewirken unter anderem, daß die Getreidestärke während des Backens verkleistert und der Brotkrume die erwünschte Elastizität und Festigkeit verleiht.

Beim Brotbacken kann man Hefe und Sauerteig zusammen verwenden, wenn der Teig sowohl Weizen als auch Roggen enthält. Der Zusatz von Hefe verkürzt den Gärprozeß; allerdings können sich die Aromastoffe des Getreides in dieser kurzen Zeit nicht voll entwickeln. Solche Brote sind also weniger ausgeprägt im Geschmack als reine Sauerteigbrote.

3. Alle Backzutaten, auch die Backschüssel und die Backformen, sollten Zimmertemperatur haben, damit sich der Teig nicht abkühlt. Das gilt besonders für Sauerteig. Er braucht mehr Wärme für seine Entwicklung, während Hefeteig auch noch bei niedrigeren Temperaturen aufgeht.

4. Gewürze geben Ihrem Selbstgebackenen die individuelle Note und machen es leichter verdaulich. Die »klassischen« Brotgewürze sind Kümmel und Koriander, Anis und Fenchel. Nüsse, geröstete Sonnenblumenkerne, Sesam und Trockenfrüchte bieten weitere Abwechslung bei der Brotbäckerei.

5. Brote und Brötchen müssen nicht immer die übliche Form haben. Es macht viel Spaß, eigene Formen zu erfinden oder Gebäckformen, wie sie schon zur Zeit der alten Griechen und Römer üblich waren, nachzubacken. Einige Anregungen dazu finden Sie in diesem Kapitel.

6. Mit Vollkornmehl zubereitete Teige sind anfangs ziemlich weich, weil Mehl und Kleie während des Backens noch ausquellen. Deshalb ist es zweckmäßig, größere Gebäckstücke, und vor allem Sauerteigbrote, in Formen zu backen. Alle Backformen aus Schwarz- oder Weißblech, Aluminium, Jenaer Glas und Steingut, auch Großmutters alte Kupferformen, können dazu verwendet werden. Einfache Blechformen sollten mit Alufolie ausgelegt werden, weil sonst das Brot (infolge der langen Gär- und Backzeit) einen unangenehmen Blechgeschmack bekommt. Wenn Sie häufig Brot backen, wählen Sie die Formen so, daß der Backofen gut ausgenützt wird: in einen Haushaltsbackofen passen zum Beispiel 4 Kastenformen von 30 × 12 cm.

7. Brote und Brötchen gehen beim Backen besser auf, wenn man am Anfang ein flaches feuerfestes Schälchen mit kochendem Wasser auf den Backofenboden stellt. Der Wasserdampf verhindert, daß die Oberfläche des Teiges abtrocknet und sich zu früh eine harte Kruste bildet. Nach 20–30 Minuten Backzeit kann das Wasser wieder herausgenommen werden. Das Abtrocknen der Oberfläche läßt sich auch dadurch vermeiden, daß Backformen mit Deckel verwendet oder mit Alufolie abgedeckt werden. Ungefähr nach der halben Backzeit sollte der Deckel abgenommen werden, damit das Gebäck eine schöne rösche Kruste bekommt.

Die Garprobe beim Brotbacken

Auch richtig durchgebackenes Brot ist anfangs noch ziemlich feucht und klebrig. Es hat also wenig Sinn, mit der Stäbchenprobe – wie beim Kuchenbacken – festzustellen, ob das Brot lange genug im Ofen war. Am sichersten läßt sich durch Abwiegen nachprüfen, ob das Brot durchgebacken ist. Wann und wie man wiegt, können Sie im Rezept »Vollkornbrot mit Backferment« auf Seite 22 nachlesen. Füllen Sie gleichgroße Formen mit der gleichen Teigmenge, dann müssen Sie nur eine Form zur Probe abwiegen.

Hier ein Beispiel für die Berechnung des Brotgewichts:

Backform mit Brotteig	=	1450 g
abzüglich Gewicht der leeren Form	=	–200 g
Teiggewicht	=	1250 g
12% vom Teiggewicht	=	150 g
Backform mit Teig	=	1450 g
abzüglich 12% vom Teiggewicht	=	–150 g
Das fertiggebackene Brot wiegt (mit der Form) noch etwa		1300 g

So bleibt das Brot lange frisch

Ganz allgemein ist zu sagen, daß Brote aus Auszugsmehlen schneller austrocknen und altbakken werden als Vollkornbrote. Hefebrote altern auch – wie schon gesagt – schneller als mit Sauerteig gebackene Roggen-Vollkornbrote; diese bleiben je nach Jahreszeit und Aufbewahrungsmöglichkeit etwa 14 Tage frisch. Neuere Untersuchungen, von denen Prof. B. Thomas berichtet (»Die Nähr- und Ballaststoffe der Getreidemehle in ihrer Bedeutung für die Brotnahrung«), haben sogar ergeben, daß Typhus-, Paratyphus- und Dysentheriebakterien auf stark gesäuertem

Brot bereits nach einem Tag zugrunde gehen, während sie sich auf wenig gesäuertem Brot viele Tage halten.
- Richtig durchgebackenes Brot schimmelt nicht, wenn es kühl und luftig aufbewahrt wird – zum Beispiel auf einem Kuchengitter im gut gelüfteten Keller.
- Niemals darf man Brot in Plastiktüten oder luftdichten Behältern aufheben, denn sobald die Rinde von innen her durchfeuchtet wird, siedeln sich auf dem Brot Schimmelpilze an.
- Im Kühlschrank wird das Brot besonders schnell altbacken.
- Dagegen bleibt Brot in einem Steinguttopf – mit der Schnittfläche nach unten – längere Zeit frisch. Decken Sie das Gefäß mit einem Tuch oder einem Brettchen so zu, daß noch eine gewisse Luftzufuhr möglich ist. Auch im Römertopf bleibt Ihr Brot lange frisch!
- »Brot im Eichenschrank hält sich jahrelang«, sagt ein altes bäuerliches Sprichwort – Großmutters hölzerne Brottrommel kommt also wieder zu Ehren. Sie sollte aber immer einen kleinen Spalt offenstehen, damit die Luft noch zirkulieren kann.
- Um Schimmelpilzen von vornherein keine Chance zu geben, müssen die zur Brotaufbewahrung benützten Behälter alle 1–2 Wochen gründlich mit heißem Essigwasser ausgewaschen und gut nachgetrocknet werden.
- Brot läßt sich auch ohne großen Verlust an Nährwerten einfrieren. Hefebrote und Hefebrötchen kommen wie anderes Hefegebäck noch lauwarm ins Gefriergerät. Sauerteigbrote sollten nach dem Backen 1–2 Tage lang auf einem Kuchengitter an einem kühlen Platz ausdünsten, bevor man sie einfriert. Während dieser Zeit trocknen die Brote noch etwas nach, die Krume verfestigt sich und die Aromastoffe von Getreide und Gewürzen können sich voll entwickeln.

• Roggen • Weizen • Gerste

Vollkornbrot mit Backferment

Seit vielen Jahren backe ich unser »Hausbrot« nach dem folgenden Rezept. Schon beim ersten »Probebacken« werden Sie feststellen, wie einfach es ist, ein gesundes, wohlschmeckendes Brot zu bereiten. Welche Getreidemischung Sie wählen, ob Sie das Korn fein mahlen oder gröber schroten, ob Sie Gewürze unter den Teig mischen oder nicht, ist eine Frage des persönlichen Geschmacks, denn schließlich ist das Brotbacken eine sehr individuelle Tätigkeit, die noch viel Raum für eigene Ideen übrigläßt.

In diesem Rezept finden Sie zwei Vorschläge für Vollkornbrote. Das Dreikornbrot wird aus Roggen, Weizen und Gerste gebacken. Das kräftige Roggenbrot bleibt durch den hohen Roganteil auch im Sommer lange frisch. Beide Brotsorten werden auf die gleiche Art und Weise zubereitet.

Dreikornbrot

Zutaten für 2 Kastenformen (30 cm lang):
Für den Vorteig: 770 g Wasser · 1½ Eßl. Grundansatz (Rezept Seite 27) · 1 gestrichener Teel. Backferment · 770 g Roggen, fein gemahlen
Für den Hauptteig: 280 g Wasser · 15 g Meersalz · 360 g Weizen, fein gemahlen · 280 g Gerste, fein gemahlen
Zum Bestreuen: Kümmel oder Sesam
Für die Formen: Butter
Pro 100 g Brot etwa 945 Joule / 225 Kalorien

Kräftiges Roggenbrot

Zutaten für 2 Kastenformen (30 cm lang):
Für den Vorteig: 700 g Wasser · 1½ Eßl. Grundansatz (Rezept Seite 27) · 1 gestrichener Teel. Backferment · 700 g Roggen, fein gemahlen

Für den Hauptteig: 360 g Wasser • 15 g Meersalz • 380 g Roggen, fein gemahlen • 330 g Weizen, fein gemahlen
Zum Bestreuen: Kümmel oder Sesam
Für die Formen: Butter
Pro 100 g Brot etwa 945 Joule / 225 Kalorien

- Zubereitungszeit: 70 Minuten
- Gärzeit: etwa 16 Stunden
- Backzeit: 2–5 Stunden (je nach Backverfahren)

So wird der Vorteig bereitet: Den Vorteig abends ansetzen, er muß mindestens 12 Stunden (also über Nacht) bei Zimmertemperatur (etwa 20° C) gären. Eine längere Gärzeit schadet nichts, das Brot schmeckt dann etwas säuerlicher. (Der Teigansatz darf nicht wärmer als 23° C stehen, sonst wird er früher reif und vergärt, was für den weiteren Gärungsprozeß sehr ungünstig ist.) • Das Wasser auf 40° C (gut handwarm) erwärmen. Den Grundansatz und das Backferment in der Backschüssel mischen, mit etwas Wasser anrühren. Das Roggenmehl und das restliche Wasser abwechselnd zugeben und alles gründlich vermengen. • Als Grundansatz für das nächste Brotbacken $1^1/_2$ Eßlöffel abnehmen und in einem Schraubglas im Kühlschrank aufbewahren. • Den Teig glattstreichen. Die Schüssel mit einem feuchten Tuch und einem Stück Plastikfolie oder einem Deckel zudecken. (Die Oberfläche darf während der gesamten Teigzubereitung nicht trocken werden.)

So wird der Hauptteig bereitet: Am nächsten Morgen muß der Teig ausgereift sein. Durch die Gärung hat er sich gehoben; reißt man die obere Schicht auf, werden viele Gärbläschen sichtbar. • Das Wasser auf 40–50° C erwärmen und das Salz darin auflösen. Die Hälfte des Mehls auf den Vorteig geben, das Wasser darübergießen und alles verrühren. Das restliche Mehl unterrühren. Den zähen Teig kurz durcharbeiten, bis kein Mehl mehr zu sehen ist, und glattstreichen. Die Schüssel so zudecken, daß der Teig nicht abtrocknet. $1^1/_2$–2 Stunden bei Zimmertemperatur gehen lassen. • Inzwischen die Backformen gründlich einfetten, eventuell vorher mit Alufolie auslegen. Die leeren Formen abwiegen und das Gewicht notieren. • Den gut aufgegangenen, gelockerten Teig nochmals kurz durcharbeiten und in die Formen füllen. Nur zu $^2/_3$ füllen, damit der Teig genügend Platz zum Gehen hat. Den Teig mit einem nassen Löffel gut zusammendrücken und glattstreichen. Mit Kümmel bestreuen und die Körner mit dem Löffel festdrücken. Oder das Brot dick mit Sesam bestreuen und die Form hin- und herschütteln, so legt sich gleichmäßig Korn an Korn. Den Sesam ebenfalls mit einem nassen Löffel festdrücken. Die Formen, mit einem feuchten Tuch bedeckt, weitere 60–90 Minuten gehen lassen. • Die Gärzeit ist beendet, wenn der Teig die Formen fast ausfüllt und an der Oberfläche kleine, durch geplatzte Gärbläschen entstandene Löcher sichtbar sind. Beim Brot mit Sesamkruste sind deutlich Risse erkennbar.

Wichtig: Die Gärzeit kann – je nach Witterung, Temperatur und Beschaffenheit des Grundansatzes sehr unterschiedlich sein. Lassen Sie den Teig im Zweifelsfalle eher etwas länger gehen als zu kurze Zeit. Da ein mit Backferment zubereiteter Teig ziemlich unempfindlich ist, schadet es nichts, wenn er länger stehenbleibt.

So wird das Brot gebacken: Die gefüllten Backformen abwiegen und das Gesamtgewicht notieren. Die Formen mit gefetteter Alufolie abdekken, dabei etwas Luft über dem Teig lassen. • Die Brote auf der untersten Leiste in den kalten Backofen schieben und bei 220° C 1 Stunde bakken. Danach die Folie abnehmen und noch so lange backen (etwa 60–70 Minuten), bis der Teig 12% leichter geworden ist. (Ein genaues Beispiel für die Berechnung als Garprobe finden Sie auf Seite 21). • Die Formen umgedreht auf ein Kuchengitter legen und abkühlen lassen. Nach etwa 30 Minuten lassen sich die Formen ganz leicht abnehmen. • Vor dem Anschneiden sollte das Brot noch 2 Tage kühl und luftig lagern. Während dieser Zeit verfestigt sich die Krume und die Aromastoffe des Getreides und der Gewürze können sich voll entwickeln.

Durch Gewürze und andere Zutaten können Sie Ihr Hausbrot nach dem Rezept auf Seite 22 immer wieder variieren:

Fränkisches Gewürzbrot
Je 1¹/₂ Eßlöffel Kümmel und Koriander sowie je 2 Teelöffel Anis und Fenchel entweder mit dem Getreide für den Hauptteig mahlen, oder die ganzen Gewürzkörner untermengen. Nachdem der Teig in die Formen gefüllt wurde, werden die Brote noch mit Gewürzkörnern bestreut (mit einem Löffel gut festdrücken).

Leinsamenbrot
Am Vorabend 200 g Leinsamen in 200 g Wasser einweichen und unter den Hauptteig mischen.

Sonnenblumenbrot
Unter den Hauptteig 200 g geschälte, leicht geröstete Sonnenblumenkerne mengen. Die Brote nach dem Einfüllen in die Formen mit Sonnenblumenkernen bestreuen.

Kräuterbrot
Je 2 Eßlöffel feingehacktes Bohnenkraut und feingehackten Thymian unter den Hauptteig mischen.

Schrotbrot
Für Schrotbrote wird das Getreide nicht mehlfein gemahlen, sondern gröber geschrotet. Mit Getreideschrot hergestellte Brote gehen nicht so hoch auf, sie sind infolge ihrer gröberen Struktur auch schwerer verdaulich.

Auch nach den folgenden Vorschlägen können Sie Ihr Brot backen – das bringt viel Abwechslung in Ihre Hausbäckerei.

Brot auf Pumpernickelart
Durch eine längere Backzeit bei niedrigerer Temperatur bekommt das Vollkornbrot ein besonders kräftiges Aroma. Es schmeckt fast wie »echter« Pumpernickel: Die Backformen mit gefetteter Alufolie abdecken. Die Brote auf der untersten Leiste 1 Stunde bei 200° C, dann 2¹/₂ Stunden bei 100° C backen. Danach die Folie abnehmen und bei 200° C so lange weiterbacken (60–90 Minuten), bis der Teig 12% an Gewicht verloren hat.

Vollkornbrot aus dem Römertopf
Fast so gut wie aus dem alten Steinbackofen schmeckt Ihr Vollkornbrot, wenn Sie es im Römertopf backen. Vielleicht probieren Sie Ihr nächstes Brot einmal auf die folgende Art (die auf Seite 22 angegebenen Mengen passen jeweils in einen Römertopf Nr. 111 = Universalgröße): Während der Hauptteig geht, den Römertopf ins Wasser legen oder Unterteil und Deckel mit Wasser gefüllt aufstellen. Das Wasser herausgießen, wenn der Teig genügend gegangen ist. Das Unterteil des Tontopfs gründlich mit flüssiger Butter einfetten, abwiegen und das Gewicht notieren. Den Teig einfüllen und glattstreichen, nach Belieben mit Gewürzen oder Sesam bestreuen und festdrücken. Abwiegen und das Gewicht notieren. Mit dem Deckel zugedeckt gehen lassen, bis auf der Brotoberfläche Risse sichtbar sind. • Dann das Brot auf der untersten Leiste in den kalten Backofen schieben, 1 Stunde bei 220° C, danach 2 Stunden bei 100° C backen. Den Deckel abnehmen und das Brot bei 200° C noch etwa 60–90 Minuten backen, bis der Teig 12% leichter geworden ist. • Das Brot 1 Stunde auf einem Kuchengitter abkühlen lassen; dann läßt es sich ganz einfach aus der Form stürzen.

Fladenbrot vom Blech
Von dem bereits gegangenen Hauptteig etwa 800 g abnehmen und 60 g fein gemahlenen Weizen sowie 1 gestrichenen Teelöffel Meersalz unterarbeiten. • Das Backblech gründlich einfetten und mit Mehl bestäuben. Den Teig mit einem nassen Löffel oder einem kleinen Kuchenroller (eventuell anfeuchten!) gleichmäßig auf dem Blech verteilen. Die Teigplatte mit einem Messer in Quadrate von 7 × 7 cm unterteilen und abwechselnd mit Kümmel, Koriander, gehobelten Nüssen, geröstetem Sesam und gerösteten Sonnenblumenkernen bestreuen, so daß ein Schachbrettmuster entsteht. Den Teig noch etwa 30–40 Minuten gehen lassen. • Das Fladen-

BÖSEN
treidemühle
System Dr. H. Burggrabe

◁ Wenn Sie ein kerniges, dunkles Brot mit unvergleichlich gutem, kräftigem Geschmack backen wollen, probieren Sie das Honig-Salz-Brot im Römertopf. Rezept Seite 28.

brot mit gefetteter Alufolie bedecken und auf der mittleren Leiste bei 180° C 35 Minuten backen. Dann die Folie abnehmen und bei 200° C noch 25–30 Minuten backen. • Mit frischer Butter ist das lauwarme Fladenbrot ein Hochgenuß! Besonders hübsch sieht es aus, wenn Sie das Brot auf dem Blech oder einem großen Brett im ganzen servieren, so daß das Schachbrettmuster gut zur Geltung kommt. • Sie können den Teig auch – nachdem die Alufolie abgenommen wurde – mit geraspeltem Käse bestreuen. • Schließlich ist der Brotteig auch eine gute Grundlage für einen Zwiebelkuchen oder eine Pizza.

• Weizen

Der Grundansatz mit Backferment

Das Sekowa-Spezial-Backferment ist ein trockenes Granulat. Bevor damit gebacken werden kann, müssen die eingetrockneten Gärungsorganismen wieder aktiviert werden. Das geschieht, indem man das Backferment mit warmem Wasser und frisch gemahlenem Weizen verrührt und das Ganze an einem warmen Platz gären läßt. So entsteht der Grundansatz, also eine besondere Art von Sauerteig.

Das ist wichtig für den Grundansatz:

• Für die Grundansatzbereitung eignet sich am besten ein schmales, hohes Gefäß (zum Beispiel ein Gurkenglas mit Schraubdeckel = etwa 700 ccm Inhalt), weil in einem breiten Gefäß der Teig verläuft und die Gärung dadurch beeinträchtigt wird.

• Die Teigoberfläche darf während des ganzen Gärungsvorgangs nicht trocken werden, weil sonst die Gärung unterbunden wird. Deshalb muß das Gefäß mit einem Teller oder einem Deckel abgedeckt werden. Doch sollte dabei noch ein geringer Luftaustausch möglich sein – schrauben Sie also das Glas nicht fest zu!

• Die günstigste Temperatur für die Grundansatzbereitung liegt zwischen 25 und 30° C (20° C dürfen keinesfalls unterschritten werden). Um die erforderliche Temperatur zu erzielen, gibt es verschiedene Möglichkeiten: Stellen Sie das Gefäß in den Heizungskeller oder in die Nähe der Heizung (niemals *auf* die Heizung, es sei denn, sie ist nicht wärmer als 35° C). Auch in der Kühltasche oder einer selbstgebastelten Kochkiste entwickelt sich der Grundansatz sehr gut, wenn man diese Behälter zusätzlich durch mit heißem Wasser gefüllte Kühlaggregate oder Flaschen erwärmt.

• Der fertige Grundansatz hält sich im Kühlschrank (am besten in einem Schraubglas, jetzt fest zugeschraubt) mehrere Monate. Da er auch im Kühlschrank noch etwas gärt, darf das Glas höchstens zu $^3/_4$ gefüllt werden.

• Bei längerer Aufbewahrung zeigt sich an der Oberfläche manchmal eine graue Verfärbung. Sie stammt von arteigenen Hefezellen, die von Natur aus grau sind; die Gärfähigkeit wird dadurch nicht beeinträchtigt. Wasser, das sich oben absetzt, sollte abgegossen werden.

• Wenn der erste Grundansatz aufgebraucht ist, nehme ich beim Brotbacken jedesmal 1–2 Eßlöffel vom Vorteig ab und hebe ihn als Grundansatz fürs nächste Backen auf. Haltbarkeit im Kühlschrank etwa 14 Tage.

• Da die Gärkraft des Grundansatzes nach einiger Zeit nachläßt, sollte er 1–2mal jährlich frisch zubereitet werden. Zwischendurch frischt man ihn wie folgt auf: 2 Eßlöffel Grundansatz mit 1 Teelöffel Backferment und 40 g warmem Wasser (40° C) verrühren. 2 Eßlöffel fein geschroteten Weizen untermengen, so daß ein dicker Brei entsteht. Über Nacht bei Zimmertemperatur zugedeckt gären lassen. Am nächsten Tag ist der Grundansatz gebrauchsfertig.

• Der Grundansatz läßt sich auch einfrieren – besonders praktisch, wenn man in Urlaub geht! Nach dem Auftauen den Grundansatz im Wasserbad vorsichtig erwärmen (nicht über 30° C) und wie oben wieder auffrischen.

Die Zubereitung des Grundansatzes:

1. Stufe: 40 g Wasser · 1 gehäufter Teel. Backferment · 30–40 g Weizen, fein geschrotet

Das Wasser auf 40° C erwärmen und das Backferment darin verrühren. So viel Weizenschrot hineinrühren, daß ein ziemlich weicher Teig entsteht. Dabei soll sich aber kein Wasser absetzen. Das Gefäß zudecken und bei etwa 30° C gären lassen. Nach 15–24 Stunden ist der Teig reif. Man erkennt dies an vielen Gärbläschen.

2. Stufe: 50 g Wasser · 70–80 g Weizen, fein geschrotet
Das Wasser auf 40° C erwärmen, mit dem Weizenschrot zusammen unter den ersten Ansatz mengen. Den mittelfesten Teig zugedeckt gären lassen, bis sich der Teig um das Zweieinhalb- bis Dreifache vermehrt hat und eine lebhafte Gärung zu beobachten ist. Bei einer Temperatur von 30° C ist das nach etwa 5 Stunden der Fall, bei 20° C kann die Gärzeit bis zu 24 Stunden betragen. Dann ist der Grundansatz gebrauchsfertig; ein späteres Zusammenfallen mindert seine Qualität nicht.

Wichtig: Achten Sie bitte darauf, daß der Grundansatz wirklich gut ausgereift ist, ehe Sie ihn zum Backen verwenden; denn nur dann haben Sie die Gewähr, daß Ihr Gebäck auch gut gelingt!

• Roggen • Weizen

Honig-Salz-Brot im Römertopf

Bild Seite 26

Wie schon der Name sagt, spielen Honig und Salz bei der Zubereitung dieses Brotes eine ganz besondere Rolle: Der Honig leitet die spontane Gärung des Brotteigs ein, während das Salz den Teig festigt und die Porenstruktur verfeinert. Setzt man nämlich dem Bienenhonig Wasser oder eine andere Flüssigkeit zu, so beginnt er nach einiger Zeit zu gären. (Diesen Vorgang nutzten bereits die alten Germanen, um ihren Met zu brauen.) Verursacht wird die Gärung des Honigs durch Nektarhefen (Anthomyces reukauffii), die die Bienen zusammen mit dem Nektar aufnehmen. Diese Nektarhefen sind sehr empfindlich. Deshalb müssen bei der Teigbereitung besonders günstige Bedingungen geschaffen werden, damit der Gärungsprozeß richtig in Gang kommt und weiterläuft. Das ist zunächst nicht ganz einfach, und Sie sollten schon einige Erfahrung mit dem Backen von Backferment-Broten haben, um beurteilen zu können, ob die Teigentwicklung richtig verläuft. Auch meine ersten Backversuche waren nicht immer von Erfolg gekrönt; manchmal ähnelte das fertige Brot eher einem schweren Ziegelstein als einem gut gelockerten Brotlaib. Inzwischen habe ich das Honig-Salz-Brot noch viele Male gebacken und dabei immer wieder verbessert. Das Ergebnis ist jetzt ein kerniges, dunkles Brot von unvergleichlich gutem, kräftigem Geschmack – Sie sollten es wirklich einmal probieren!

Damit Sie beim Backen von Anfang an keine Schwierigkeiten haben, hier einige Tips aus der Praxis:

1. Halten Sie sich beim Mahlen des Getreides bitte genau an das Rezept: Nur der Roggen für den Vorteig wird mittelgrob bis mittelfein geschrotet. Da Getreideschrot das Wasser langsamer aufnimmt als feines Mehl, bleibt der Vorteig also länger feucht und die Honiggärung kommt dadurch besser in Gang. Alles übrige Getreide wird jeweils fein gemahlen; der Teig geht dadurch besser auf, die Krume wird lockerer und das Brot somit leichter verdaulich als bei grober Schrotung.

2. Für die Teigentwicklung ist vor allem Wärme notwendig. Die ideale Gärungstemperatur dürfte bei 25–30° C liegen. Starten Sie also Ihren ersten Backversuch bei schönem warmem Sommerwetter. Stellen Sie die gut zugedeckte Backschüssel tagsüber in die Sonne, dann kommt die Gärung gut voran. Im Winter reicht die normale Zimmertemperatur für eine optimale Teigentwicklung kaum aus. Stellen Sie deshalb die Backschüssel in den gleichmäßig temperierten Heizungskeller. Man kann die Backschüssel auch auf Elektrospeicheröfen oder – bei Fußbodenheizung – auf den Fußboden stellen. Die Oberfläche der Wärmequelle soll jedoch eine Temperatur von 35° C nicht überschreiten. Auch

mit der Backofenlampe (siehe Seite 18 und 128) läßt sich im Backofen eine gleichmäßige Wärme erzielen.

3. »Gut Ding will Weile haben«, heißt es in einem alten Sprichwort, und das gilt auch für das Honig-Salz-Brot. Die Gärzeiten sind hier besonders lang, weil sich die Hefe- und Säurebakterien erst im Laufe des Gärvorgangs entwickeln. Lassen Sie also dem Teig genügend Zeit aufzugehen, und schieben Sie das Brot nicht zu früh in den Backofen!

4. Falls sich der Teig wirklich einmal nicht zufriedenstellend entwickeln sollte, ist Ihr Brot immer noch zu retten: rühren Sie einfach 2 Eßlöffel Grundansatz (Rezept Seite 27) unter den Teig, dann kommt die Gärung sicher in Gang.

5. Da das Honig-Salz-Brot sehr langsam und gleichmäßig aufgeht, läßt es sich besonders gut verzieren. Eine Anregung dazu soll Ihnen das Farbbild auf Seite 26 geben; sicher haben Sie noch weitere Ideen.

Zutaten für 1 Römertopf (Größe 111):
Für den 1. Ansatz: 500 g Wasser · ¹/₄ Teel. Meersalz · 1 Teel. Honig · 500 g Roggen, mittelgrob geschrotet
Für den 2. Ansatz: 500 g Wasser · 1 gestrichener Teel. Meersalz · 1 Teel. Honig · 350 g Roggen, fein gemahlen · 150 g Weizen, fein gemahlen
Für den Hauptteig: 500 g Weizen · je 1 Eßl. Kümmel und Koriander · je 2 Teel. Fenchel und Anis · 1 gestrichener Teel. Meersalz
Zum Bestreuen: Sesam, Haselnüsse oder Sonnenblumenkerne
Für die Form: Butter und Sesam oder Vollkornmehl
Pro 100 g Brot etwa 965 Joule / 230 Kalorien

- Zubereitungszeit: insgesamt etwa 30 Minuten
- Gärzeit: etwa 24–30 Stunden
- Backzeit: 3 Stunden und 40 Minuten

So wird's gemacht: Für den Vorteig (1. Ansatz) das Wasser abends auf 40° C (gut handwarm) erhitzen, das Salz und den Honig darin auflösen. Das Roggenschrot in die Backschüssel schütten und das Wasser damit verrühren. Den weichen, breiartigen Teig mit einem feuchten Tuch und einem Stück Plastikfolie zudecken, damit die Oberfläche nicht trocken wird. Über Nacht – mindestens 12 Stunden – an einem warmen Platz gehen lassen. • Am nächsten Morgen ist schon deutlich zu erkennen, daß die Gärung eingesetzt hat: Der Teig ist lockerer und voluminöser. Wenn man die Oberfläche aufreißt, sind kleine Gärbläschen sichtbar. • Für den 2. Ansatz das Wasser auf 40° C (gut handwarm) erhitzen, das Salz und den Honig darin auflösen. Das Honig-Salz-Wasser und das Mehl abwechselnd unter den 1. Ansatz rühren. Die Backschüssel wieder so zudecken, daß die Oberfläche des Teiges nicht trocken wird, und den Teig an einem warmen Platz 4–6 Stunden gehen lassen (eine längere Gärzeit schadet nichts). • Den Römertopf wässern (Unterteil und Deckel mit Wasser füllen). • Wenn der Teig gut aufgegangen und gelockert ist, den Weizen für den Hauptteig mit den Gewürzen zusammen fein mahlen (oder die Gewürze ganz lassen). Das Salz auf den Teig streuen und das gewürzte Mehl darunterrühren. • Aus dem Römertopf das Wasser gießen und den Topf gründlich mit flüssiger Butter einpinseln und mit Sesamsamen oder Vollkornmehl ausstreuen. Den Teig in die Form füllen, mit einem nassen Löffel fest zusammendrücken und glattstreichen. Mit einem scharfen Messer ein Kreuz oder ein anderes einfaches Motiv einschneiden und mit Haselnüssen oder Sonnenblumenkernen verzieren. Oder die Oberfläche dicht mit Sesam bestreuen, die Körner mit einem nassen Löffel andrücken und mit Ausstechförmchen eine Sonnenblume eindrücken (das sieht besonders hübsch aus!). Den Deckel auflegen. • Das Brot mindestens 6 Stunden oder auch länger (bis zum nächsten Morgen oder Mittag) an einem warmen Platz gehen lassen. Die Gärzeit ist beendet, wenn der Teig um etwa ein Viertel aufgegangen ist, so daß er den Römertopf fast ausfüllt, also wenn sich das Brot deutlich sichtbar (wie ein Laib) nach oben wölbt und die Einschnitte auseinanderzuklaffen beginnen. • Das Brot auf der untersten Leiste in den kalten

Backofen schieben und bei 150° C 3 Stunden backen. • Dann den Deckel abnehmen, das Brot weitere 40 Minuten bei 200° C backen und anschließend noch 20 Minuten im ausgeschalteten Backofen stehen lassen. • Danach das Brot auf einem Kuchengitter 1 Stunde abkühlen lassen. Das Honig-Salz-Brot aus der Form stürzen und 1 Tag auf dem Kuchengitter an einem kühlen Platz ausdünsten lassen, damit die Rinde abtrocknet. • Im Römertopf aufbewahrt, bleibt das Brot längere Zeit frisch. An feucht-heißen Sommertagen empfiehlt es sich, das Brot öfter zu kontrollieren oder auf einem Rost offen aufzubewahren, um eine Schimmelbildung zu vermeiden.

• Roggen • Weizen

Brot mit ganzen Weizenkörnern

Zutaten für 1 Römertopf (Größe 111) und 1 Kastenform (30 cm lang) oder für 3 Kastenformen:
Für den Vorteig: 1¹/₂ l Wasser · 2 Eßl. Grundansatz (Rezept Seite 27) · 1¹/₂ Teel. Backferment · 800 g Roggen, fein gemahlen · 450 g Weizen
Für den Hauptteig: 1 Eßl. Meersalz (20 g) · 850 g Roggen · je 2 gehäufte Eßl. Kümmel und Koriander
Für die Formen: Butter · Sesam oder ausgesiebte Weizenkleie
Pro 100 g Brot etwa 925 Joule / 220 Kalorien

- Zubereitungszeit: 40 Minuten
- Gärzeit: 17–18 Stunden
- Backzeit: 4–4¹/₂ Stunden

So wird's gemacht: Den Vorteig abends ansetzen. 800 g Wasser auf 40° C (gut handwarm) erhitzen. Den Grundansatz und das Backferment in der Backschüssel verrühren. Das Wasser und das Roggenmehl abwechselnd unterrühren. Den weichen Teig mit einem feuchten Tuch und einer Plastikfolie bedeckt 12–14 Stunden bei Zimmertemperatur gären lassen. • 700 g Wasser zum Kochen bringen, den Weizen hineinschütten und auf der ausgeschalteten Platte zugedeckt über Nacht stehen lassen. • Morgens sollten die Weizenkörner aufgesprungen sein – andernfalls den Weizen nochmals aufkochen, bis die Körner zu platzen beginnen. Dann auf 30–40° C abkühlen lassen. Das Salz darin auflösen. • Den Roggen zusammen mit dem Kümmel und dem Koriander fein mahlen. Die Hälfte des Roggenmehls auf den Vorteig schütten. Die Weizenkörner dazugeben und alles vermengen. Zuletzt das restliche Roggenmehl unterarbeiten. Den Teig mit einem feuchten Tuch bedeckt an einem warmen Platz etwa 3 Stunden gehen lassen, bis er gut gelokkert ist. • Inzwischen das Unterteil und den Deckel des Römertopfes mit Wasser füllen. • Nach Beendigung der Gärzeit den Römertopf ausgießen. Das Unterteil und die Kastenform mit flüssiger Butter einfetten und mit Sesam oder Kleie ausstreuen. • 2400 g Teig in den Römertopf, den Rest (etwa 1250 g) in die Kastenform füllen. Mit einem nassen Löffel gut zusammendrücken und glattstreichen. Ein hübsches Muster einritzen oder mit Ausstechförmchen eindrücken. Die Formen zudecken und die Brote 1–2 Stunden gehen lassen; auf der Oberfläche sollen sich kleine Risse zeigen. • Die Brote auf der untersten Leiste in den kalten Backofen schieben und bei 220° C 1 Stunde, dann bei 100° C 2 Stunden backen. Anschließend den Deckel abnehmen und die Brote noch 70–90 Minuten bei 200° C backen, bis der Teig um etwa 10–11% leichter geworden ist. (Das genaue Beispiel für die Berechnung steht auf Seite 21). • Die Brote auf einem Kuchengitter 30–60 Minuten abkühlen lassen, dann aus der Form stürzen. 2 Tage kühl und luftig ruhen lassen und erst dann anschneiden.

• Roggen • Weizen

Krustenbrot

Ein Brot, das wenig Arbeit macht. Ich backe es oft im Urlaub oder auch mal zwischendurch, wenn unser Sauerteigbrot wieder viel zu schnell aufgegessen wurde. Schon 3–4 Stunden nach dem Backen kann man es anschneiden, aber auch am nächsten oder übernächsten Tag schmeckt das Krustenbrot noch sehr gut.

Wie beim Honig-Salz-Brot (siehe Seite 28) wird auch hier durch Zusatz von etwas Honig und Salz eine spontane Gärung (die Vorstufe des echten Sauerteigs) eingeleitet, die der Brotkrume erst die richtige Struktur gibt.

Zutaten für 3 Brote (1 Backblech):
Für den 1. Ansatz (abends): 400 g Roggen · 600 g Wasser · 1 gestrichener Teel. Meersalz · 1 Teel. Honig
Für den 2. Ansatz (morgens): 600 g Weizen oder Dinkel · 1 Eßl. Koriander · 1/2 Eßl. Kümmel · 100 g lauwarmes Wasser · 40 g Hefe · 1 gestrichener Teel. Meersalz
Zum Bestreuen: Kümmel, Koriander, Anis, Fenchel oder gehobelte Haselnüsse nach Geschmack
Für das Blech: Butter
Pro Brot etwa 4850 Joule / 1155 Kalorien

- Zubereitungszeit: 30 Minuten
- Gärzeit: etwa 14 Stunden
- Backzeit: 60–70 Minuten

So wird's gemacht: Abends den Roggen mittelfein schroten. Das Wasser auf 35–40° C (gut handwarm) erwärmen, das Salz und den Honig darin auflösen. Das Wasser mit dem Roggen zu einem weichen Brei verrühren. Den Teig bei Zimmertemperatur – am besten in der Nähe der Heizung – über Nacht gären lassen. Die Backschüssel zudecken, so daß die Teigoberfläche nicht austrocknet (zum Beispiel mit einem feuchten Tuch und Plastikfolie oder mit einem Deckel). • Am nächsten Morgen ist eine leichte Gärung des Teiges zu beobachten, er riecht etwas säuerlich. Nun den Weizen mit den Gewürzen fein mahlen. In dem lauwarmen Wasser die Hefe und das Salz auflösen und alles mit dem ersten Ansatz zu einem weichen Teig verarbeiten. Etwa 1 Stunde zugedeckt gehen lassen, bis sich das Volumen verdoppelt hat. • Das Blech sorgfältig einfetten. Den Teig kurz durchkneten und in 3 Teile teilen; der klebrige Teig läßt sich besser bearbeiten, wenn Sie Ihre Hände vorher mit Wasser anfeuchten oder mit etwas Öl einfetten. Jedes Teigstück gleich auf dem Blech zu einer Rolle formen (etwas kürzer als die Schmalseite des Blechs) und mit etwas Wasser bestreichen. Die Brote nach Belieben mit Gewürzen oder Nüssen bestreuen und diese etwas andrükken. Die Oberfläche der Brote eventuell einschneiden. Die Brote noch etwa 30–40 Minuten zugedeckt gehen lassen. • Das Blech auf der untersten Leiste in den kalten Backofen schieben und die Brote bei 220° C etwa 60–70 Minuten backen. Gleich zu Beginn ein Schälchen mit kochendem Wasser auf den Backofenboden stellen, dann gehen die Brote besser auf.

Variante – Kümmelstange
Unter 1/3 des Teiges 1–2 Eßlöffel Kümmel kneten. Den Teig zu einer Rolle formen, mit Kümmel bestreuen und mehrmals schräg einschneiden.

Variante – Kräuterbrot
Unter 1/3 des Teiges 3 Eßlöffel feingehackte frische Kräuter (Thymian, Basilikum, Oregano, wenig Rosmarin) oder 1 Eßlöffel getrocknete Provence-Kräuter (Fertigmischung) kneten. Die Teigrolle mit getrockneten Kräutern bestreuen und von beiden Seiten mehrmals schräg einschneiden.

Variante – Nußrolle
Unter 1/3 des Teiges 50–80 g Walnußkerne oder Haselnüsse (ganz oder grob geschnitten) kneten. Die Rolle mit gehackten Nüssen bestreuen und diese festdrücken.

• Hafer • Weizen

Haferbrot und Haferbrötchen

Bild Seite 25

Ein sehr mildes Brot, das mit Butter und Honig, Pflaumenmus oder Zuckerrübensirup besonders gut schmeckt. Die Brötchen mögen wir mit Sesamkruste am liebsten.

Zutaten für 1 Brot und 10 Brötchen:
250 g Nackthafer · 1 Teel. Anis · 1 Teel. Fenchel · 500 g Weizen · 30 g Hefe · 1 gestrichener Teel. Meersalz · 1/2 l kaltes Wasser
Zum Bestreuen: großblättrige Vollkornhaferflocken, Sesam, leicht geröstet, oder Kümmel
Für das Blech: Butter
Pro Brot etwa 5690 Joule / 1355 Kalorien;
pro Brötchen etwa 565 Joule / 135 Kalorien

- Zubereitungszeit: 80 Minuten (einschließlich Rösten des Hafers)
- Ruhezeit: 1 Stunde
- Backzeit: für das Brot 1 Stunde, für die Brötchen 35–40 Minuten

So wird's gemacht: Den Hafer und die Gewürze auf ein Blech schütten und im Backofen auf der mittleren Leiste bei 100° C 50 Minuten leicht rösten, dann abkühlen lassen. • Den Hafer und die Gewürze mit dem Weizen mischen und fein mahlen. Die Hefe und das Salz im Wasser auflösen. Das Mehl nach und nach dazugeben und den Teig mit der Küchenmaschine kneten, bis er sich von der Schüssel löst. Zugedeckt 1 Stunde gehen lassen, bis sich das Volumen etwa verdoppelt hat. • Inzwischen ein Blech sorgfältig einfetten. Den Teig nochmals kurz kneten und halbieren. Aus der einen Hälfte eine Kugel rollen, ringsherum mit Wasser bepinseln und in den Haferflocken wälzen (etwas festdrücken). Das Brot aufs Blech legen und in der Mitte ein Kreuz einschneiden. • Aus der anderen Teighälfte eine Rolle formen und diese in 10 gleichgroße Stücke schneiden. Die Abschnitte entweder in der länglichen Form belassen und etwas flachdrücken oder zu Kugeln rollen. Die Brötchen ringsherum mit Wasser bestreichen, in den Haferflocken oder in Sesam wälzen oder mit Kümmel bestreuen. • Die Haferbrötchen zum Brot auf das Blech legen, auf der untersten Leiste in den kalten Backofen schieben, bei 220° C die Brötchen 35–40 Minuten, das Brot 1 Stunde backen. Gleich zu Beginn ein Schälchen mit kochendem Wasser auf den Backofenboden stellen. • Brot und Brötchen schmecken am nächsten Tag noch besser als ganz frisch.

Variante – Früchtebrötchen
Früchtebrötchen sind sehr nahrhaft und deshalb gut als Schulfrühstück oder als Wanderproviant geeignet. Unter den Teig je 150 g ungeschwefelte Sultaninen, kleingeschnittene getrocknete Birnen und grobgehackte Walnußkerne oder Haselnüsse kneten. Längliche Brötchen formen, mit Wasser bestreichen, in Haferflocken wälzen oder dicht mit blättrig geschnittenen Haselnüssen belegen (gut andrücken). Die Brötchen wie oben backen (siehe Bild Seite 25).

• Roggen • Weizen

Früchtebrot

Das Kletzen- oder Hutzelbrot, wie man es auch im Bayrischen und im Schwäbischen nennt, wird schon seit Jahrhunderten nach altüberlieferten Rezepten gebacken. Eine besonders köstliche Variante kannten früher die österreichischen Bäuerinnen: Mit einer Stricknadel stachen sie Löcher in das frischgebackene Brot und tränkten es mit Mirabellenschnaps.

Dörrobst aus neuer Ernte gibt es ab Mitte November zu kaufen. Bitte achten Sie darauf, daß die Früchte ohne Konservierungsmittel haltbar gemacht wurden und ungeschwefelt sind, auch wenn sie auf den ersten Blick nicht so attraktiv aussehen. Auch die Walnüsse sollten ungeschwefelt sein.

Zum Backen können alle im Haushalt vorhandenen Formen verwendet werden. Gewöhnliche Blechformen bitte mit Alufolie auslegen, sonst bekommt das Früchtebrot einen unangenehmen Beigeschmack. Kleine Brote backe ich in Tiefkühlformen aus starker Alufolie (zwei Formen ineinandersetzen, das erhöht die Stabilität).

Zutaten für 2 Kastenformen (30 cm lang) und 1 Rehrückenform (26 cm lang):
Für die Füllung: 250 g getrocknete Birnen · 200 g getrocknete Aprikosen · 100 g getrocknete Äpfel · 250 g getrocknete entkernte Zwetschgen · 250 g Feigen · 100 g Walnußkerne · 100 g Haselnüsse · 100 g Mandeln · 125 g Korinthen · 125 g dunkle Sultaninen · 125 g gewürfeltes Zitronat · 1 1/2 Eßl. Zimt · 1/2 Teel. gemahlene Nelken · 1/2 Teel. Piment
Für den Vorteig: 400 g Roggen · 550 g Wasser (Einweichwasser von den Dörrfrüchten mitverwenden) · 1 gestrichener Teel. Meersalz · 1 Teel. Honig
Für den Hauptteig: 40 g Hefe · 2 Teel. Honig · 600 g Weizen · 1/2 Teel. Anis
Zum Verzieren: Zitronat und Orangeat im Stück · geschälte Mandeln
Für die Formen: Butter
Pro 100 g Früchtebrot etwa 1030 Joule / 245 Kalorien

- Zubereitungszeit: 2 Stunden
- Quellzeit: 4–6 Stunden
- Gärzeit: 16–17 Stunden
- Backzeit: 2–3 Stunden (je nach Teigmenge)

So wird's gemacht: Die Dörrfrüchte knapp mit Wasser bedeckt 4–6 Stunden quellen lassen (sie sollen nicht zu weich werden). • Das Einweichwasser abgießen und für den Brotteig aufheben. Das Obst in Würfel oder Streifen schneiden und in eine große Schüssel füllen. Die Walnußkerne vierteln, die ganzen Haselnüsse und Mandeln sowie alle übrigen Zutaten zu den Dörrfrüchten geben. Alles gründlich mischen und über Nacht an einem warmen Platz zugedeckt durchziehen lassen. • Noch am selben Abend für den Vorteig den Roggen mittelfein schroten. Das Wasser (mit dem Einweichwasser der Dörrfrüchte) auf 35–40° C (gut handwarm) erwärmen, das Salz und den Honig darin auflösen. Die Flüssigkeit mit dem Roggenschrot zu einem weichen Brei verrühren. Den Teig bei Zimmertemperatur – am besten in der Nähe der Heizung – über Nacht gären lassen. Die Backschüssel dabei so zudekken, daß die Teigoberfläche nicht trocken wird (zum Beispiel mit einem feuchten Tuch und Plastikfolie oder mit einem Deckel). • Am nächsten Morgen die Hefe in den Vorteig bröckeln, den Honig dazugeben und gründlich verrühren. Den Weizen mit dem Anis fein mahlen, nach und nach unter den Teig arbeiten und gründlich durchkneten. Etwa 45–60 Minuten zugedeckt gehen lassen, so daß sich das Volumen verdoppelt. • Inzwischen die Backformen mit Butter sorgfältig einfetten, abwiegen und das Gewicht notieren. • Die Dörrfruchtmischung unter den Teig mengen. Die Backformen damit zu 3/4 füllen. Den Teig mit einem nassen Eßlöffel zusammendrücken und glattstreichen. Das Zitronat und das Orangeat in Streifen schneiden oder mit Förmchen (aus der Puppenküche) beliebige Ornamente ausstechen (runde Formen erhält man auch mit dem Apfelausstecher). Die Früchtebrote mit Zitronat, Orangeat und Mandeln hübsch verzieren. • Die gefüllten Formen wiegen und das Gewicht notieren. Die Brote, mit einem feuchten Tuch bedeckt, an einem warmen Platz gehen lassen. Die Gärzeit ist wegen des schwereren Teiges länger als beim gewöhnlichen Brot (etwa 3–4 Stunden). • Wenn der Teig genügend aufgegangen ist, die Formen mit gefetteter Alufolie abdecken. Die Früchtebrote auf der untersten Leiste in den kalten Backofen schieben und bei 200° C 1 Stunde backen. • Dann die Alufolie abnehmen und die Früchtebrote bei 180° C noch so lange backen, bis sich das Gewicht des Teiges um etwa 10% verringert hat. (Ein genaues Beispiel für die Berechnung finden Sie auf Seite 21.) Die Backzeit ohne Folie ist je nach Teigmenge – die sich aus der Größe der verwendeten Formen ergibt – sehr unterschiedlich; hier einige Anhaltspunkte: bei 200 g Teig etwa 40–50 Minuten; bei 350 g Teig etwa 50–60 Minuten; bei 1300 g Teig etwa 75 Minuten. • Die Früchtebrote nach dem Backen 20 Minuten auf dem Kuchengitter abkühlen lassen, dann aus der Form stürzen. • 2 Tage kühl und luftig lagern. Danach in

Alufolie verpacken. Kalt aufbewahrt (Keller, Speicher oder Kühlschrank) bleibt das Früchtebrot 2–3 Monate frisch.

• Weizen

Gewürzbrot mit Hefe

Bild auf dem Einband

Zutaten für 3 Brote:
40 g Hefe • 3 gestrichene Teel. Meersalz • 650 g kaltes Wasser • 1 Eßl. Koriander • 1/2 Eßl. Anis • 1/2 Eßl. Fenchel • 1 kg Weizen • 2 Eßl. Kümmel
Zum Bestreichen und Bestreuen: 1 Ei • gehobelte Nüsse oder ausgesiebte Weizenkleie
Für das Blech: Butter
Pro 100 g Brot etwa 925 Joule / 220 Kalorien

- Zubereitungszeit: 30 Minuten
- Ruhezeit: 60–80 Minuten
- Backzeit: 1 Stunde

So wird's gemacht: Die Hefe und das Salz in dem Wasser auflösen. Den Koriander, den Anis und den Fenchel grob schroten oder mit dem Weizen zusammen fein mahlen. Den Kümmel ganz lassen. • Alle Gewürze mit dem Weizenmehl mischen und mit dem Hefewasser zu einem weichen Teig verarbeiten. Mit der Küchenmaschine gründlich durchkneten, bis sich der Teig von der Schüssel löst. 40–60 Minuten zugedeckt gehen lassen, bis sich das Volumen etwa verdoppelt hat. • Das Blech sorgfältig einfetten. Den Teig nochmals kurz durchkneten, in 3 Teile teilen und wie auf dem Farbbild oder nach eigener Phantasie formen oder auch in gefettete Kastenformen füllen. Das Ei verquirlen und die Brote damit bestreichen, dann mit den Nüssen oder der Weizenkleie bestreuen und leicht andrücken. Noch 10–20 Minuten gehen lassen. • Die Brote anschließend auf der untersten Leiste in den kalten Backofen schieben und bei 220° C 50–60 Minuten backen. Gleich zu Beginn ein flaches feuerfestes Schälchen mit kochendem Wasser auf den Backofenboden stellen, damit die Brote besser aufgehen. • Die Brote können 3–4 Stunden nach dem Backen angeschnitten werden.

Variante – Zwiebel-Kräuter-Brot
Die Gewürze weglassen, dafür folgende Kräutermischung (frisch und nicht zu fein gehackt) unter den Teig kneten: 2 gehäufte Eßlöffel Zwiebeln, 2 Eßlöffel Dill, 1 Eßlöffel Bohnenkraut, 1 Eßlöffel Petersilie, dazu 1 Teelöffel fein gehackter Estragon (siehe Bild auf dem Einband).

Variante – Dinkelbrot und Dinkelbrötchen
Die Gewürze weglassen. Statt ausschließlich Weizen 650 g Dinkel und 350 g Weizen für den Teig nehmen. Für Dinkelbrötchen noch gehackte Nüsse und eventuell Rosinen oder andere kleingeschnittene Dörrfrüchte unterkneten.

• Roggen • Weizen • Hafer

Birnenbrot mit Nüssen

Dieses mehr kuchenähnliche Brot schmeckt mit frischer Butter ganz ausgezeichnet – auch zum Schulfrühstück!

Zutaten für 1 Brot:
Für den 1. Ansatz: 200 g Wasser • 1 Eßl. Grundansatz (Rezept Seite 27) • 1/2 Teel. Backferment • 200 g Roggen, fein gemahlen
Für den 2. Ansatz: 220 g Wasser • 1 leicht gehäufter Teel. Meersalz • 2 Eßl. Zuckerrübensirup (nicht raffiniert) • 200 g Weizen, fein gemahlen
Für den Hauptteig: 150 g Hafer • 120 g getrocknete Birnen (ungeschwefelt) • 100 g Haselnüsse • 50 g Butter • 1 1/2 Teel. Delifrut
Zum Bestreuen: 2 Eßl. gehobelte Haselnüsse
Für die Form: Butter • Weizenmehl
Pro 100 g Brot etwa 1175 Joule / 280 Kalorien

- Zubereitungszeit: 45 Minuten
- Gärzeit: 17–19 Stunden
- Backzeit: 1 Stunde und 55 Minuten

So wird's gemacht: Den Vorteig (1. Ansatz) abends ansetzen. Das Wasser auf 40° C (gut handwarm) erwärmen. Den Grundansatz und das Backferment in der Backschüssel verrühren. Das Wasser dazugeben und das Roggenmehl unterrühren. Den weichen Teig, mit einem feuchten Tuch und einer Plastikfolie bedeckt, 12–14 Stunden bei Zimmertemperatur gären lassen. • Am nächsten Morgen das Wasser für den 2. Ansatz auf 40° C erwärmen und das Salz darin auflösen. Das Wasser, den Zuckerrübensirup und anschließend das Weizenmehl unter den Vorteig rühren. Den Teig, mit einem feuchten Tuch bedeckt, 2 Stunden gehen lassen (eine längere Gärzeit schadet nichts). • Den Römertopf (Unterteil und Deckel) mit Wasser füllen. • Für den Hauptteig den Hafer in einer trockenen Pfanne unter Umwenden leicht rösten, bis er würzig duftet. Kalt werden lassen und mittelfein schroten. Die Birnen kleinschneiden. Die Nüsse sehr grob hacken. Die Butter bei milder Hitze schmelzen und unter den Teig rühren. Die Birnen, die Nüsse und das Delifrut zufügen. Das Haferschrot zuletzt unterarbeiten und den Teig mit der Küchenmaschine kräftig durchkneten. • Den Römertopf ausgießen, das Unterteil mit reichlich zerlassener Butter einfetten und mit Mehl ausstreuen. Den Teig einfüllen und mit einem nassen Löffel glattstreichen. Die gehobelten Nüsse über das Brot streuen und leicht festdrücken. Den Deckel auflegen und das Brot 3–5 Stunden gehen lassen. Die Gärzeit ist beendet, wenn der Teig gut aufgegangen ist und sich die Oberfläche weich und flaumig anfühlt. • Das Brot auf der untersten Leiste in den kalten Backofen schieben und bei 150° C 1 Stunde backen. • Dann den Deckel abnehmen und das Birnenbrot bei 200° C weitere 55 Minuten backen. Danach noch 10 Minuten im ausgeschalteten Herd stehen lassen. • Das Brot auf einem Kuchengitter abkühlen lassen, dann mit einem Messer an den Rändern vorsichtig lösen und aus der Form stürzen. • Das Birnenbrot erst am nächsten Tag anschneiden. Im Römertopf aufbewahrt bleibt es 10–12 Tage frisch.

• Weizen

Rosinenbrötchen

Die würzigen Rosinenbrötchen passen, mit frischer Butter bestrichen, ausgezeichnet zum Tee – sie sind auch als Schulfrühstück beliebt!

Zutaten für 16 Stück (1 Backblech):
30 g Hefe · 1/4 l lauwarme Milch · 50 g weiche Butter · 1 Eßl. Honig · 1 Ei · 1 gestrichener Teel. Zimtpulver · 1/2 Teel. gemahlener Ingwer oder Kardamom · 1/4 Teel. gemahlene Nelken · 1/4 Teel. Meersalz · 500 g Weizen, fein gemahlen · 100 g dunkle kalifornische Rosinen (ungeschwefelt)
Zum Bestreichen: 1 Eigelb · 1 Teel. Honig · 1 Teel. Wasser
Für das Blech: Butter
Pro Stück etwa 735 Joule / 175 Kalorien

- Zubereitungszeit: 40 Minuten
- Ruhezeit: 50–60 Minuten
- Backzeit: etwa 30 Minuten

So wird's gemacht: Die Hefe in der Milch auflösen. Die Butter mit dem Honig, dem Ei, den Gewürzen und dem Salz verrühren. Das Mehl abwechselnd mit der Hefemilch unterarbeiten. Den weichen Teig mit der Küchenmaschine durchkneten, bis er sich von der Schüssel löst. Zugedeckt gehen lassen, bis sich das Volumen ungefähr verdoppelt hat. • Das Blech einfetten. Den Teig nochmals durchkneten, dann die Rosinen unterkneten. Eine Rolle formen und 16 gleichgroße Stücke davon abschneiden. Runde Brötchen formen und diese nicht zu dicht nebeneinander auf das Blech legen. • Das Eigelb mit dem Honig und dem Wasser verrühren, die Brötchen damit bestreichen. Die Oberseite mit einem scharfen Messer kreuzweise einschneiden oder eine kleine Ausstechform (Blüten- oder Sternform) hineindrücken. • Auf den Boden des Backofens ein feuerfestes Schälchen mit kochendem Wasser stellen. Die Brötchen auf der mittleren Leiste in den kalten Backofen schieben und bei 220° C etwa 30 Minuten backen.

• Weizen • Roggen

Vollkornbrötchen

Knusprige Vollkornbrötchen zu backen ist ganz einfach und macht besonderen Spaß. Je nach Lust und Laune können Sie die hübschesten und originellsten Brötchen formen und jedem Bäkker damit Konkurrenz machen.

Im folgenden Rezept finden Sie zwei Vorschläge, für mild-würzige Weizenbrötchen und herzhafte Roggenmischbrötchen. Der Teig wird in beiden Fällen auf die gleiche Art bereitet. Dazu noch ein Tip: Je länger und gründlicher der Teig geknetet wird, desto lockerer werden Ihre Vollkornbrötchen!

Zutaten für 20 Weizenbrötchen:
30 g Hefe · 2 gestrichene Teel. Meersalz · 350 g kaltes Wasser · 600 g Weizen oder halb Weizen, halb Dinkel · 1/2 Teel. Anis · 1/2 Teel. Fenchel
Zum Bestreichen und Bestreuen: 1 Eigelb · 2 Eßl. Wasser · Kümmel, Mohn, grob gehackte Nüsse, gerösteter Sesam, geröstete Sonnenblumenkerne
Für das Blech: Butter · Vollkornmehl
Pro Stück etwa 455 Joule / 110 Kalorien

Zutaten für 20 Roggenmischbrötchen:
350 g kaltes Wasser · 30 g Hefe · 2 gestrichene Teel. Meersalz · 200 g Roggen · 400 g Weizen oder Dinkel · je 1 Teel. Koriander und Kümmel
Zum Bestreichen und Bestreuen: 1 Eigelb · 2 Eßl. Wasser · Kümmel, Mohn, grob gehackte Nüsse, gerösteter Sesam, geröstete Sonnenblumenkerne
Pro Stück etwa 455 Joule / 110 Kalorien

- Zubereitungszeit: 75 Minuten (einschließlich Ruhezeit für den Teig)
- Backzeit: etwa 40 Minuten

So wird's gemacht: Die Hefe und das Salz in dem Wasser auflösen. Das Getreide mit den Gewürzen fein mahlen. Das Vollkornmehl mit dem Hefewasser zu einem Teig verarbeiten und 10–15 Minuten gründlich kneten. Den weichen Teig 20 Minuten zugedeckt gehen lassen. • Danach den Teig nochmals 5–10 Minuten kneten und wiederum gehen lassen. Inzwischen das Backblech sehr gut einfetten und mit Mehl bestäuben.

So wird der Teig schnell geteilt (gleichgroße Stücke von je 50 g Gewicht): Den Teig nochmals kurz zusammenkneten. Eine Walze daraus rollen und 5 gleichgroße Stücke von 200 g abschneiden. Jedes Stück zu einer Kugel rollen und diese in Viertel teilen.

So werden runde Brötchen geformt: 2 Teigstücke auf das bemehlte Backbrett legen und mit den Handflächen darauf kreisen, so daß sich eine glatte, runde Teigkugel bildet. Sie darf keine Risse haben, sonst ist der Teig zu fest geraten. • Die Brötchen nicht zu dicht auf das Blech legen, damit sie aufgehen können. Das Eigelb mit dem Wasser verquirlen. Alle Brötchen damit bestreichen, mit Gewürzkörnern oder Nüssen bestreuen und diese vorsichtig andrükken. • Ein feuerfestes flaches Schälchen mit kochendem Wasser auf den Backofenboden stellen. Die Brötchen auf der mittleren Leiste in den kalten Backofen schieben und bei 200° C in etwa 35–40 Minuten goldbraun und knusprig backen.

So können Sie variieren:
Vollkornbrötchen rustikal: Mit verquirltem Eigelb bestreichen und mit Roggenmehl bestreuen.
Kümmelbrötchen: Unter 200 g Teig 1 gehäuften Teelöffel Kümmel kneten. Brötchen formen, mit Eigelb bestreichen und mit Kümmel bestreuen.
Leinsamenbrötchen: Unter 200 g Teig 1 gehäuften Eßlöffel ganzen Leinsamen kneten.
Sonnenblumenbrötchen: Unter 200 g Teig 25 g geröstete Sonnenblumenkerne kneten. Brötchen formen, mit Eigelb bestreichen und mit gerösteten Sonnenblumenkernen bestreuen.
Nußbrötchen: Unter 200 g Teig 40 g grob gehackte Nüsse kneten.

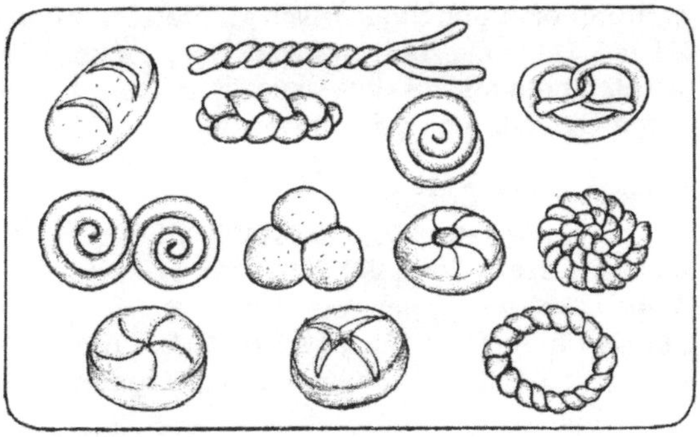

Diese Anregungen sollen Ihnen helfen, Ihre Brötchen immer wieder anders geformt zu backen.

Korinthenbrötchen: Unter 200 g Teig 25 g Korinthen und 25 g gehackte Haselnüsse kneten.
Kaisersemmel: Ein rundes Brötchen formen. Von der Mitte aus mit einem spitzen Messer ein sternförmiges Muster einschneiden (5 Einschnitte insgesamt), das sich beim Backen öffnet. Mit Mohn bestreut (vorher mit Eigelb bestreichen) besonders hübsch.
Viereckbrötchen: Ein rundes Brötchen mit einem spitzen Messer über Kreuz einschneiden. Die Ecken öffnen sich beim Backen.
Sesamkränzchen: 2 Rollen von je 20 cm Länge formen. Die eine um die andere schlingen. Mit verquirltem Eigelb bestreichen und mit Sesam bestreuen.

Alle Brötchen vor dem Backen mit verquirltem Eigelb bestreichen, damit sie eine hübsche goldbraune Kruste bekommen. Bei eingeschnittenen Brötchen die Einschnitte nicht überstreichen, sonst kleben sie beim Backen wieder zusammen.

Erntekranz aus Brötchenteig
Auf einem gefetteten, mit Mehl bestäubten Blech mit Hilfe einer großen Springform einen Kreis von 28 cm ∅ markieren. 3 × 140 g Teig abnehmen und zu 3 fingerdicken Rollen formen, einen Zopf daraus flechten und auf dem Blech der Markierung entsprechend zum Kranz schließen. • In die Mitte eine kleine Schnecke aus Teig legen. Aus dem restlichen Teig 5 kurze Zöpfe flechten und diese vom Zopfrand zur Schnecke in der Mitte legen (wie die Speichen eines Rades). Den Erntekranz noch 10–15 Minuten gehen lassen. • Dann 1 Eigelb mit 1 Eßlöffel Wasser verquirlen und den Kranz damit bestreichen. Den äußeren Rand und die Schnecke mit Mohn, die inneren Zöpfe mit geröstetem Sesam bestreuen und den Kranz wie die Brötchen backen.

Mein Tip: Zöpfe aus langen Teigsträngen zu flechten, ist ziemlich schwierig, weil sich die Enden immer wieder verschlingen und zusammenkleben. Ganz einfach geht es, wenn Sie nur den oberen Teil – ungefähr 30 cm – dünn rollen, das untere Ende aber noch dick lassen. Beim Weiterflechten immer wieder ein Stück dünner rollen.

• Weizen • Roggen

Zwiebel-Kräuter-Fladen

Zutaten für etwa 32 Stück (2 Backbleche):
200 g Zwiebeln · 2 große Knoblauchzehen · 30 g Butter · 40 g Hefe · 2 gestrichene Teel. Meersalz · 375 g kaltes Wasser · 500 g Weizen, fein gemahlen · 200 g Roggen, fein gemahlen · 1 Eßl. Olivenöl · 5 Eßl. feingehackte Kräuter (reichlich Thymian und Majoran, außerdem Basilikum, Bohnenkraut, etwas Rosmarin)
Zum Bestreichen und Bestreuen: 100 g Sonnenblumenkerne · 1 Eigelb · 2 Eßl. Wasser
Für die Bleche: Butter und Vollkornmehl
Pro Stück etwa 445 Joule / 105 Kalorien

- Zubereitungszeit: 80 Minuten (einschließlich Ruhezeit für den Teig)
- Backzeit: 35–40 Minuten

So wird's gemacht: Die Zwiebeln schälen und in ½ cm große Würfel schneiden. Den Knoblauch schälen und fein hacken. Beides in der Butter hellgelb braten und abkühlen lassen. • Die Hefe und das Salz in dem Wasser auflösen. So viel Mehl hineinrühren, daß ein dicker Brei entsteht. Das Öl, die Kräuter und die Zwiebelmischung dazugeben. Das restliche Mehl nach und nach unterarbeiten. Den weichen Teig mit der Küchenmaschine so lange gründlich kneten, bis er sich von der Schüssel löst. Zugedeckt auf das Doppelte aufgehen lassen (45–60 Minuten). • Inzwischen die Sonnenblumenkerne in der trockenen Pfanne goldgelb rösten. Die Bleche einfetten und leicht mit Mehl bestäuben. • Den gut gegangenen Teig mit der Küchenmaschine nochmals kurz durchkneten. (Der fertige Teig ist noch etwas klebrig, bitte kein Mehl mehr unterkneten, nur das Backbrett bei der Weiterverarbeitung immer wieder mit Mehl bestreuen.) • Den Teig halbieren. Aus jeder Hälfte eine Walze rollen und in 8 Stücke schneiden. Jedes Stück quer teilen, zu einem handtellergroßen Fladen drücken und auf das Blech legen. Das Eigelb mit dem Wasser verquirlen und die Fladen damit bestreichen, dann dick mit den Sonnenblumenkernen bestreuen und diese gut festdrücken. Noch etwa 5–10 Minuten gehen lassen. • Ein flaches feuerfestes Schälchen mit kochendem Wasser auf den Backofenboden stellen. Die Brote auf der mittleren Leiste in den kalten Backofen schieben und bei 220° C in etwa 35–40 Minuten goldgelb backen. (Das Wasser nach 20 Minuten Backzeit herausnehmen.) • Die Fladen auf einem Kuchengitter auskühlen lassen.

• Roggen • Weizen

Roggenbrötchen mit Backferment

Roggenbrötchen werden mit Sauerteig, in unserem Fall also mit Backferment, gebacken und mit reichlich Kümmel gewürzt. Mit ihrer röschen braunen Kruste schmecken sie besonders herzhaft und bleiben länger frisch als Hefebrötchen. Da die Teiglockerung mit Sauerteig langsamer vor sich geht als mit Hefe, müssen entsprechend lange Gärzeiten eingeplant werden.

Zutaten für 20 Stück:
Für den 1. Ansatz: 200 g Wasser · 1 Eßl. Grundansatz (Rezept Seite 27) · ¼ Teel. Backferment · 200 g Roggen, fein gemahlen
Für den 2. Ansatz: 125 g Wasser · 1½ Teel. Meersalz · 2 Eßl. Kümmel · 200 g Roggen, fein gemahlen
Für den Hauptteig: 30 g Butter · 15 g Hefe · 1 Eßl. Wasser · 150 g Weizen, fein gemahlen
Zum Wälzen: etwas Roggenmehl
Für das Blech: Butter
Pro Stück etwa 440 Joule / 105 Kalorien

- Zubereitungszeit: 1 Stunde
- Gärzeit: 19–20 Stunden
- Backzeit: 40 Minuten

So wird's gemacht: Den Vorteig (1. Ansatz) abends ansetzen. Das Wasser auf 40° C erwärmen. Den Grundansatz und das Backferment in der Backschüssel verrühren. Das Wasser dazugeben und das Mehl unterrühren. Den weichen Teig, mit einem feuchten Tuch und einer Plastikfolie bedeckt, 12–14 Stunden bei Zimmertemperatur gären lassen. • Am nächsten Morgen das Wasser für den 2. Ansatz auf 40° C erwärmen und das Salz darin auflösen. Den Kümmel über den Vorteig streuen. Das Wasser und anschließend das Roggenmehl unterrühren. Den Teig mit einem feuchten Tuch bedeckt 4 Stunden gehen lassen (eine längere Gärzeit schadet nichts). • Danach die Butter bei milder Hitze schmelzen und abkühlen lassen. Die Hefe in dem Wasser auflösen und unter den Teig rühren. Die Butter dazugeben und das Weizenmehl unterarbeiten. Den weichen Teig mit der Küchenmaschine gründlich durchkneten. 1–2 Stunden, mit einem feuchten Tuch bedeckt, gehen lassen. • Das Blech sorgfältig mit Butter einfetten. Den gut gelockerten Teig nochmals kurz durchkneten. Eine Rolle formen und 20 gleichgroße Stücke davon abschneiden. Jedes Teigstück zu einem länglichen Laibchen formen, in Roggenmehl wälzen und zweimal schräg einschneiden. (Auch andere Brötchenformen sehen hübsch aus – siehe Seite 37.) • Die Brötchen auf das Blech legen und, mit einem feuchten Tuch bedeckt, noch etwa 1 Stunde gehen lassen. Danach müssen die Brötchen gut gelockert sein und sich weich und flaumig anfühlen. Eventuell können Sie die Brötchen in den auf kleinster Stufe kurz aufgeheizten Backofen stellen, um das Aufgehen zu beschleunigen. • Ein flaches feuerfestes Schälchen mit kochendem Wasser auf den Backofenboden stellen. Die Brötchen auf der mittleren Leiste in den kalten Backofen schieben und bei 220° C etwa 40 Minuten backen. Auf einem Kuchengitter abkühlen lassen.

• Weizen

Kümmelstangen

Zutaten für 12 Stück:
250 g Weizen · 1 Teel. Kümmel · 50 g Allgäuer Emmentaler Käse · 15 g Hefe · 1 gestrichener Teel. Meersalz · 80 g Wasser · 40 g weiche Butter · 1 Ei
Zum Bestreichen und Bestreuen: 1 Eigelb · 1 Eßl. Wasser · grobes Salz · Kümmel
Für das Blech: Butter
Pro Stück etwa 355 Joule / 85 Kalorien

- Zubereitungszeit: 40 Minuten
- Ruhezeit: 50–60 Minuten
- Backzeit: 25–30 Minuten

So wird's gemacht: Den Weizen mit dem Kümmel zusammen fein mahlen. Den Käse reiben und unter das Mehl mischen. Die Hefe und das Salz in dem Wasser auflösen. • Die Butter mit dem Ei verrühren. Das Mehl abwechselnd mit dem Hefewasser darunterarbeiten und den Teig mit der Küchenmaschine gründlich kneten. Zugedeckt etwa 50–60 Minuten gehen lassen, bis sich das Volumen ungefähr verdoppelt hat. • Das Blech einfetten. Den Teig nochmals durchkneten, dann in 12 gleichgroße Stücke teilen und diese zu etwa 15 cm langen, daumendicken Stangen rollen. Die Stangen auf das Blech legen und 5 Minuten gehen lassen. Das Eigelb mit dem Wasser verquirlen, die Stangen damit bestreichen. Dann mit etwas Salz und reichlich Kümmel bestreuen. • Ein Schälchen mit kochendem Wasser auf den Backofenboden stellen und die Kümmelstangen auf der mittleren Leiste in den kalten Backofen schieben. Bei 200° C etwa 25–30 Minuten backen.

• Weizen

Laugenbrezeln

Die Brezel – ursprünglich ein altes Kult- und Opfergebäck – gibt es bei uns schon seit über 1000 Jahren. Die Form unserer heutigen Brezeln hat sich im Laufe der Jahrhunderte mit vielen Varianten aus dem ursprünglichen Ringbrot entwickelt. Viele von ihnen sind uns noch erhalten. Da es großen Spaß macht, sie nachzubacken, haben wir einige alte Brezelformen unten abgebildet.

Die Laugenbrezel verdankt, wie man sagt, ihre Entstehung einem Zufall: Ein Bäckerlehrling soll sie vor 200 Jahren »erfunden« haben, als er die Brezeln vor dem Backen aus Versehen statt in

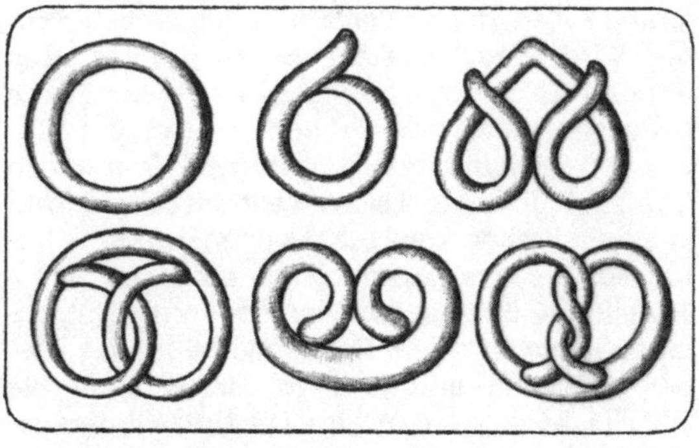

Hier sieht man, wie sich aus einem einfachen Ring im Laufe der Zeit unsere Brezel entwickelt hat.

Wasser in einen Eimer mit heißer Natronlauge tauchte, die zum Putzen bereitstand. Die stark verdünnte heiße Natronlauge, die im übrigen gesundheitlich völlig unschädlich ist, gibt nämlich den Laugenbrezeln erst ihre appetitlich-braune Farbe und ihre rösche Kruste.

Zutaten für 9 Stück (1 Backblech):
25 g Hefe · 1 1/2 Teel. Meersalz · 200 g Wasser · 360 g Weizen, fein gemahlen
Für die Lauge: 1 l Wasser · 1 Eßl. Natron (10 g)
Zum Bestreuen: grobes Salz
Für das Blech: Butter
Pro Stück etwa 590 Joule / 140 Kalorien

- Zubereitungszeit: 50 Minuten
- Ruhezeit: 2 Stunden und 10 Minuten
- Backzeit: 35–40 Minuten

So wird's gemacht: Die Hefe und das Salz in dem Wasser auflösen. Das Mehl nach und nach dazugeben und alles zu einem festen Teig verarbeiten. 10 Minuten gründlich durchkneten, bis sich der Teig von der Schüssel löst. Eine Kugel formen und, mit einem feuchten Tuch zugedeckt, bei Zimmertemperatur 2 Stunden gehen lassen. • Danach den Teig nochmals kräftig durchkneten. (Im Gegensatz zu den übrigen etwas feuchten Vollkornteigen fühlt sich der Brezelteig glatt und trocken an, er klebt nicht.) Eine Rolle formen und 9 gleichgroße Stücke abschneiden. Jedes Stück zu einem etwa 50 cm langen Teigstrang rollen, der an den Enden allmählich dünner wird, und zu einer Brezel formen. Die übrigen Teigstücke inzwischen mit dem Tuch bedecken, damit sie nicht austrocknen. Die Brezeln 10 Minuten gehen lassen. • Das Blech gründlich einfetten. Das Wasser mit dem Natron in einem breiten Topf zum Kochen bringen, umrühren, bis das Natron ganz aufgelöst ist. • Jeweils 1–2 Brezeln 30 Sekunden in die Natronlauge legen. Mit dem Schaumlöffel immer wieder vorsichtig untertauchen, damit auch die Oberfläche befeuchtet wird. Die Brezeln herausnehmen, etwas abtropfen lassen und auf das Blech legen. Zum Schluß mit grobem Salz bestreuen. Falls notwendig, die Oberfläche vorher leicht mit Natronlauge einpinseln, damit das Salz besser haftet. • Die Brezeln auf der mittleren Leiste in den kalten Backofen schieben und bei 225° C in 35–40 Minuten braun und knusprig backen.

• Weizen • Dinkel

Knäckebrot

Hier wird ausnahmsweise vorgeheizt: wenn der Teig lange genug geknetet wurde, geht dann das Brot beim Backen mit kleinen Blasen auf.

Zutaten für etwa 24 Stück:
125 g Weizen · 125 g Dinkel (oder nur Weizen) · 1/2 Teel. Meersalz · je 1/4 Teel. gemahlener Kardamom und Piment oder Kümmel und Koriander · 1/8 l lauwarmes Wasser · 3 Eßl. Sonnenblumenöl
Für das Blech: Butter
Pro Stück etwa 190 Joule / 45 Kalorien

- Zubereitungszeit: 35 Minuten
- Ruhezeit: 30–60 Minuten
- Backzeit: 15 Minuten

So wird's gemacht: Den Weizen und den Dinkel zusammen fein mahlen. Das Mehl in eine Schüssel schütten, das Salz und die Gewürze damit mischen. In die Mitte eine Vertiefung drücken. Das Wasser und das Öl hineingießen. Alles zu einem festen aber elastischen Teig verarbeiten und 10 Minuten mit den Knethaken der Küchenmaschine kräftig durcharbeiten. • Eine Kugel formen, dünn mit Öl bestreichen und unter einem angewärmten Topf 30–60 Minuten ruhen lassen. • Das Blech sorgfältig mit Butter einfetten. Den Backofen auf 200° C vorheizen. • Den Teig in 6 gleichgroße Stücke teilen. Jedes Stück 2 mm dick ausrollen und in 4 Teile schneiden. • Die Knäckebrote auf der mittleren Leiste des vorgeheizten Backofens in etwa 15 Minuten hell backen. • Das Knäckebrot hält sich 8–10 Tage.

Süßes Hefegebäck

Kein anderer Teig ist so vielseitig verwendbar wie Hefeteig: für süßes und pikantes Gebäck eignet er sich gleichermaßen. Mit frisch gemahlenem Vollkornmehl schmeckt Hefegebäck ganz besonders herzhaft und kräftig, das werden Sie gleich bei Ihrem ersten Backversuch feststellen. Zwar ist der Teig nicht im Handumdrehen fertig, doch ist er keineswegs so schwierig zu bereiten, wie manche Hausfrauen glauben. Wenn Sie die folgenden Tips beachten und sich genau an die Rezepte halten, kann eigentlich gar nichts schiefgehen!

Im Anschluß an die allgemeinen Tips für Hefeteig finden Sie in diesem Kapitel Rezepte für vielerlei feine Kuchen und süßes Hefegebäck. Die pikanten Spezialitäten – auch mit Hefeteig – enthält das Kapitel auf Seite 117 ff.

Praktische Tips für Hefeteig

Drei Dinge sind beim Hefeteig besonders wichtig:

1. Nur frische Hefe hat die volle Triebkraft. Sie ist weich und geschmeidig, zu alte Hefe dagegen trocken, bröckelig und teilweise dunkel gefärbt. Hefe hält sich, in doppelte Alufolie gewickelt, im Kühlschrank 3–4 Tage, im Gefriergerät etwa 4 Monate. Bei Verwendung von tiefgefrorener Hefe braucht der Teig meistens etwas länger zum Gehen. Tiefgefrorene Hefe wird beim Auftauen flüssig, lassen Sie deshalb den gefrorenen Hefewürfel gleich in der lauwarmen Flüssigkeit auftauen. Auch Trockenhefe kann – nach Vorschrift auf der Packung – verwendet werden. Mir schmeckt Gebäck mit frischer Hefe allerdings besser.
2. Die Flüssigkeit, in der die Hefe aufgelöst wird, darf höchstens 37° C, also handwarm, sein. Bei höheren Temperaturen werden die Hefebakterien abgetötet und der Teig kann nicht aufgehen.
3. Lassen Sie dem Hefeteig genügend Zeit zum Gehen, schließlich sind Hefebakterien lebendige Organismen, die sich erst nach und nach entwikkeln. Die in den Rezepten angegebene Gärzeit ist nur ein ungefährer Anhaltspunkt; sie kann je nach Raumtemperatur, Witterung und Jahreszeit unterschiedlich sein. Hefeteig geht zwar schneller auf, wenn Sie ihn zugedeckt in den leicht temperierten Backofen stellen, doch wird er dabei häufig großporig und beim Backen trocken.

• Im Gegensatz zu Weißmehl-Teigen ist bei Hefeteig aus Vollkornmehl kein Vorteig notwendig (Ausnahme: schwerer, fettreicher Teig zum Beispiel für den Weihnachtsstollen). Da frisch gemahlenes Vollkornmehl reichlich Enzyme enthält, die die Entwicklung der Hefepilze fördern, können alle Zutaten gleich zusammen zu einem Teig verarbeitet werden.

• Hefeteig wird zarter und lockerer, wenn Sie nur Eigelb dazu verwenden, denn Eiweiß macht den Teig fest. Backen Sie aus dem übriggebliebenen Eiweiß Makronenschnitten oder Schokoladenmakronen (Rezepte Seite 53 und 105) oder frieren Sie es einstweilen ein.

• Die Teigzubereitung und das anschließende Gehen lassen geschieht im allgemeinen bei normaler Raumtemperatur. Auch die benötigten Zutaten sollten Zimmertemperatur haben, damit die Entwicklung der Hefebakterien nicht gestoppt wird.

Hefeteig kann aber auch nach einer anderen Methode – der Fachmann nennt sie die »kalte Führung« – zubereitet werden: dabei werden alle Zutaten kalt verarbeitet. Anschließend soll der Teig gut zugedeckt in einem kalten Raum oder im Kühlschrank bei einer Temperatur von

Das mehrfache Kneten und Gehenlassen des Teigs läßt Ihr Hefegebäck besonders locker werden.

Ein Osterzopf, ein nordisches Julbrot (hinten) oder eine andere alte Gebäckform, wie zum Beispiel ein Sonnenrad (rechts), gelingen mit dem süßen Hefeteig ganz besonders gut. Rezept Seite 49 ▷

+ 3 bis + 8° C über Nacht – jedoch nicht länger als 12 Stunden, ruhen. Während dieser Zeit entwickeln sich die Hefebakterien langsam und gleichmäßig. Das Ergebnis ist ein sehr feinporiger Teig. Er wird am nächsten Tag kurz durchgeknetet und nach nochmaligem Aufgehen wie üblich weiterverarbeitet. Ich finde das besonders praktisch, wenn man gleich morgens frische Brötchen backen oder Teig für einen Kuchen zur Hand haben will.

- Die Frage, ob Hefeteig von Hand oder mit der Maschine geknetet werden soll, ist nicht generell zu beantworten. Da Hefeteig mit Vollkornmehl anfangs ziemlich feucht und klebrig ist, finde ich es praktischer, ihn mit der Küchenmaschine zu kneten.
- Hefegebäck wird besonders locker und feinporig, wenn man den Teig 2-3mal gehen läßt und ihn zwischendurch kurz durchknetet.
- Besonders arbeitssparend ist es, den Teig gleich auf dem gut eingefetteten und mit Mehl bestäubten Backblech auszurollen. Das geht am besten mit einem kleinen Kuchenroller. Legen Sie dazu den zu einer Rolle geformten Teig in die Mitte des Blechs und rollen Sie ihn nach beiden Seiten gleichmäßig aus.
- Tips fürs Einfrieren: Hefeteig nach dem Aufgehen kurz zusammenkneten und in Alufolie verpackt oder in der vorgesehenen Backform einfrieren (Lagerzeit 3 Monate). Man läßt ihn bei Zimmertemperatur auftauen und verarbeitet ihn nach dem anschließenden Gehen wie frischen Teig.

Fertiges Hefegebäck sollte nicht länger als 4–5 Monate eingefroren werden. Es schmeckt besonders gut, wenn Sie es nach dem Auftauen nochmals kurz im Ofen aufbacken.

- Weizen

Süßer Hefeteig – Grundrezept 1

Dieser Hefeteig eignet sich gut für alle Blechkuchen, Mohn- und Nußrollen.

Zutaten für 1 Backblech oder 2 Springformen (26 cm ∅):
40 g Hefe · 130 g lauwarme Milch · 100 g weiche Butter · 100 g Honig · 3 Eigelb · 1/4 Teel. Zimtpulver oder abgeriebene Schale von 1 Zitrone (unbehandelt) · 500 g Weizen, fein gemahlen
Insgesamt etwa 13 220 Joule / 3125 Kalorien

- Zubereitungszeit: 15 Minuten
- Ruhezeit: 50–60 Minuten

So wird's gemacht: Die Hefe in der Milch auflösen. Die Butter mit dem Honig und den Eigelben schaumig rühren. Den Zimt oder die Zitronenschale dazugeben. • Das Vollkornmehl abwechselnd mit der Hefemilch unter den Teig arbeiten. Den ziemlich weichen Teig mit der Küchenmaschine kurz und kräftig durchkneten. Zugedeckt an einem kühlen Platz (etwa bei 12° C) gehen lassen, bis sich das Volumen verdoppelt hat. • Der Teig wird beim Gehen fester und kann dann je nach Rezept weiterverarbeitet werden.

- Weizen

Süßer Hefeteig – Grundrezept 2

Ein sehr zarter, geschmeidiger Teig, der sich leicht verarbeiten läßt. Sie können daraus Blechkuchen, Mohn- oder Nußrollen und gefüllte Hefetaschen backen.

Zutaten für 1 Backblech oder 2 Springformen (26 cm ∅):
40 g Hefe · 130 g lauwarme Milch · 75 g weiche Butter · 50 g Quark · 100 g Honig · 1 Ei · 1 Eigelb · 1/4 Teel. Zimtpulver oder abgeriebene Schale von 1 Zitrone (unbehandelt) · 500 g Weizen, fein gemahlen
Insgesamt etwa 12 575 Joule / 2925 Kalorien

- Zubereitungszeit: 15 Minuten
- Ruhezeit: 50–60 Minuten

ELSÄSSER GETREIDEMÜHLE
S.A.M.A.P.

◁ Der Holsteiner Plattenkuchen macht wenig Mühe und schmeckt Ihrer Familie und Ihren Gästen sicher zum Nachmittagskaffee ganz köstlich. Rezept unten.

So wird's gemacht: Die Hefe in der Milch auflösen. Die Butter mit dem Quark cremig rühren. Den Honig, das Ei, das Eigelb, den Zimt oder die Zitronenschale mit der Creme verrühren. • Das Vollkornmehl abwechselnd mit der Hefemilch unter den Teig arbeiten. Den ziemlich weichen Teig mit der Küchenmaschine kurz und kräftig durchkneten. Zugedeckt an einem kühlen Platz (etwa bei 12° C) gehen lassen, bis sich das Volumen etwa verdoppelt hat. • Der Teig wird während des Gehens fester und kann dann – den jeweiligen Rezepten entsprechend – weiterverarbeitet werden.

• Weizen

Bienenstich

Zutaten für 1 Backblech:
Süßer Hefeteig nach dem Grundrezept 1 (Seite 42)
Für den Belag: 125 g Butter · 150 g Honig · 250 g Mandeln · 3–4 Eßl. Sahne
Für das Blech: Butter
Insgesamt etwa 32450 Joule / 6240 Kalorien

- Zubereitungszeit: 45 Minuten (einschließlich Teigzubereitung)
- Ruhezeit: 60–80 Minuten
- Backzeit: 40–50 Minuten

So wird's gemacht: Zuerst den Hefeteig zubereiten und gehen lassen. • Inzwischen das Blech einfetten und den Belag vorbereiten. Die Butter bei milder Hitze zerlassen. Den Topf vom Herd nehmen und den Honig gründlich mit der Butter verrühren. Die Mandeln (am besten in der Moulinette) nicht zu fein hacken und unter die Buttermischung rühren. Noch so viel Sahne dazugeben, daß eine streichfähige Masse entsteht. • Den Hefeteig kurz durchkneten und auf dem Blech ausrollen, dabei an den Rändern etwas hochziehen. Die Mandelmasse darauf verteilen und glattstreichen. Den Kuchen noch 20–30 Minuten gehen lassen. • Das Blech auf der 2. Leiste von unten in den kalten Backofen schieben und den Bienenstich bei 200° C 35 Minuten backen. Danach noch etwa 10 Minuten auf der nächsthöheren Leiste backen, bis die Oberfläche leicht gebräunt ist.

Mein Tip: Die Menge meiner Plattenkuchen habe ich für ein Blech von etwa 40 × 45 cm berechnet. Wenn Sie den Kuchen in der Breite des Blechs viermal, in der Länge fünfmal durchschneiden, erhalten Sie 20 Kuchenstücke. Hiermit haben Sie auch einen Anhaltspunkt für die Joule/Kalorien pro Stück.

• Weizen

Holsteiner Plattenkuchen

Bild gegenüber

Der frischgebackene Plattenkuchen ist bei meiner Familie und Freunden gleichermaßen beliebt. Damit auch für unerwartete Gäste ein Vorrat im Hause ist, friere ich gleich ein größeres Stück vom lauwarmen Kuchen ein. In der Alufolie kurz aufgebacken schmeckt er wie frisch!

Zutaten für 1 Backblech:
Süßer Hefeteig nach dem Grundrezept 1 (Seite 42)
Für den Belag: 125 g Butter · 150 g Mandeln · 150 g saure Sahne · 125 g Honig · 1½ Teel. Zimtpulver
Für das Blech: Butter
Pro Stück etwa 1175 Joule / 280 Kalorien (bei 20 Stücken)

- Zubereitungszeit: 1 Stunde (einschließlich Teigzubereitung)
- Ruhezeit: 60–80 Minuten
- Backzeit: 30–35 Minuten

So wird's gemacht: Zuerst den Hefeteig zubereiten und gehen lassen. • Inzwischen das Blech sorgfältig einfetten. Die Butter für 30 Minuten ins Kühlfach legen, damit sie sich besser schneiden läßt. Die Mandeln hobeln, in der trockenen Pfanne unter Umrühren leicht rösten und abkühlen lassen. Die Sahne mit dem Honig und dem Zimt verquirlen. • Den Hefeteig kurz durchkneten, auf dem Blech ausrollen und noch etwa 10–20 Minuten gehen lassen. • Die Butter in kleine Würfel schneiden, den Teig damit belegen und die Würfel etwas eindrücken. Den Kuchen mit den gehobelten Mandeln bestreuen, die Honig-Sahne-Mischung darüber verteilen. • Den Kuchen auf der mittleren Leiste in den kalten Backofen schieben und bei 200° C 30–35 Minuten backen. • Den Plattenkuchen auf dem Blech in rechteckige Stücke schneiden und diese auf dem Kuchengitter abkühlen lassen.

• Weizen

Mohn-Apfel-Kuchen

Dieser saftige Kuchen ist bei meiner Familie so beliebt, daß er noch viel öfter bei uns auf den Tisch kommen müßte. Mohn bekommt man frisch gemahlen beim Bäcker; mit einigen Getreidemühlen kann man ihn auch selber mahlen.

Zutaten für 1 Backblech:
Süßer Hefeteig nach dem Grundrezept 2 (Seite 42)
Für den Belag: 5 Eßl. Korinthen · 4 Eßl. Rum · 80 g Butter · 200 g Honig · 100 g Sahne · 250 g frisch gemahlener Mohn · 1 1/2 Teel. Zimtpulver · 1/2 Teel. Delifrut · 600 g Äpfel · 1 großes Ei
Für das Blech: Butter
Pro Stück etwa 1375 Joule / 325 Kalorien (bei 20 Stücken)

- Zubereitungszeit: 1 Stunde (einschließlich Teigzubereitung)
- Ruhezeit: 60–80 Minuten
- Backzeit: 40 Minuten

So wird's gemacht: Zuerst den Hefeteig zubereiten und gehen lassen. • Inzwischen die Korinthen in dem Rum marinieren. Das Backblech mit Butter einfetten. Die Butter bei milder Hitze schmelzen, den Honig und die Sahne damit verrühren und leicht erwärmen (nicht über 40° C). Den Mohn und die Gewürze untermengen und auf der ausgeschalteten Platte stehenlassen, damit der Mohn noch quellen kann. • Die Äpfel entkernen und möglichst mit der Schale reiben. Das Ei, die Rum-Korinthen und die Äpfel unter die Mohnmasse rühren. • Den Hefeteig kurz durchkneten und auf dem Blech ausrollen, dabei an den Rändern etwas hochziehen. Die Mohnfüllung darauf verteilen. Noch 20–30 Minuten gehen lassen. • Den Kuchen auf der 2. Leiste von unten in den kalten Backofen schieben und bei 200° C etwa 40 Minuten backen.

Variante
Zur Abwechslung mariniere ich manchmal die Korinthen in Orangenlikör und mische die abgeriebene Schale von 1 Orange oder 2 Eßlöffel feingehacktes Orangeat unter die Mohnfüllung.

• Weizen

Orangen-Marzipan-Kranz

Zutaten für 1 Kranzkuchenform (26 cm ∅):
60 g Hefe · 100 g lauwarme Milch · 150 g Butter · 140 g Honig · 2 Eigelb · 1 gestrichener Teel. Zimtpulver · 100 g gewürfeltes Zitronat · 500 g Weizen, fein gemahlen
Für die Füllung: 300 g Honigmarzipan (Rezept Seite 116) · 1 Eßl. Honig · 1 Eßl. abgeriebene Orangenschale (unbehandelt) · 2 Eßl. Orangenlikör oder Orangensaft · 2–3 Eßl. Sahne · 50 g Rosinen (ungeschwefelt)
Für die Form: Butter · 20 geschälte Mandeln
Insgesamt etwa 23 435 Joule / 5580 Kalorien

- Zubereitungszeit: 1 Stunde
- Ruhezeit: 80 Minuten
- Backzeit: 1 Stunde

So wird's gemacht: Die Hefe in der Milch auflösen. Die Butter mit dem Honig und den Eigelben schaumig rühren. Den Zimt und das Zitronat dazugeben. Das Mehl abwechselnd mit der Hefemilch unterarbeiten. Den weichen Teig mit der Küchenmaschine durchkneten und zugedeckt an einem kühlen Platz 50–60 Minuten gehen lassen, bis er sein Volumen verdoppelt hat. • Das Honigmarzipan leicht erwärmen, den Honig, die Orangenschale, den Orangenlikör oder den Orangensaft damit verrühren und so viel Sahne dazugeben, daß eine streichfähige Masse entsteht. • Eine Kranzform sorgfältig einfetten und in jede Vertiefung eine Mandel legen. • Den Hefeteig kurz durchkneten und auf dem bemehlten Backbrett zu einer Platte von 35 × 70 cm ausrollen. Die Marzipanmasse in der Mitte des Teiges mit dem Teigschaber in einem 25 cm breiten Streifen verstreichen. Die Rosinen daraufstreuen. Den Teig von der Längsseite her aufrollen und in die Kuchenform legen. Zugedeckt etwa 30 Minuten gehen lassen. • Den Marzipankranz auf der 2. Leiste von unten in den kalten Backofen schieben und bei 200° C etwa 1 Stunde backen. • Den Kranz etwas abkühlen lassen, dann vorsichtig auf ein Kuchengitter stürzen.

• Weizen

Pflaumensavarin

Ein Rezept aus der Schweizer Küche. Der Pflaumensavarin schmeckt gut zum gemütlichen Nachmittagskaffee oder als Nachtisch nach einem leichten Mittagessen.

Zutaten für 1 Ringform (22 cm ∅):
50 g Butter · 20 g Hefe · 100 g lauwarme Milch · 1 Eßl. Honig · 3 kleine Eier · 2 Messerspitzen gemahlene Vanille · 200 g Weizen, fein gemahlen
Für die Füllung: 500 g Pflaumen · 6 Eßl. Wasser · 1–2 Eßl. Honig je nach Süße der Pflaumen · 1 Messerspitze Zimtpulver · 8 Eßl. Zwetschgenwasser · 1/4 l Sahne
Für die Form: Butter und Vollkornmehl
Pro Stück etwa 975 Joule / 225 Kalorien (bei 12 Stücken)

- Zubereitungszeit: 1 Stunde (einschließlich Teigzubereitung)
- Ruhezeit: 40 Minuten
- Backzeit: 35 Minuten

So wird's gemacht: Die Butter bei milder Hitze schmelzen und abkühlen lassen. • Die Hefe in der Milch auflösen. Den Honig, die Eier und das Vanillepulver damit verrühren. Das Mehl und danach die Butter einrühren. Den sehr feuchten Teig etwa 30 Minuten gehen lassen. • Inzwischen die Ringform sorgfältig mit Butter einfetten und mit Mehl ausstreuen. • Die Pflaumen entkernen und in Sechstel schneiden. Das Wasser leicht erwärmen, den Honig, den Zimt und das Zwetschgenwasser hineinrühren. Zuletzt die Pflaumen daruntermengen und in der warmen Flüssigkeit ziehen lassen, aber nicht kochen. • Den Hefeteig nochmals durchrühren und in die Form füllen. Etwa 10 Minuten gehen lassen; er soll dann die Form fast ausfüllen. Den Kuchen auf der untersten Leiste in den kalten Backofen schieben und bei 200° C etwa 35 Minuten backen, bis die Oberfläche goldbraun ist. • Den Savarin auf einem Kuchengitter 10 Minuten abkühlen lassen, dann vorsichtig auf eine Tortenplatte stürzen. • Die Flüssigkeit von den Pflaumen abgießen und die Pflaumen zugedeckt in den Kühlschrank stellen. Den Savarin mit einem Holzstäbchen mehrfach einstechen und mit der Flüssigkeit tränken. Wenn der Savarin in einer Ringform aus Glas gebacken wurde, den kalten Kuchen wieder in die Form stürzen und die Flüssigkeit vorsichtig am Rand entlang in die Form gießen; dabei den Kuchen am besten mit einem Messer am Rand etwas beiseite drücken. Den Savarin 1 Stunde stehen lassen, bis alle Flüssigkeit aufgesogen ist. • Falls Sie den Kuchen in der Ringform getränkt haben, kommt er jetzt auf die Platte. Die Sahne steif schlagen, die Pflaumen vorsichtig unterheben und den Savarin damit füllen.

• Weizen

Schweizer Apfelpastete

Dieses köstliche Gebäck wünscht sich meine Familie immer wieder. Am liebsten backe ich die Apfelpastete aber, wenn Gäste kommen. Mit ihrem knusprig-braunen Teigmantel sieht sie nämlich so verlockend aus und schmeckt so herrlich frisch, daß ihr niemand widerstehen kann.

Sie können statt der Pastete auch gefüllte Apfeltaschen backen oder die Füllung für gedeckten Apfelkuchen – mit Mürbteig – verwenden.

Zutaten:
25 g Hefe · 110 g saure Sahne · 100 g weiche Butter · 125 g Honig · $^{1}/_{2}$ Ei · $^{1}/_{4}$ Teel. Zimtpulver · 375 g Weizen, fein gemahlen
Für die Füllung: 500 g säuerliche Äpfel, vorbereitet gewogen · 50 g Butter · 50 g dunkle kalifornische Rosinen (ungeschwefelt) · abgeriebene Schale von 1 Orange (unbehandelt) · 50 g Honig · 60 g süße und 12 bittere Mandeln · eventuell etwas Zitronensaft
Zum Verzieren: $^{1}/_{2}$ Ei · 16 geschälte Mandeln
Für das Blech: Butter
Pro Stück etwa 1005 Joule / 240 Kalorien (bei 16 Stücken)

- Zubereitungszeit: 75 Minuten
- Backzeit: 45 Minuten

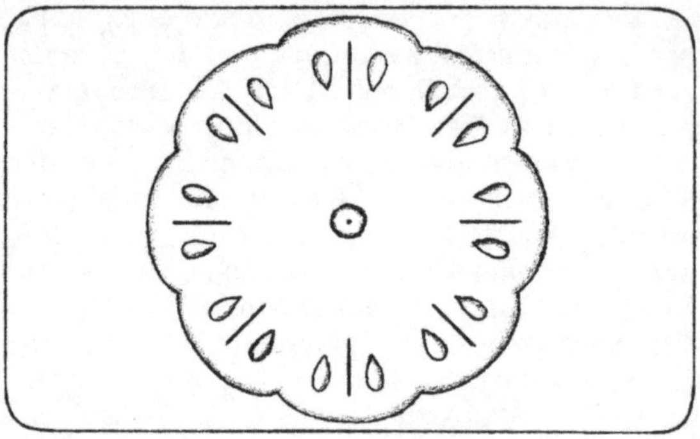

Für die Schablone aus Papier einen Kreis von 30 cm Ø mit gleichen Randbögen schneiden. Das Loch in der Mitte und die Schlitze markieren.

So wird's gemacht: Die Hefe in der Sahne auflösen. Die Butter mit dem Honig, dem halben Ei und dem Zimt verrühren. Die Hefe-Sahne dazugeben. Nach und nach das Mehl darunterarbeiten und den Teig gründlich kneten. Zugedeckt in den Kühlschrank stellen; der Teig soll nicht aufgehen! • Inzwischen ein Backblech mit Butter einfetten. Nach der Zeichnung aus Backtrennpapier eine Schablone ausschneiden. • Die Äpfel schälen, entkernen und in feine Scheibchen schnitzeln oder grob raspeln. In der Butter 8–10 Minuten dämpfen, dabei ein paarmal umwenden. Die Rosinen hacken und mit der Orangenschale unter die heiße Masse mischen. Etwas abkühlen lassen und mit dem Honig süßen. Die Mandeln reiben und unterrühren. Eventuell mit etwas Zitronensaft abschmecken. • Den Teig nochmals gründlich durchkneten. Etwas mehr als die Hälfte in der Größe der Schablone ausrollen und aufs Blech legen. Die Schablone auflegen und den Boden danach ausrädeln. Die Teigreste mit dem übrigen Teig verkneten und wieder kalt stellen. • Die Füllung gleichmäßig auf dem Teig verteilen und glattstreichen, dabei einen knapp 1 cm breiten Rand frei lassen. Den restlichen Teig ausrollen und einen Teigdeckel, ringsum $^{1}/_{2}$ cm größer als die Schablone, ausrädeln. Mit einer Nadel durch den Mittelpunkt der Schablone stechen und so die Mitte markieren. In der Mitte der Teigplatte mit einem kleinen Stern- oder Blütenausstecher ein Loch ausstechen, damit beim Backen der Dampf entweichen kann. Die Platte zur Hälfte zusammenklappen, über die Füllung legen und wieder auseinanderfalten. Die Ränder von Teigboden und -deckel mit den Zinken einer Gabel fest zusammendrükken. Jeden Bogeneinschnitt mit dem Messer 1 cm tief einkerben und den Bogen mit den Fingern etwas nachformen. • Die Pastete mit dem verquirlten halben Ei bestreichen und 8 Schlitze von 4–5 cm Länge in den Teigdeckel schneiden. Zwischen die Schlitze je 2 Mandeln auf den Teig legen. Die Apfelpastete auf der untersten Leiste in den kalten Backofen schieben und bei 200° C in etwa 45 Minuten hellbraun backen. • Die Pastete auf dem Blech abkühlen lassen.

• Weizen

Osterzopf, Osternestchen und nordisches Julbrot

Bild Seite 43

Ob Sie einen Osterzopf oder Osternestchen mit buntgefärbten Eiern, Weckenmänner für Weihnachten, süße Brezeln oder eine der alten Gebäckformen wie das nordische Julbrot ausprobieren wollen, mit dem Teig nach dem folgenden Rezept gelingt das ganz besonders gut. Am besten läßt sich das Gebäck formen, wenn Sie den Teig abends zubereiten und über Nacht im Kühlschrank gehen lassen.

Zutaten für 1 großen Zopf:
40 g Hefe · 200 g Milch · 150 g weiche Butter · 120 g Honig · 1 Ei · abgeriebene Schale von 1 Zitrone (unbehandelt) · 500 g Weizen oder halb Weizen, halb Dinkel, fein gemahlen
Zum Bestreichen und Bestreuen: 1 Eigelb · 1 Teel. Honig · 1 Teel. Wasser · leicht gerösteter Sesam oder gehobelte Mandeln oder Nüsse
Für das Blech: Butter
Insgesamt etwa 14 950 Joule / 3560 Kalorien

- Zubereitungszeit: 30 Minuten
- Ruhezeit: 12 Stunden (über Nacht)
- Backzeit: 40–60 Minuten (je nach Größe der Gebäckstücke)

So wird's gemacht: Die Hefe in der kalten Milch auflösen. Die Butter mit dem Honig, dem Ei und der Zitronenschale verrühren. Das Mehl und die Hefemilch abwechselnd unterarbeiten. Den weichen Teig mit der Küchenmaschine kurz und kräftig kneten. Dann in einer Schüssel, gut zugedeckt, im Kühlschrank über Nacht gehen lassen. • Am nächsten Morgen das Blech einfetten. Den Teig nochmals kneten. Aus $^{2}/_{3}$ der Masse 3 etwa 40 cm lange Rollen formen und zu einem Zopf flechten, auf das Blech legen und in der Mitte leicht eindrücken. Aus dem restlichen Teig einen etwas kleineren Zopf flechten und auf den ersten legen. • Das Eigelb mit dem Honig und dem Wasser verrühren, den Zopf damit bestreichen. Mit Mandeln oder Nüssen bestreuen. Den Zopf noch 5–10 Minuten gehen lassen und dann auf der untersten Leiste in den kalten Backofen schieben. Bei 200° C in 40–50 Minuten goldbraun backen.

Osternestchen
Für die Osternestchen Pappringe aus einer leeren Alufolienrolle (4–4,5 cm ∅) schneiden, mit Alufolie überziehen und außen einfetten. • Aus je 50 g Teig 50 cm lange Rollen formen, die Rollen einzeln zu Spiralen drehen, um die Folienringe legen und zum Kranz schließen. Die Nestchen

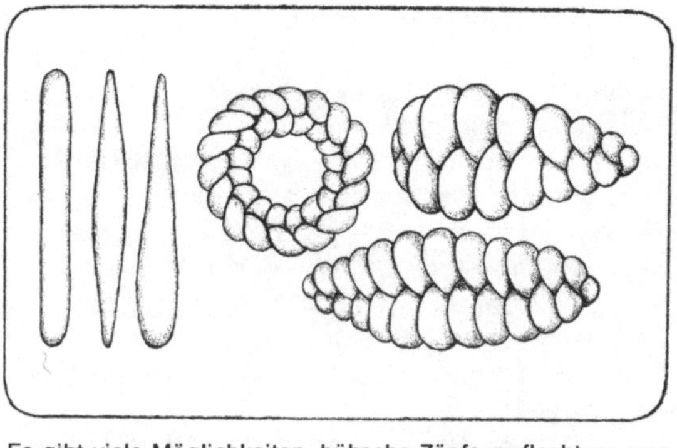

Es gibt viele Möglichkeiten, hübsche Zöpfe zu flechten; man kann auch zwei oder drei Zöpfe aufeinanderlegen.

auf das gefettete Blech legen, mit verquirltem Ei bestreichen und mit wenig Sesam bestreuen. • Im Backofen auf der 2. Leiste von unten 35–40 Minuten bei 200° C backen. Dann einige Minuten abkühlen lassen, die Ringe herausnehmen und jeweils ein hartgekochtes, mit Naturfarben gefärbtes Ei in die Mitte setzen.

Nordisches Julbrot
Für das nordische Julbrot 2 runde Fladen von 20 cm ∅ ausrollen. Am Rand ringsum schmale Dreiecke herausschneiden, so daß Zacken entstehen. Aus diesen Teigresten Verzierungen wie auf dem Farbbild (Seite 43) formen. • Die Julbrote auf das gefettete Blech legen, mit Eigelb bestreichen, die Verzierungen auflegen, auch mit Ei bestreichen. Wie den Osterzopf backen.

• Weizen • Dinkel

Rosinen-Nuß-Kuchen mit Backferment

Mit Backferment kann man nicht nur Brot, sondern auch einfache Kuchen backen, die ausgezeichnet schmecken, länger frisch bleiben und bekömmlicher sind als Hefegebäck. Damit das süße Gebäck nicht so herzhaft-kräftig wie Brot, sondern mild und aromatisch wie Kuchen schmeckt, muß der Grundansatz möglichst frisch, also nicht zu stark gesäuert sein. Die Zutaten für den Hauptteig sollten leicht angewärmt werden, damit die Gärung schnell vor sich geht und keine Säuerung eintritt.

Zutaten für 1 Kranzform (26 cm ∅):
Für den Vorteig: 200 g Wasser · 1 Eßl. Grundansatz (Rezept Seite 27) · 1/2 Teel. Backferment · 200 g Weizen, fein gemahlen
Für den Hauptteig: 100 g Quark · 60 g Honig · 100 g weiche Butter · 100 g Wasser · 100 g Weizen, fein gemahlen · 200 g Dinkel, fein gemahlen · 1/2 Teel. gemahlener Anis oder Zimt · 120 g Haselnüsse · 150 g Rosinen (ungeschwefelt)
Für die Form: Butter · gehobelte Nüsse
Pro Stück etwa 840 Joule / 200 Kalorien (bei 20 Stücken)

- Zubereitungszeit: 40 Minuten
- Gärzeit: 13–13 1/2 Stunden
- Backzeit: 65–70 Minuten

So wird's gemacht: Den Vorteig abends ansetzen. Das Wasser auf 40° C (gut handwarm) erwärmen, den Grundansatz, das Backferment und das Mehl damit verrühren. Die Backschüssel mit einem feuchten Tuch und Plastikfolie oder einem Deckel so zudecken, daß der Teig nicht austrocknen kann. An einem warmen Platz über Nacht gehen lassen. • Am nächsten Morgen den Quark im Wasserbad leicht erwärmen, mit dem Honig und der Butter verrühren. Anschließend den Vorteig unterrühren. • Das Wasser auf 40–50° C erwärmen. Das Mehl und die Gewürze über den Teig streuen, das Wasser dazugießen und alles verrühren. Die Haselnüsse hobeln und mit den Rosinen unter den Teig mengen. • Die Form einfetten und mit den Nüssen ausstreuen. Den Teig hineinfüllen, mit einem nassen Löffel zusammendrücken und glattstreichen. Die Form mit einem feuchten Tuch bedecken und den Kuchen an einem warmen Platz 1–1 1/2 Stunden gehen lassen. • Anschließend die Form mit gefetteter Alufolie abdecken, den Kuchen auf der untersten Leiste in den kalten Backofen schieben und bei 190° C 25 Minuten backen. • Dann die Folie abnehmen und den Kuchen weitere 40 Minuten backen. Die Stäbchenprobe machen; eventuell muß der Kuchen noch einige Minuten länger backen. Auf einem Kuchengitter 10 Minuten abkühlen lassen. Den Rosinen-Nuß-Kuchen am Innen- und Außenrand vorsichtig mit einem Messer lösen und aus der Form stürzen. Erst am nächsten Tag anschneiden.

• Weizen

Wiener Christstollen

Zutaten für 2 Stollen:
200 g Sultaninen (ungeschwefelt) · 250 g Korinthen · 100 g Rum · 100 g Hefe · 300 g lauwarme Milch · 1 kg Weizen · 1/2 Teel. Anis · 350 g süße und 1 Eßl. bittere Mandeln · 350 g weiche Butter · 250 g Honig · 3 Eigelb · 1/2 Teel. Meersalz · 1/4 Teel. Kardamom · 150 g gewürfeltes Zitronat · 50 g gewürfeltes Orangeat
Zum Bestreichen: 50 g Butter
Für das Blech: Butter
Pro 100 g Stollen etwa 1555 Joule / 370 Kalorien

- Zubereitungszeit: 90 Minuten
- Ruhezeit für den Teig: 2–2 1/2 Stunden
- Backzeit: 80 Minuten

So wird's gemacht: Am Vorabend die Sultaninen und die Korinthen mit dem Rum übergießen und

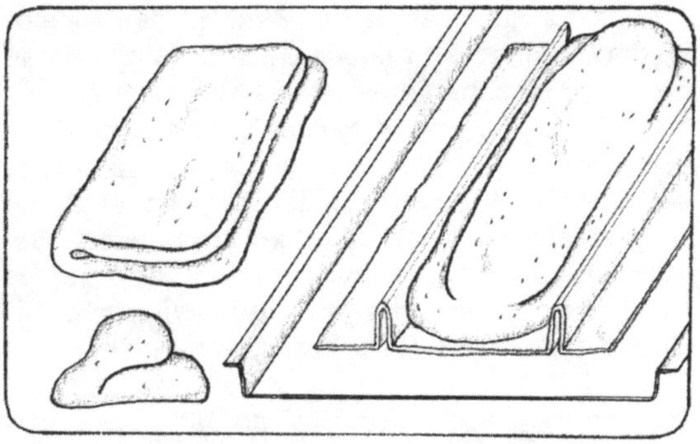
Legen Sie den Stollen in eine Form aus doppelter Alufolie aufs Blech, dann läuft er nicht breit. In den hochgefalteten Rand kommt ein Streifen aus Pappe.

zugedeckt ziehen lassen. • Am nächsten Tag die Hefe in der Milch auflösen. Den Weizen mit dem Anis fein mahlen. Die Hefemilch mit etwas Mehl zu einem weichen Vorteig verarbeiten und etwa 20 Minuten zugedeckt gehen lassen. • 150 g süße und die bitteren Mandeln mahlen. Die Butter mit dem Honig, den Eigelben, dem Salz und dem Kardamom verrühren, die gemahlenen Mandeln dazugeben. Den Hefevorteig und anschließend das Mehl nach und nach unter die Buttermischung rühren. Alles zu einem glatten Teig verkneten. Den Teig etwa 1 Stunde zugedeckt gehen lassen; nicht zu warm stellen, sonst wird das Fett zu weich und der Teig nimmt beim Ausrollen zuviel Mehl auf, eine Temperatur von 18° C genügt. • Die restlichen Mandeln überbrühen, schälen und hacken. Das Zitronat, das Orangeat, die Sultaninen und Korinthen mit dem Rum und mit den gehackten Mandeln mischen. Das Blech einfetten. • Den Teig auf dem bemehlten Backbrett zu einem großen Rechteck ausrollen und die Mandelmischung darauf verteilen. Von beiden Seiten übereinanderklappen und rasch durchkneten. Den Teig in 2 Hälften teilen und jede zu einer etwa 30 cm langen Rolle formen, leicht ausrollen, so daß der Teig in der Mitte dünner als an den Längsseiten ist, dann zusammenklappen und zu einem Stollen formen. Beide Stollen auf das Blech legen und zugedeckt gehen lassen. • Nach 60–70 Minuten, wenn die Stollen deutlich größer geworden und gut aufgegangen sind, das Blech auf der untersten Leiste in den kalten Backofen schieben. Gleichzeitig ein flaches feuerfestes Schälchen mit kochendem Wasser in den Backofen stellen. Die Stollen bei 220° C 20 Minuten backen, dann die Temperatur auf 180° C zurückschalten. Backzeit insgesamt etwa 60–70 Minuten; eventuell nach 50 Minuten die Oberhitze reduzieren oder die Stollen mit Alufolie abdecken, damit die Oberfläche nicht zu braun wird. • Die Butter zerlassen und die heißen Stollen damit bestreichen. Auf einem Kuchengitter auskühlen lassen. Danach in Alufolie wickeln und kühl aufbewahren.

Phantasievolle Rührkuchen

Rührteig ist deswegen so beliebt, weil man ihn – auch mit Vollkornmehl – schnell und ohne Mühe zubereiten kann. Er läßt sich in den verschiedensten Formen backen und Sie können immer wieder neue originelle Varianten erfinden.

Praktische Tips für Rührteig

- Alle benötigten Zutaten sollten Zimmertemperatur haben, sonst könnte der Teig gerinnen. Nehmen Sie also die Butter, die Milch und die Eier, die Sie benötigen, rechtzeitig aus dem Kühlschrank.
- Fetten Sie die Backform sorgfältig ein, damit der Kuchenteig nicht hängenbleibt. Zur Sicherheit kann man Kastenformen, aus denen sich der Kuchen schlecht löst, mit gefettetem Pergament- oder mit Backtrennpapier auslegen.
- Lassen Sie den fertig gerührten Teig 30–60 Minuten ruhen, damit das Vollkornmehl besser ausquellen kann. Ist im Rezept Eischnee vorgesehen, wird er erst nach dieser Zeit geschlagen und unter den Teig gehoben.
- Rührkuchen bleibt mindestens 1 Woche frisch und saftig, wenn Sie ihn abgekühlt in Alufolie einpacken und kühl aufbewahren.
- Rührkuchen können Sie auch – noch warm – einfrieren. Er hält sich im Gefriergerät 6 Monate.

• Hirse • Weizen

Zimt-Nuß-Kuchen

Zimt, eines der ältesten tropischen Gewürze, wurde bereits im Altertum als Räuchermittel bei Götteropfern, zur Parfümherstellung und als Würzmittel für Wein und Gebäck verwendet. Schon damals war auch die keimtötende Wirkung der braunen Zimtrinde bei mancherlei Krankheiten bekannt. Diese alten Erkenntnisse wurden durch moderne Forschungen bestätigt: eine im Zimtöl und im Zimtgewürz enthaltene Substanz, das Ortho-Methoxy-Zimtaldehyd (OMCA) hat eine starke bakterien- und pilzhemmende Wirkung.

Auch bei uns gehört der Zimt zu den beliebtesten Gewürzen für süßes Gebäck. Am feinsten und aromatischsten ist der helle Ceylon-Zimt oder Caneel, während der meist aus Indonesien und China stammende dunklere Kassia-Zimt kräftiger und herber im Geschmack ist; er ist der Hauptbestandteil des üblichen Zimtpulvers. Gemahlener Ceylon-Zimt hingegen ist meist nur in Gewürz-Spezialgeschäften und außerdem als Brecht-Gewürz im Reformhaus erhältlich.

Zutaten für 1 Kastenform (30 cm lang):
150 g Butter · 300 g Honig · 5 Eier · 1 1/2 Eßl. Zimtpulver · 50 g Hirse, fein gemahlen · 3 gestrichene Teel. Backpulver · 200 g Weizen, fein gemahlen · 200 g Haselnüsse
Für die Form: Butter
Pro Stück etwa 1320 Joule / 315 Kalorien (bei 15 Stücken)

- Zubereitungszeit: 35 Minuten
- Backzeit: 60–65 Minuten

So wird's gemacht: Die Butter mit dem Honig schaumig rühren. Nacheinander die Eier, den Zimt, das Hirsemehl und das mit dem Backpulver gemischte Weizenmehl dazugeben. • Die Nüsse reiben und untermengen. Die Kastenform einfetten oder mit gefettetem Pergamentpapier auslegen. • Den Teig in die Form füllen, glattstreichen, auf der untersten Leiste in den kalten Backofen schieben und bei 180° C 60–65 Minuten backen. Die Stäbchenprobe machen. • Den Kuchen auf einem Kuchengitter 10 Minuten abkühlen lassen. Dann aus der Form stürzen und das Pergamentpapier vorsichtig abziehen.

• Weizen

Englischer Korinthenkuchen

Der Korinthenkuchen bleibt lange frisch und saftig. Er schmeckt noch besser, wenn man ihn, in Alufolie gewickelt, einige Tage kühl durchziehen läßt.

Zutaten für 1 Kastenform (30 cm lang):
100 g Korinthen · 4 Eßl. Rum · 200 g weiche Butter · 200 g Honig · 4 Eier · 1 gestrichener Teel. Zimtpulver · 1 gestrichener Teel. gemahlener Ingwer · 1/4 Teel. Piment · 1/4 Teel. Kardamom · abgeriebene Schale von 1 Zitrone und 1 Orange (unbehandelt) · 3 gestrichene Teel. Backpulver · 300 g Weizen, fein gemahlen · 80 g Mandeln · 100 g gewürfeltes Zitronat
Für die Form: Butter
Pro Stück etwa 1360 Joule / 325 Kalorien

- Quellzeit: 2 Stunden
- Zubereitungszeit: 35 Minuten
- Backzeit: 60–65 Minuten

So wird's gemacht: Die Korinthen mit dem Rum übergießen und zugedeckt 2 Stunden ziehen lassen. • Die Butter mit dem Honig schaumig rühren. Die Eier, die Gewürze, die Zitronen- und die Orangenschale unterrühren. Das mit dem Backpulver gemischte Mehl dazugeben und gut verrühren. • Die Mandeln grob hacken und mit dem Zitronat sowie den Rum-Korinthen unter den Teig mengen. Die Form einfetten oder mit gefettetem Pergamentpapier auslegen. • Den Teig in die Form füllen, glattstreichen, auf der untersten Leiste in den kalten Backofen schieben und bei 180° C 60–65 Minuten backen. Die Stäbchenprobe machen. • Den Kuchen auf einem Kuchengitter 10 Minuten abkühlen lassen. Dann aus der Form stürzen und das Pergamentpapier vorsichtig abziehen.

Mein Tip: 1–2 Gläser in Rum eingelegte Korinthen und Sultaninen habe ich stets griffbereit in meinem Vorratsschrank (sie halten sich fast unbegrenzt). Dann erübrigen sich längere Wartezeiten und ich kann gleich mit dem Backen anfangen.

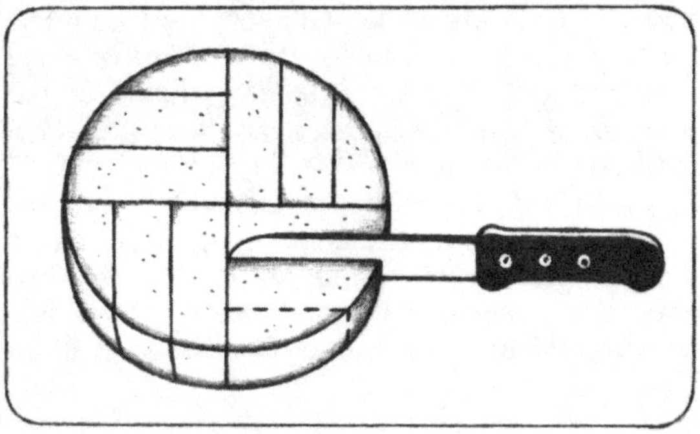

Der runde Makronenkuchen wird nicht wie üblich, sondern einmal ganz apart in Streifen geschnitten.

- Weizen

Makronenschnitten

Zutaten für 1 Springform (26 cm ∅):
80 g Butter · 120 g Honig · 2 Eier · 1/4 Teel. Zimtpulver · 1 gestrichener Teel. Backpulver · 150 g Weizen, fein gemahlen
Für den Belag: 75 g süße und 10 bittere Mandeln · 75 g Haselnüsse · 3 Eiweiß · 100 g Honig · abgeriebene Schale von 1 Zitrone oder Orange (unbehandelt)
Für die Form: Butter
Pro Stück etwa 1050 Joule / 245 Kalorien (bei 12 Stücken)

- Zubereitungszeit: 35 Minuten
- Ruhezeit: 30 Minuten
- Backzeit: 35–40 Minuten

So wird's gemacht: Die Butter bei milder Hitze schmelzen und abkühlen lassen. • Den Honig mit den Eiern und dem Zimt gründlich verrühren. Das mit dem Backpulver gemischte Mehl und anschließend die Butter unterrühren. • Die Form einfetten. Den Teig einfüllen und 20–30 Minuten quellen lassen. • Den Kuchenboden auf der 2. Leiste von unten in den kalten Backofen schieben und bei 200° C 18–20 Minuten backen, bis die Oberfläche fest ist. • Inzwischen die Mandeln und die Nüsse reiben. Die Eiweiße sehr steif schlagen, den Honig langsam hineinlaufen lassen und so lange weiterschlagen, bis eine dicke Schaummasse entstanden ist. Die Zitronen- oder Orangenschale und die Mandel-Nußmischung unterziehen und die Masse auf dem vorgebackenen Boden verteilen. • Den Kuchen noch 15–20 Minuten auf der mittleren Leiste backen; die Oberfläche soll fest und goldgelb sein. • Den Kuchen auf einem Kuchengitter abkühlen lassen, dann aus der Form nehmen. Mit einem scharfen Messer wie auf der Zeichnung in Streifen schneiden.

• Weizen

Johannisbeer-Schichttorte

Zutaten für 1 Springform (26 cm ∅):
150 g Butter · 3 Eigelb · 250 g Honig · 1 gestrichener Teel. Backpulver · 300 g Weizen, fein gemahlen
Für den Belag: 500 g rote Johannisbeeren · ½ Eßl. Vollkorngrieß
Für den Guß: 200 g Haselnüsse · 3 Eiweiß · 100 g Honig · abgeriebene Schale von 1 Zitrone (unbehandelt)
Für die Form: Butter und Vollkorngrieß
Pro Stück etwa 1805 Joule / 430 Kalorien (bei 12 Stücken)

- Zubereitungszeit: 1 Stunde
- Backzeit: 65 Minuten

So wird's gemacht: Die Butter mit den Eigelben und dem Honig schaumig rühren. Das mit dem Backpulver gemischte Mehl dazugeben. • Die Johannisbeeren waschen und abzupfen. Die Form einfetten und mit etwas Vollkorngrieß ausstreuen. • Gut die Hälfte des Teigs mit dem nassen Teigschaber in der Springform verteilen und am Rand etwas hochstreichen. Den Teigboden mit dem Grieß bestreuen und die Hälfte der Johannisbeeren darauf verteilen. Den restlichen Teig und danach die übrigen Johannisbeeren einfüllen. • Den Kuchen auf der untersten Leiste in den kalten Backofen schieben und bei 200° C 40 Minuten backen. • Inzwischen die Nüsse grob reiben. Die Eiweiße sehr steif schlagen. Den Honig langsam hineinlaufen lassen und so lange weiterschlagen, bis eine dicke Schaummasse entstanden ist. Die Nüsse und die Zitronenschale unterheben und den Guß auf den Johannisbeeren verteilen. • Die Torte auf der 2. Leiste von unten bei 200° C in etwa 25 Minuten fertig backen. Danach auf einem Kuchengitter auskühlen lassen und aus der Form nehmen.

Variante
Auch mit tiefgefrorenen Johannisbeeren können Sie die Torte backen. Die Beeren können noch gefroren auf den Kuchen kommen. Die Backzeit ist dann um etwa 10 Minuten länger.

• Mais • Weizen

Maiskuchen mit Kirschen

Zutaten für 1 Springform (26 cm ∅):
100 g weiche Butter · 180 g Honig · 3 Eigelb · 1 gestrichener Teel. Zimtpulver · 1 Messerspitze gemahlene Nelken · 100 g Mais, fein gemahlen · 2 gestrichene Teel. Backpulver · 150 g Weizen, fein gemahlen · 600–700 g Sauerkirschen · 3 Eiweiß
Für die Form: Butter · 40 g grob gehackte Haselnüsse
Pro Stück etwa 925 Joule / 220 Kalorien (bei 12 Stücken)

- Zubereitungszeit: 50 Minuten
- Ruhezeit: 40 Minuten
- Backzeit: 45–50 Minuten

So wird's gemacht: Die Butter mit dem Honig und den Eigelben schaumig rühren. Den Zimt, das Nelkenpulver und das Maismehl dazugeben. Danach das mit dem Backpulver gemischte Weizenmehl unterrühren. Den Teig 40 Minuten quellen lassen. • Inzwischen die Kirschen entkernen und abtropfen lassen. Die Springform einfetten und mit den Haselnüssen ausstreuen. • Die Eiweiße sehr steif schlagen und unter den Teig ziehen. Die Kirschen vorsichtig unterheben. Die Masse in die Springform füllen und glattstreichen. • Den Kuchen auf der untersten Leiste in den kalten Backofen schieben und bei 200° C 45–50 Minuten backen. Danach auf einem Kuchengitter auskühlen lassen und aus der Form nehmen.

• Weizen • Reis

Saftiger Beerenkuchen

Zutaten für 1 Springform (26 cm ∅):
125 g Butter · 150 g Haselnüsse · 100 g Weizen, fein gemahlen · 70 g Naturreis (Rundkorn), fein gemahlen · 1/2 Teel. Delifrut · 220 g Honig
Für den Belag: 500–600 g schwarze Johannisbeeren · 2 Eigelb · 2 Eiweiß
Für die Form: Butter
Pro Stück etwa 1260 Joule / 300 Kalorien (bei 12 Stücken)

- Zubereitungszeit: 40 Minuten
- Ruhezeit: 30 Minuten
- Backzeit: 35–40 Minuten

So wird's gemacht: Die Butter bei milder Hitze schmelzen und abkühlen lassen. • Die Nüsse grob hacken, mit dem Weizenmehl, dem Reismehl und dem Delifrut mischen. In die Mitte eine Vertiefung machen. Den Honig und die lauwarme Butter hineingießen und gut verrühren. • Die Springform einfetten und den Teig einfüllen, 4 Eßlöffel voll für den Guß zurücklassen. 30 Minuten ruhen lassen. • Die Johannisbeeren waschen, abzupfen und auf dem Teig verteilen; dabei am Rand ringsum 1 cm frei lassen. Die Eigelbe mit dem zurückbehaltenen Teig verrühren. Die Eiweiße steif schlagen und unterheben. Den Guß über die Beeren streichen. • Den Kuchen auf der 2. Leiste von unten in den kalten Backofen schieben und bei 200° C 35–40 Minuten backen. Danach auf einem Kuchengitter auskühlen lassen und aus der Form heben.

• Weizen

Brombeertorte

Zutaten für 1 Springform (26 cm ∅):
50 g weiche Butter · 80 g Honig · 2 Eier · 1/2 Teel. Zimtpulver · abgeriebene Schale von 1 Zitrone (unbehandelt) · 1/2 Teel. Backpulver · 130 g Weizen, fein gemahlen
Für den Belag und Guß: 450 g Brombeeren · 50 g Butter · 80 g Honig · 1 Ei · 80 g Mandeln · 1/2 Teel. Zimtpulver · 2 Eßl. Brombeergeist · 40 g Weizen, mittelfein geschrotet
Für das Blech: Butter
Pro Stück etwa 1010 Joule / 240 Kalorien (bei 12 Stücken)

- Zubereitungszeit: 45 Minuten
- Ruhezeit: 20 Minuten
- Backzeit: 45–50 Minuten

So wird's gemacht: Die Butter mit dem Honig und den Eiern schaumig rühren. Den Zimt, die Zitronenschale und das mit dem Backpulver gemischte Mehl dazugeben. • Die Springform einfetten, den Teig darin verstreichen und 20 Minuten quellen lassen. • Die Brombeeren hineinfüllen, den Kuchen auf der untersten Leiste in den kalten Backofen schieben und bei 200° C 25 Minuten backen. • Für den Guß die Butter bei milder Hitze zerlassen, den Honig und das Ei damit verrühren. Die Mandeln mittelgrob hacken und dazugeben. Den Zimt, den Brombeergeist und zuletzt das Weizenschrot darunterrühren. Den Guß noch warm über dem vorgebackenen Kuchen verteilen. Die Brombeertorte auf der 2. Leiste von unten noch 20–25 Minuten backen, so lange, bis die Oberfläche fest und goldgelb ist.

Variante
Auch mit Pflaumen oder Birnen schmeckt die Torte ganz köstlich!

• Mais • Weizen

Schwedische Apfeltorte

Bild auf dem Einband

Zutaten für 1 Springform (26 cm Ø):
80 g Butter • 2 große Eier • 140 g Honig • abgeriebene Schale von 1 Zitrone (unbehandelt) • 50 g Mais, fein gemahlen • 1 gestrichener Teel. Backpulver • 100 g Weizen, fein gemahlen
Für den Belag: 500 g säuerliche Äpfel • 30 g Butter • 50 g Honig • 1 Eßl. Sahne • 2 Eßl. Rum • 1/2 Teel. Zimtpulver • 80 g Walnüsse
Für die Form: Butter
Pro Stück etwa 1070 Joule / 255 Kalorien (bei 12 Stücken)

- Zubereitungszeit: 50 Minuten
- Backzeit: 50 Minuten

So wird's gemacht: Die Butter bei milder Hitze schmelzen und abkühlen lassen. Die Eier mit dem Honig schaumig rühren. Die Zitronenschale, das Maismehl, die Butter und das mit dem Backpulver gemischte Weizenmehl unterrühren • Die Form einfetten. Den Teig darin verstreichen und 20 Minuten ruhen lassen. • Inzwischen die Äpfel schälen, je nach Größe vierteln oder achteln, entkernen und kranzförmig auf den Teig legen. • Die Butter bei milder Hitze schmelzen und vom Herd nehmen. Den Honig, die Sahne, den Rum und den Zimt damit verrühren. Die Nüsse grob hacken und untermengen. Die Honig-Nuß-Mischung mit zwei Teelöffeln so auf dem Kuchen verteilen, daß von den Äpfeln noch etwas zu sehen ist. • Die Torte auf der 2. Leiste von unten in den kalten Backofen schieben und bei 200° C etwa 50 Minuten backen. Vor dem Anschneiden 1–2 Tage durchziehen lassen.

• Hafer • Mais • Weizen

Mexikanischer Birnenkuchen

Zutaten für 1 Springform (26 cm Ø):
100 g Nackthafer • 100 g entkernte Datteln • 100 g Butter • 3 große Eier • 60 g Honig • abgeriebene Schale von 2 Zitronen (unbehandelt) • 4 Eßl. Zitronensaft • je 1 gestrichener Teel. Zimtpulver und Delifrut • 50 g Mais, fein gemahlen • 2 gestrichene Teel. Backpulver • 150 g Weizen, fein gemahlen
Für den Belag: 60 g Walnüsse • 500–600 g reife, weiche Birnen • 2 Eiweiß
Für die Form: Butter
Pro Stück etwa 1155 Joule / 275 Kalorien (bei 12 Stücken)

- Zubereitungszeit: 1 Stunde
- Backzeit: 55 Minuten

So wird's gemacht: Den Hafer in einer trockenen Pfanne unter Umwenden leicht rösten. Erkalten lassen und mittelfein schroten. Die Datteln feinhacken. • Die Butter bei milder Hitze schmelzen und abkühlen lassen. Die Eier mit dem Honig verrühren. Die Zitronenschale, den Zitronensaft, die Gewürze und die Datteln dazugeben. Nacheinander das Haferschrot, das Maismehl, die flüssige Butter und das mit dem Backpulver gemischte Weizenmehl unterrühren. • Für den Belag die Nüsse grob hacken. Die Springform einfetten und den Boden mit 2 Eßlöffeln gehackten Nüssen bestreuen. Den Teig einfüllen – 3 Eßlöffel voll zurücklassen – und mit einem nassen Löffel gleichmäßig in der Form verstreichen. 20 Minuten ruhen lassen. • Inzwischen die Birnen schälen, vierteln und entkernen. Den Teig damit belegen. Den Kuchen auf der untersten Leiste in den kalten Backofen schieben und bei 200° C 20 Minuten backen. • Inzwischen die Eiweiße sehr steif schlagen und unter den zurückbehaltenen Teig ziehen. Mit zwei Teelöffeln kleine Teighäufchen auf die Birnen setzen. Die restlichen Nüsse darüberstreuen und leicht andrücken. • Den Kuchen auf der untersten Leiste noch etwa 35 Minuten backen. Den Birnenkuchen auf einem Kuchengitter auskühlen lassen, dann aus der Form nehmen.

• Weizen

Orangen-Schokoladen-Kuchen

Zutaten für 1 Kastenform (30 cm lang):
180 g weiche Butter · 280 g Honig · 1/2 Teel. gemahlene Vanille · 4 Eier · 4 gestrichene Teel. Backpulver · 350 g Weizen, fein gemahlen · 2 gestrichene Eßl. Kakao · 3 Eßl. Sahne · 2 mittelgroße Orangen (unbehandelt)
Für die Form: Butter und Vollkorngrieß
Pro Stück etwa 1185 Joule / 285 Kalorien (bei 15 Stücken)

- Zubereitungszeit: 40 Minuten
- Backzeit: etwa 90 Minuten

So wird's gemacht: Die Butter mit 240 g Honig schaumig rühren. Das Vanillepulver, die Eier und das mit dem Backpulver gemischte Mehl abwechselnd unterrühren. • Die Kastenform sorgfältig einfetten und mit Grieß ausstreuen. Oder die Form mit eingefettetem Pergamentpapier oder Backtrennpapier auslegen. • Eine Hälfte des Teiges in eine zweite Schüssel füllen. Den Kakao, den restlichen Honig und die Sahne darunterrühren. • Die Schale von 1 1/2 Orangen abreiben und zur zweiten Teighälfte geben. Eine Orange schälen (dabei alles Weiße entfernen) und in Spalten teilen. Das Fruchtfleisch abwiegen – es sollen 120–130 g sein. Jede Orangenspalte mit einem scharfen Messer einmal längs teilen, dann quer in dünne Scheibchen schneiden und unter den Orangenteig mengen. • Zuerst den Schokoladenteig in die Form füllen, dann den Orangenteig darüber verteilen und glattstreichen. • Den Kuchen auf der untersten Leiste in den kalten Backofen schieben und bei 190° C etwa 90 Minuten backen. Mit einem Holzstäbchen prüfen, ob er durchgebacken ist. Dann auf einem Kuchengitter abkühlen lassen. Die Ränder vorsichtig mit einem Messer lösen und den Kuchen aus der Form stürzen. Nach dem völligen Auskühlen den Kuchen in Alufolie wickeln, kühl aufbewahren und 1–2 Tage durchziehen lassen, bevor er angeschnitten wird; er bleibt verpackt tagelang frisch.

• Weizen

Hagebuttenkuchen

Zutaten für 1 Springform (26 cm ∅):
80 g Butter · 140 g Honig · 2 Eier · 1/4 Teel. Zimtpulver · 150 g Weizen, fein gemahlen · 1 gestrichener Teel. Backpulver
Für den Belag: 50 g Haselnüsse · 125 g Kokosflocken · 3 Eiweiß · 120 g Honig · 200 g dickes Hagebuttenmus, nicht zu süß (Rezept Seite 115)
Für die Form: Butter
Pro Stück etwa 1280 Joule / 305 Kalorien (bei 12 Stücken)

- Zubereitungszeit: 40 Minuten
- Ruhezeit: 30 Minuten
- Backzeit: 35–40 Minuten

So wird's gemacht: Zuerst den Kuchenboden wie im Rezept Makronenschnitten (Seite 53) zubereiten und vorbacken. • Die Nüsse grob hacken und mit den Kokosflocken zusammen in einer trockenen Pfanne unter Umwenden leicht rösten; abkühlen lassen. • Die Eiweiße sehr steif schlagen, den Honig langsam hineinlaufen lassen und so lange weiterschlagen, bis eine dicke Schaummasse entstanden ist. Die Kokosflokken-Nuß-Mischung unterheben. • Den vorgebackenen Boden mit dem Hagebuttenmus bestreichen, dabei am Rand ringsherum 1/2 cm frei lassen. Den Makronenguß darüber verteilen. Den Kuchen im Backofen auf der 2. Leiste von unten noch etwa 20 Minuten backen, so daß der Guß fest wird. • Den Kuchen einen Tag durchziehen lassen, dann läßt er sich leichter schneiden und schmeckt noch besser.

Knusprige Kuchen mit Mürbteig

Butter, Honig, Eier und Vollkornmehl – das sind die Grundzutaten für einen knusprigen Mürbteig, der sich für vielerlei Gebäck verwenden läßt. Aus süßem Mürbteig können Sie Böden für Obstkuchen und Torten, aber auch Plätzchen und sogar Waffeln backen. Aus »salzigem« Mürbteig entstehen pikante Kuchen und Käsegebäck.

Praktische Tips für Mürbteig

- Nicht alle Getreidemühlen mahlen wirklich mehlfein. Gröberes Mehl macht den Mürbteig brüchig, er läßt sich dann nur schwer ausrollen. Mahlen Sie in diesem Fall 10% mehr Getreide als Sie nach Rezept benötigen und sieben Sie 10% Kleie ab. Sie können damit entweder (bei saftigem Belag) den Mürbteigboden bestreuen oder die Kleie für Makronengebäck oder Pfannkuchen oder fürs Müsli verwenden.
- Mürbteig können Sie auf verschiedene Arten zubereiten:

1. Eine Schaummasse aus weicher, geschmeidiger Butter, Eiern und Honig rühren und die restlichen Zutaten anschließend unterarbeiten.
2. Kalte Butterflöckchen auf dem Mehl verteilen (tiefgefrorene Butter mit einem gröberen Reibeisen raspeln und alles schnell mit kühlen Händen zu einer gleichmäßigen Masse verkrümeln. Anschließend die übrigen Zutaten hinzufügen.

- Da Mürbteig durch den Honig ziemlich weich wird, sollte er vor der weiteren Verarbeitung gut zugedeckt mindestens 3 Stunden im Kühlschrank ruhen. Noch besser läßt er sich verarbeiten, wenn er über Nacht im Kühlschrank bleibt; er hält sich dort mindestens 3–4 Tage – Sie können ihn also vorbereiten!

Wenn Sie wenig Zeit haben: Verstreichen Sie den weichen Teig mit einem nassen Löffel oder Teigschaber in der Springform; lassen Sie ihn vor dem Backen noch 30 Minuten ruhen, damit das Mehl ausquellen kann.

Oder stellen Sie den Teig gleich nach der Zubereitung gut zugedeckt etwa 1 Stunde ins Gefriergerät, dann ist er fester und läßt sich ohne weiteres ausrollen.

- Es ist manchmal nicht ganz einfach, den ausgerollten Teig in die Kuchenform zu transportieren, ohne daß er einreißt. Leichter geht es, wenn Sie große Teigstücke ein- oder zweimal vorsichtig zusammenfalten und in der Form wieder auseinanderklappen. Sie können das Teigstück auch locker über die Teigrolle legen und in der Form auseinanderbreiten.
- Soll ein Mürbteigboden ohne Belag gebacken oder vorgebacken werden, rutscht oft der Rand ab oder kippt um, sobald das Fett durch die Backhitze schmilzt. Das läßt sich vermeiden, wenn Sie ein Stück Backtrennpapier auf den Mürbteigboden legen und Hülsenfrüchte (getrocknete Erbsen) hineinfüllen. Nach dem Backen die Füllung herausschütten und das Papier abnehmen.

Nach dieser »klassischen Art« bleibt der Teigboden jedoch hell, und die Füllung verhindert, daß er aufgehen kann. Vielleicht probieren Sie einmal meine Methode: Ein Stück Alufolie (für eine Springform von 26 cm ∅ etwa 80 cm) abschneiden. Viermal von der Längsseite her zusammenfalten, leicht zusammendrücken, so daß ein fester Folienrand entsteht. Er wird von innen an den Teigrand gedrückt und hält ihn auf diese Weise fest (Einfetten ist nicht notwendig). Wenn sich der Teigrand nach etwa 15 Minuten Backzeit verfestigt hat, kann der Folienstreifen vorsichtig abgenommen werden.

- Stechen Sie den Kuchenboden vor dem Backen mit einer Gabel in kleinen Abständen ein,

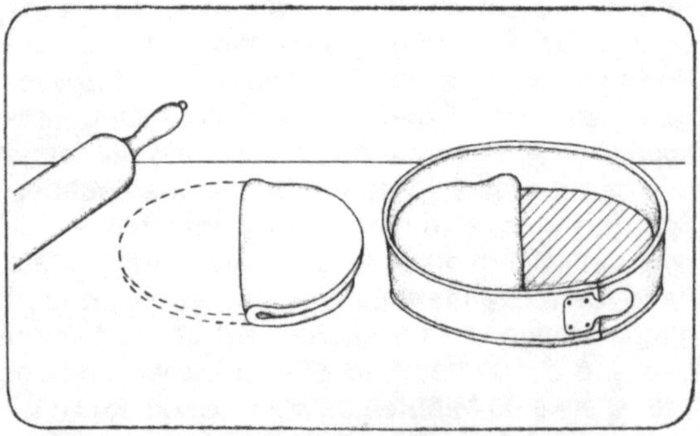

Ausgerollter Mürbteig wird locker gefaltet, dann läßt er sich leicht in die Form bringen.

damit er keine Blasen bekommt. Sollten sich während des Backens trotzdem Luftblasen bilden, lassen sie sich mit einigen Einstichen nach dem Backen beseitigen.

• Frisch gebackener Mürbteig bricht leicht. Lassen Sie ihn deshalb einige Minuten abkühlen, ehe Sie ihn vorsichtig aus der Form stürzen oder mit einem breiten Messer abheben. Er darf keinesfalls auf dem Blech vollständig erkalten, weil sonst das ausgetretene Fett fest wird und der Kuchen kleben bleibt.

• Am rationellsten ist es, wenn Sie jeweils die doppelte Teigmenge zubereiten. Sie können entweder die Hälfte für den nächsten Kuchen einfrieren oder nebenbei noch Plätzchen daraus backen.

• Tips fürs Einfrieren: Roher Mürbteig hält sich im Gefriergerät etwa 3 Monate. Lassen Sie ihn für die weitere Verarbeitung so weit antauen, daß er sich formen läßt. Auch fertiges Mürbteiggebäck läßt sich gut einfrieren (Lagerzeit etwa 5 Monate). Trockenes Gebäck schmeckt besser, wenn Sie es noch gefroren bei 160° C etwa 15 Minuten aufbacken. Obsttortenböden sollten erst nach dem Auftauen belegt werden.

• Weizen

Süßer Mürbteig – Grundrezept 1

Zutaten für 1 Springform (26 cm ∅) oder 8–10 Tortelettförmchen (8–9 cm ∅):
80 g weiche Butter • 80 g Honig • 1 Ei • 2 Messerspitzen Zimtpulver oder abgeriebene Schale von 1/2 Zitrone (unbehandelt) • 220 g Weizen, fein gemahlen
Insgesamt etwa 7140 Joule / 1700 Kalorien

- Zubereitungszeit: 20 Minuten
- Ruhezeit: 3–12 Stunden (über Nacht)

So wird's gemacht: Die Butter mit dem Honig schaumig rühren. Das Ei, den Zimt oder die Zitronenschale dazugeben, zuletzt das Mehl unterarbeiten. Den weichen Teig in einem Metallgefäß zugedeckt oder in Alufolie verpackt 3–4 Stunden, noch besser über Nacht, im Kühlschrank ruhen lassen. • Falls der Teig dann zum Ausrollen noch zu weich sein sollte, können Sie ihn weitere 20–40 Minuten im Gefriergerät kühlen.

• Weizen

Süßer Mürbteig – Grundrezept 2

Der Teig eignet sich besonders gut für Obstkuchen, aber auch für Nuß- oder Mandelplätzchen.

Zutaten für 1 Springform (26 cm ∅) oder 8–10 Torteletförmchen (8–9 cm ∅):
80 g weiche Butter • 100 g Honig • 2 Eigelb • 2 Messerspitzen Zimtpulver oder gemahlene Vanille • 80 g geriebene Nüsse oder Mandeln • 160 g Weizen, fein gemahlen
Insgesamt etwa 9180 Joule / 2185 Kalorien

- Zubereitungszeit: 20 Minuten
- Ruhezeit: 3–12 Stunden (über Nacht)

So wird's gemacht: Die Butter mit dem Honig schaumig rühren, die Eigelbe, den Zimt oder die Vanille dazugeben. Die Nüsse oder die Mandeln und danach das Mehl unterarbeiten. Den Teig in einem Metallgefäß zugedeckt 3–4 Stunden – noch besser über Nacht – im Kühlschrank ruhen lassen. • Falls der Teig dann zum Ausrollen noch zu weich sein sollte, kann er weitere 20–30 Minuten im Gefriergerät gekühlt werden.

• Weizen

Thüringer Mohnkuchen

Großmutters Mohnkuchen mit dem zarten Mandelguß ist bei uns der Favorit bei allen Familienfesten und Kindergeburtstagen. Zwar ist er ein bißchen üppig, aber es lohnt sich schon, dafür anderswo ein paar Kalorien einzusparen.

Zutaten für 1 Springform (26 cm ∅):
Süßer Mürbteig nach dem Grundrezept 1 (Seite 59)
Für die Füllung: 200 g frisch gemahlener Mohn · $1^1/_2$ Eßl. Vollkorngrieß (mit Schalenteilen) · $^1/_2$ l Milch · 70 g Butter · 120 g Honig · $^1/_4$ Teel. Zimtpulver · 50 g dunkle kalifornische Rosinen (ungeschwefelt)
Für den Guß: 40 g Mandeln · 2 Eigelb · 60 g Honig · 3 Eßl. Milch · 2 gestrichene Teel. Vollkorngrieß · abgeriebene Schale von $^1/_4$ Zitrone (unbehandelt) · 3 Teel. Zitronensaft · 2 Eiweiß
Für die Form: Butter
Pro Stück etwa 1680 Joule / 400 Kalorien (bei 12 Stücken)

- Zubereitungszeit: 80 Minuten (einschließlich Teigzubereitung)
- Ruhezeit: 4–5 Stunden
- Backzeit: 70 Minuten

So wird's gemacht: Den Mürbteig zubereiten und kühl stellen. • Den Mohn mit dem Grieß mischen und mit der Milch verrühren. Unter ständigem Umrühren einmal aufkochen. Dann von der Kochstelle nehmen und etwas abkühlen lassen. • Die Butter, den Honig, den Zimt und die Rosinen einrühren und die Mohnmasse kalt werden lassen. • Die Springform einfetten. Den Mürbteig ausrollen, die Form damit auslegen und einen Rand von 3,5 cm formen. Die Mohnmasse in die Form füllen – sie ist zunächst sehr flüssig, wird aber nach dem Backen und Auskühlen bis zum nächsten Tag schnittfest. • Den Kuchen auf der untersten Leiste in den kalten Backofen schieben und bei 200° C 50 Minuten backen. • Inzwischen die Mandeln mahlen. Die Eigelbe mit dem Honig, der Milch, dem Grieß, der Zitronenschale, dem Zitronensaft und den Mandeln verrühren. • Kurz vor Ende der Backzeit die Eiweiße sehr steif schlagen und die Mandelmasse darunterheben. Den Guß auf der Mohnfüllung verteilen. Den Kuchen auf der mittleren Leiste bei 180° C noch etwa 20 Minuten backen, bis die Oberfläche goldbraun ist; dann 10 Minuten im ausgeschalteten Backofen stehenlassen. • Den Mohnkuchen auf einem Kuchengitter abkühlen lassen und lauwarm aus der Form nehmen. Unter einer Tortenhaube bis zum nächsten Tag durchziehen lassen.

• Weizen

Stachelbeerkuchen

Am besten schmeckt der Kuchen, wenn Sie ihn mit halbreifen, noch etwas säuerlichen Stachelbeeren backen, bis zum nächsten Tag durchziehen lassen und vor dem Servieren 1–2 Stunden kühlen.

Zutaten für 1 Springform (26 cm ∅):
Süßer Mürbteig nach dem Grundrezept 1 (Seite 59)
Für die Füllung: 450 g Stachelbeeren · 150 g Mandeln · 1 leicht gehäufter Eßl. Vollkorngrieß (mit Schalenteilen) · knapp 1 Teel. Zimtpulver · 3 Eier · 100 g Honig
Für die Form: Butter
Pro Stück etwa 1220 Joule / 290 Kalorien (bei 12 Stücken)

- Zubereitungszeit: 50 Minuten (einschließlich Teigzubereitung)
- Ruhezeit: 4–5 Stunden
- Backzeit: etwa 70 Minuten

So wird's gemacht: Zuerst den Mürbteig zubereiten und kühl stellen. • Die Stachelbeeren waschen und putzen. Die Mandeln reiben, den Grieß und den Zimt daruntermischen. • Die Springform einfetten und mit dem ausgerollten Mürbteig auslegen. Dabei einen Rand von 4 cm hochziehen. Den Teigboden in kleinen Abständen mit einer Gabel einstechen. Den Teigrand mit einem Streifen Alufolie, wie auf Seite 58 beschrieben, sichern. Den Tortenboden in den kalten Backofen schieben und bei 200° C 20 Minuten vorbacken. Nach 15 Minuten Backzeit den

Folienstreifen vorsichtig abnehmen. • Die Eier und den Honig mit dem Schneebesen der Küchenmaschine bei höchster Geschwindigkeit zu einer dicken Creme schlagen (etwa 20 Minuten lang). Die Mandelmischung und anschließend die Stachelbeeren vorsichtig unter die Ei-Honig-Creme heben. Die Füllung auf dem vorgebackenen Tortenboden verteilen. Den Kuchen auf der untersten Leiste bei 180° C noch 50–60 Minuten backen. Eventuell die Hitze nach 30 Minuten reduzieren oder die Form mit Alufolie abdecken, falls die Oberfläche zu braun werden sollte. • Den Kuchen auf einem Kuchengitter 10 Minuten abkühlen lassen, danach aus der Form nehmen und vorsichtig auf das Kuchengitter heben.

Variante
Der Kuchen schmeckt auch mit Johannisbeeren.

• Weizen

Birnentorte Helene

Bild Seite 78

Auf der großen Wiese vor unserem Bauernhaus stand ein alter, ganz verwilderter und verwachsener Birnbaum, der im Herbst nur knochenharte grüne Früchte trug. Eigentlich sollte er schon gefällt werden, doch ganz zufällig gelangten einige Birnen in den Keller, und wir staunten nicht wenig, als wir sie um die Weihnachtszeit wiederentdeckten: goldgelb und von köstlichem Geschmack zergingen sie uns fast auf der Zunge. Wir haben alles getan, um den Baum zu retten, und nun freuen wir uns jedes Jahr über die herrlichen Birnen, die mich immer wieder zu neuen Experimenten in der Küche verlocken.

Zutaten für 1 Springform (26 cm ∅):
Süßer Mürbteig nach dem Grundrezept 1 (Seite 59)
Für den Guß: 2 Eier · 75 g Honig · 1 Teel. abgeriebene Orangenschale (unbehandelt) · 2 gestrichene Teel. Zimtpulver · 2 gestrichene Teel. Kakao · 3 Eßl. Sahne · 1 Eßl. Birnengeist · 125 g gerlebene Mandeln · 1 gestrichener Eßl. Vollkorngrieß (mit Schalenteilen)
Für den Belag: 600 g weiche, reife Birnen · 2 Eßl. Mandelblättchen
Für die Form: Butter
Pro Stück etwa 1240 Joule / 295 Kalorien (bei 12 Stücken)

- Zubereitungszeit: 55 Minuten (einschließlich Teigzubereitung)
- Ruhezeit: 4–5 Stunden
- Backzeit: 1 Stunde

So wird's gemacht: Den Mürbteig zubereiten und im Kühlschrank ruhen lassen. • Alle Zutaten für den Guß verrühren und 25 Minuten quellen lassen. • Die Springform leicht einfetten. Mit dem Mürbteig auslegen, dabei einen Rand von 3–4 cm formen und mit einem passenden Streifen Alufolie sichern (siehe Seite 58). Den Teigboden in kleinen Abständen mit einer Gabel einstechen. Auf der untersten Leiste in den kalten Backofen schieben und bei 200° C 25 Minuten backen; nach 15 Minuten Backzeit den Folienrand herausnehmen. • Die Birnen schälen, achteln und entkernen. Den vorgebackenen Boden dicht damit belegen. Den Guß darüber verteilen und mit den Mandelblättchen bestreuen. • Die Torte auf der untersten Leiste noch etwa 35 Minuten backen, bis die Oberfläche fest ist.

• Weizen

Apfel-Marzipan-Torte

Mit selbstgemachtem Honigmarzipan schmeckt die Torte nochmal so gut. Deshalb habe ich immer einen Vorrat davon im Kühlschrank. Notfalls können Sie in Naturkostläden und manchen Reformhäusern Honigmarzipan kaufen.

Zutaten für 1 Springform (26 cm ∅):
Süßer Mürbteig nach dem Grundrezept 1 (Seite 59)
Für die Füllung: 100 g feine Kokosflocken · 3 Eigelb · 120 g Honig · 125 g Honigmarzipan

(Rezept Seite 116) · abgeriebene Schale von 1 Orange und 1 Zitrone (unbehandelt) · 2 Eßl. Zitronensaft · 1 Eßl. Rum · 6 gleichgroße säuerliche Äpfel (600 g) · 3 Eiweiß
Für die Form: Butter
Pro Stück etwa 1385 Joule / 330 Kalorien (bei 12 Stücken)

- Zubereitungszeit: 70 Minuten (einschließlich Teigzubereitung)
- Backzeit: 65 Minuten

So wird's gemacht: Den Mürbteig zubereiten und kühlen. • Die Springform leicht einfetten. Mit dem Mürbteig auslegen, dabei einen Rand von 3–4 cm formen und mit einem passenden Stück Alufolie sichern (siehe Seite 58). Den Teigboden in kleinen Abständen mit einer Gabel einstechen, auf der untersten Leiste in den kalten Backofen schieben und bei 200° C 25 Minuten backen. Nach 15 Minuten Backzeit den Folienrand herausnehmen. • Die Kokosflocken in einer trockenen Pfanne unter Umwenden goldgelb rösten und abkühlen lassen. • Die Eigelbe mit dem Honig schaumig rühren. Das zerkleinerte Honigmarzipan, die Orangen- und die Zitronenschale, den Zitronensaft und den Rum damit verrühren. • Die Äpfel schälen, halbieren und entkernen. 5 Äpfel auf der gewölbten Seite mehrmals längs einschneiden. 1 Apfel raspeln und unter die Marzipanfüllung mengen. Die Eiweiße sehr steif schlagen und unterheben, danach die Kokosraspeln unterziehen. Die Füllung auf dem Tortenboden verteilen, die Apfelhälften etwas hineindrücken. • Die Torte auf der untersten Leiste bei 200° C noch etwa 40 Minuten backen. Vor dem Anschneiden 1–2 Tage durchziehen lassen.

• Weizen

Erdbeertorte Prinzeß

Zutaten für 1 Springform (26 cm ∅):
100 g weiche Butter · 100 g Honig · 2 Eigelb · 1 Eßl. Rum (54%) · 125 g süße und 5 bittere Mandeln · 125 g Weizen, fein gemahlen
Für den Belag: 750 g Erdbeeren · 1/2 Eßl. Honig · 2 Eßl. Cointreau (Orangenlikör) · 300 g Sahne · 1 Eßl. Mandelblättchen
Für die Form: Butter
Pro Stück etwa 1320 Joule / 315 Kalorien (bei 12 Stücken)

- Zubereitungszeit: 40 Minuten
- Backzeit: 30–35 Minuten

So wird's gemacht: Die Butter mit dem Honig, den Eigelben und dem Rum schaumig rühren. Die Mandeln fein reiben und mit dem Mehl unter den Teig rühren. • Die Form leicht einfetten. Den Teig in der Form verteilen, mit dem Löffel glattstreichen und dabei einen Rand formen. Den Teigboden mit einer Gabel mehrmals einstechen. 30 Minuten stehen lassen, damit das Mehl ausquellen kann. • Den Kuchen auf der 2. Leiste von unten in den kalten Backofen schieben und bei 200° C 30–35 Minuten backen. Etwas abkühlen lassen und vorsichtig aus der Form nehmen. • Die Erdbeeren kurz waschen und den Blütenansatz entfernen. 250 g Beeren mit einer Gabel zerdrücken, mit dem Honig und dem Orangenlikör verrühren und auf den Tortenboden streichen. 30 Minuten durchziehen lassen. • Die Sahne steif schlagen, auf der Torte verteilen und die restlichen Erdbeeren hineinsetzen. Die Mandelblättchen in einer trockenen Pfanne hellbraun rösten und über die Sahne streuen. Die Torte gut gekühlt servieren.

• Weizen

Weintraubentorte

Zutaten für 1 Springform (26 cm ∅):
Süßer Mürbteig nach dem Grundrezept 2 (Seite 59)
Für die Füllung: 4 Blatt weiße Gelatine · 5 Eßl. Weißwein · 150 g Quark · 80 g Honig · 2 Eigelb · 1/2 Teel. gemahlene Vanille · abgeriebene Schale von 1 Zitrone (unbehandelt) ·

200 g Sahne · 500 g blaue Weintrauben
Für die Form: Butter
Pro Stück etwa 1345 Joule / 320 Kalorien (bei 12 Stücken)

- Zubereitungszeit: 70 Minuten (einschließlich Teigzubereitung)
- Ruhezeit: 3–4 Stunden
- Backzeit: 25–30 Minuten
- Kühlzeit: 2–3 Stunden

So wird's gemacht: Den Mürbteig zubereiten und kühl stellen. • Die Springform leicht einfetten. Den Teig 4 mm dick ausrollen. Die Form damit auslegen, dabei einen Rand von 3 cm hochziehen und mit einem passenden Stück Alufolie sichern (siehe Seite 58). Den Teigboden in kleinen Abständen mit einer Gabel einstechen, auf der mittleren Leiste in den kalten Backofen schieben und bei 200° C 25–30 Minuten backen. Nach 15 Minuten Backzeit den Folienrand herausnehmen. • Die Gelatine in dem Wein 5 Minuten quellen lassen. Inzwischen den Quark mit dem Honig, den Eigelben, dem Vanillepulver und der Zitronenschale cremig rühren. Die Gelatine bei milder Hitze unter Umrühren auflösen und mit der Quarkcreme verrühren. Die Sahne steif schlagen und darunterheben. • Den gebackenen Tortenboden mit der Quarkcreme füllen, die Trauben gleichmäßig darauf verteilen und leicht in die Creme drücken. Vor dem Servieren 2–3 Stunden im Kühlschrank durchziehen lassen.

- Weizen

Rhabarbertörtchen mit Zimtsahne

Zutaten für 8–10 Tortelettförmchen (8–9 cm ⌀):
Süßer Mürbteig nach dem Grundrezept 2 (Seite 59)
Für die Füllung: 500 g Rhabarber · 100 g Rotwein · 6 Blatt weiße Gelatine · 100 g Honig · 1/4 Teel. gemahlene Vanille · 2 Teel. abgeriebene Orangenschale (unbehandelt)
Für die Förmchen: Butter
Zum Garnieren: 3/8 l Sahne · 2–3 Teel. Honig · etwa 1/4 Teel. Zimtpulver
Pro Törtchen etwa 2120 Joule / 505 Kalorien (bei 10 Törtchen)

- Zubereitungszeit: 70 Minuten (einschließlich Teigzubereitung)
- Ruhezeit für den Teig: 3–4 Stunden
- Backzeit: 15–20 Minuten
- Kühlzeit für die Füllung: 90 Minuten

So wird's gemacht: Den Mürbteig zubereiten und im Kühlschrank ruhen lassen. • Die Förmchen leicht mit Butter einfetten. Danach mit dem Teig auslegen und einen 2 cm hohen Rand formen. Den Teigboden mehrmals mit einer Gabel einstechen. • Die Törtchen auf der mittleren Leiste in den kalten Backofen schieben und bei 200° C etwa 15–20 Minuten backen. Noch lauwarm aus den Förmchen stürzen und abkühlen lassen. • Den Rhabarber in kleine Stücke schneiden und in dem Rotwein 10 Minuten dünsten, bis er zu zerfallen beginnt. • Inzwischen die Gelatine in kaltem Wasser quellen lassen, ausdrücken und in der heißen Rhabarbermasse auflösen. Den Kochtopf ins kalte Wasser stellen. Unter die lauwarme Mischung den Honig, die Vanille und die Orangenschale rühren. Die Rhabarbermasse kurz vor dem Erstarren in die Mürbteigtörtchen füllen. Die Törtchen 1 1/2 Stunden in den Kühlschrank stellen, bis die Füllung fest ist. • Kurz vor dem Servieren die Sahne steif schlagen, mit Honig und Zimt nach Geschmack würzen. Auf jedes Törtchen eine Sahnehaube setzen und leicht mit Zimt bestäuben.

• Weizen

Linzer Torte

Zutaten für 1 Springform (26 cm Ø):
125 g weiche Butter · 150 g Honig · 1 Ei · 1 gestrichener Teel. Kakao · 1 gestrichener Teel. Zimtpulver · 1 Messerspitze gemahlene Nelken · 2 Eßl. Kirschwasser · 125 g Mandeln · 250 g Weizen, fein gemahlen
Für die Füllung: 200 g Himbeer-Aprikosen-Mus (Rezept Seite 115)
Zum Bestreichen: 2 Eßl. Milch
Für die Form: Butter
Pro Stück etwa 1130 Joule / 270 Kalorien (bei 12 Stücken)

- Zubereitungszeit: 40 Minuten
- Ruhezeit: 4 Stunden
- Backzeit: 1 Stunde

So wird's gemacht: Die Butter mit dem Honig schaumig rühren. Das Ei, den Kakao, die Gewürze und das Kirschwasser dazugeben. • Die Mandeln mahlen, mit dem Mehl mischen und unter den Teig rühren. Den weichen Teig 3–4 Stunden zugedeckt in den Kühlschrank stellen und eventuell noch 30 Minuten im Gefriergerät kühlen. • Die Springform mit Butter leicht einfetten. $^{2}/_{3}$ des Teiges ausrollen. Die Form damit auslegen und einen 2 cm hohen Rand formen. Mit der Himbeermasse bestreichen. Den restlichen Teig ausrollen und schmale Streifen ausrädeln, als Gitter darauflegen und mit der Milch bestreichen. • Die Torte auf der 2. Leiste von unten in den kalten Backofen schieben und bei 180° C 60–70 Minuten backen. Vor dem Anschneiden 2 Tage durchziehen lassen.

Variante – Nuß-Apfel-Torte
Den Kakao weglassen und statt der Mandeln Haselnüsse nehmen. Für die Füllung 600 g geschälte, grob geraspelte Äpfel mit 4 Eßlöffeln in Rum eingelegten Korinthen und 1 Eßlöffel Honig mischen. Die Torte auf der untersten Leiste bei 180° C etwa 70–75 Minuten backen. 1–2 Tage durchziehen lassen!

Variante
Auch eine Füllung aus Pflaumenmus, das mit 2–3 Eßlöffeln Zwetschgenwasser aromatisiert wird, schmeckt sehr gut.

• Weizen • Buchweizen

Ländlicher Obstkuchen

Zutaten für 1 Springform (26 cm Ø):
130 g Butter · 150 g Honig · 1 Ei · 250 g Weizen, fein gemahlen · 100 g Buchweizen, fein gemahlen · 1 gestrichener Teel. Zimtpulver · $^{1}/_{2}$ Teel. Delifrut
Für den Belag: 50 g Walnußkerne oder Haselnüsse · 1 Eßl. Zwetschgenwasser · 400 g Zwetschgen · 250 g Birnen
Für die Form: Butter
Pro Stück etwa 1130 Joule / 270 Kalorien (bei 12 Stücken)

- Zubereitungszeit: 40 Minuten
- Backzeit: 35–40 Minuten

So wird's gemacht: Die Butter bei milder Hitze schmelzen und vom Herd nehmen. Den Honig und anschließend das Ei gründlich mit der lauwarmen Butter verrühren. Das Mehl mit den Gewürzen mischen. Die Buttermischung mit einer Gabel leicht mit dem Mehl verrühren. • Den Teig mit der Hand in die Form drücken – 4–5 Eßlöffel zurücklassen – und einen kleinen Rand formen. • Die Nüsse mittelgrob hacken, mit dem restlichen Teig und dem Zwetschgenwasser zu einer krümeligen Masse verarbeiten. Zugedeckt in den Kühlschrank stellen. • Die Zwetschgen halbieren und entkernen. Die Birnen schälen, achteln und entkernen. Abwechselnd eine Reihe Zwetschgen und eine Reihe Birnen kranzförmig auf den Teig legen. Die Nußmasse darüberkrümeln. • Den Kuchen auf der 2. Leiste von unten in den kalten Backofen schieben und bei 200° C 35–40 Minuten backen. Auf einem Kuchengitter abkühlen lassen, dann vorsichtig aus der Form nehmen.

• Weizen • Hirse • Mais

Apfel-Knusperschnitten

Ganz gleich, ob Sie die knusprigen Apfelschnitten zum Nachmittagskaffee oder noch warm als leckeren Nachtisch verspeisen, immer sind sie ein besonderer Genuß. Sehr praktisch finde ich sie auch fürs Picknick, weil man sie in der Fettpfanne, in der sie gebacken wurden, mitnehmen kann.

Zutaten für 1 Fettpfanne (Ofenpfanne):
150 g Weizen, fein gemahlen · je 50 g Hirse und Mais, fein gemahlen · 100 g grob geriebene Haselnüsse · 1/2 Teel. Zimtpulver · 100 g kalte Butter · 170 g Honig · 600 g säuerliche Äpfel (vorbereitet gewogen) · 300 g Quark · 2 Eier · abgeriebene Schale von 1 Zitrone (unbehandelt) · 2 Eßl. Zitronensaft · 1/4 Teel. gemahlene Vanille
Für die Form: 3/4 Eßl. Butter
Pro Stück etwa 1060 Joule / 255 Kalorien (bei 15 Stücken)

- Zubereitungszeit: 1 Stunde
- Backzeit: 35 Minuten

So wird's gemacht: Das Vollkornmehl mit den Nüssen und dem Zimt mischen. Die Butter in kleinen Flöckchen darüber verteilen. Zunächst alles mit den Knethaken der Küchenmaschine mischen, gleichzeitig 100 g Honig langsam hineinlaufen lassen. Dann alles mit zwei Löffeln oder mit den Händen zu einer gleichmäßigen krümeligen Masse verarbeiten und zugedeckt in den Kühlschrank stellen. • Die Äpfel entkernen und möglichst mit der Schale in feine Scheibchen schnitzeln. Die Fettpfanne des Backofens mit flüssiger Butter ausstreichen. Die Äpfel gleichmäßig darin verteilen, so daß der Boden ganz bedeckt ist. • Den Quark mit dem restlichen Honig und den übrigen Zutaten cremig rühren. Die Quarkcreme mit einem Löffel über die Äpfel füllen. Die gekühlte Krümelmasse darauf verteilen und etwas festdrücken. • Die Fettpfanne auf der mittleren Leiste in den kalten Backofen schieben. Den Kuchen bei 240° C etwa 35 Minuten backen, so lange, bis die Oberfläche leicht gebräunt ist. Die Apfel-Knusperschnitten in der Pfanne in passende Stücke schneiden und lauwarm oder kalt servieren.

• Weizen • Dinkel

Quarkpie als Dessert

Der geröstete Sesam gibt diesem Quarkkuchen ein besonders feines, nußartiges Aroma. Frisch gebacken schmeckt er ebenso gut als Nachtisch wie zum Nachmittagskaffee.

Zutaten für 1 runde feuerfeste Form (26 cm ∅):
100 g Sesam · je 100 g Weizen und Dinkel oder nur Weizen, zusammen fein gemahlen · 1/2 Teel. gemahlene Vanille · 50 g kalte Butter · 100 g Honig · 3 Eßl. Milch
Für den Guß: 250 g Quark · 120 g Honig · 2 Eßl. Milch · abgeriebene Schale von 1 Zitrone (unbehandelt) · 1 Eßl. Zitronensaft · 1 Ei
Für den Belag: 1 Apfel · 100 g Brombeeren
Für die Form: 1/2 Eßl. Butter
Pro Stück etwa 985 Joule / 235 Kalorien (bei 12 Stücken)

- Zubereitungszeit: 50 Minuten
- Backzeit: 45–50 Minuten

So wird's gemacht: Eine flache feuerfeste Form gründlich mit zerlassener Butter einfetten. • Den Sesam in einer trockenen Pfanne unter Umwenden goldgelb rösten und abkühlen lassen. • 3 Eßlöffel Sesam beiseitestellen, den Rest mit dem Mehl und der Vanille mischen. Die Butter in Stückchen schneiden und darüber verteilen. Mit den Händen zu feinen Flocken verreiben. Den Honig langsam hineinlaufen lassen, anschließend die Milch dazugeben, dabei fortwährend mit einer Gabel untermischen, bis eine krümelige Masse entstanden ist. 3 Eßlöffel davon mit dem zurückbehaltenen Sesam mischen und beiseitestellen. Den übrigen Teig in die Form füllen und mit einem Löffel gut zusammendrücken. • Alle Zutaten für den Quarkguß verrühren und auf dem Teigboden verteilen. Die Sesamstreusel darüberstreuen. Den Apfel schälen, vierteln und entkernen. Dann in dünne Schnitze schneiden und als Rand auf die Quarkmasse legen. Die Brombeeren in der Mitte hübsch anordnen. • Den Kuchen auf der 2. Leiste von unten in den kalten Backofen schieben und 45–50 Minuten backen. Danach auf einem Kuchengitter abkühlen lassen und in der Form servieren.

Varianten
Je nach Saison können Sie einen anderen Obstbelag wählen. Der Pie schmeckt auch mit halbreifen Stachelbeeren, Heidelbeeren oder Zwetschgen sehr gut. Besonders hübsch sieht der Kuchen aus, wenn Sie ihn mit Aprikosen und Johannisbeeren belegen.

Quark-Ölteig – ein Sonderfall

Der Quark-Ölteig ist sozusagen zwischen Mürbteig und Hefeteig angesiedelt: einerseits ist er so einfach zuzubereiten wie Mürbteig, andererseits kann man ihn genau wie Hefeteig belegen oder füllen. Deshalb folgen hier nur wenige Rezepte, weitere Anregungen finden Sie im Hefeteig-Kapitel auf Seite 41 ff.

Praktische Tips für Quark-Ölteig

• Verwenden Sie möglichst frischen Quark, sonst schmeckt das Gebäck zu säuerlich. Ist der Quark zu feucht, dann lassen Sie ihn in einem mit Filterpapier ausgelegten Kaffeefilter einige Zeit abtropfen oder drücken Sie ihn in einem porösen Baumwolltuch vorsichtig aus.
• Gebäck aus Quark-Ölteig können Sie auch einfrieren. Es hält sich im Gefriergerät etwa 3 Monate.

• Weizen

Quark-Ölteig – Grundrezept

Zutaten für 1 Backblech oder 2 Springformen (26 cm ∅):
200 g trockener Quark · 160 g Honig · 4 Eßl. Sonnenblumenöl · 2 Eigelb oder 1 ganzes Ei · 2 Messerspitzen gemahlene Vanille · 4 gestrichene Teel. Backpulver · 400 g Weizen, fein gemahlen
Insgesamt etwa 11 255 Joule / 2680 Kalorien

- Zubereitungszeit: 15 Minuten
- Ruhezeit: 30–60 Minuten

So wird's gemacht: Den Quark mit dem Honig verrühren. Das Öl, die Eigelbe oder das Ei und die Vanille dazugeben. Zum Schluß das mit dem Backpulver gemischte Mehl unterarbeiten. Den weichen Teig 30–60 Minuten zugedeckt im Kühlschrank ruhen lassen.

• Weizen

Bühler Pflaumenkuchen

Zutaten für 1 Springform (26 cm ∅):
½ Menge Quark-Ölteig nach dem obigen Grundrezept
Für den Belag: 400 g Bühler Pflaumen · 100 g Haselnüsse · 50 g Weizen, fein gemahlen · ¼ Teel. Zimtpulver · 80 g Butter · 100 g Honig · 2 Eßl. Zwetschgenwasser
Für die Form: Butter
Pro Stück etwa 1175 Joule / 280 Kalorien (bei 12 Stücken)

- Zubereitungszeit: 1 Stunde (einschließlich Teigzubereitung)
- Backzeit: 40–45 Minuten

So wird's gemacht: Den Quark-Ölteig zubereiten und kühl stellen. • Die Pflaumen waschen, entsteinen und zweimal längs einschneiden. Die Nüsse reiben und in der trockenen Pfanne kurz rösten. Das Mehl und den Zimt damit mischen. Die Butter zerlassen und mit dem Honig und dem Zwetschgenwasser unter die Nuß-Mehl-Mischung rühren. • Die Springform sorgfältig einfetten. Den gekühlten Teig kurz kneten und ausrollen. Die Springform damit auslegen und einen Rand von 2 cm hochziehen. Die Pflaumen dicht nebeneinander auf den Teig legen. Die Nußmasse über die Pflaumen verteilen. • Den Kuchen auf der 2. Leiste von unten in den kalten Backofen schieben und bei 200° C 40–45 Minuten backen. Er schmeckt am besten, wenn man ihn 1 Tag kühl durchziehen läßt und dann erst anschneidet.

• Weizen

Apfelkuchen mit Sahneguß

Zutaten für 1 Backblech:
Quark-Ölteig nach dem Grundrezept gegenüber
Für den Belag: 1400 g säuerliche Äpfel
Für den Guß: 4 Eigelb · 125 g Honig · 1/4 l süße oder saure Sahne · 2 Eßl. Rum (54%) · abgeriebene Schale von 2 Zitronen (unbehandelt) · 4 Eiweiß
Für das Blech: Butter
Pro Stück etwa 1070 Joule / 250 Kalorien (bei 20 Stücken)

- Zubereitungszeit: 75 Minuten (einschließlich Teigzubereitung)
- Backzeit: etwa 50 Minuten

So wird's gemacht: Den Quark-Ölteig zubereiten und kühl stellen. • Das Backblech einfetten. Den Teig ausrollen, das Blech damit belegen und an den Rändern etwas hochziehen. • Die Äpfel schälen, je nach Größe vierteln oder achteln und das Kernhaus herausschneiden. Den Teig dicht mit den Apfelschnitzen belegen. Den Kuchen auf der 2. Leiste von unten in den kalten Backofen schieben und bei 200° C 25 Minuten backen. • Inzwischen für den Guß die Eigelbe mit dem Honig schaumig rühren. Die Sahne, den Rum und die Zitronenschale dazugeben. Die Eiweiße steif schlagen. Die Eigelbsahne leicht unter den Eischnee heben. Den Guß auf dem vorgebackenen Kuchen verteilen und noch so lange backen (25–30 Minuten), bis die Oberfläche goldgelb ist. Den Apfelkuchen auf einem Kuchengitter etwas abkühlen lassen, dann in Rechtecke schneiden, vom Blech nehmen und auf einem Kuchengitter auskühlen lassen.

Festliche Biskuittorten

Eine lockere, hohe Biskuittorte oder eine zarte Biskuitrolle mit Vollkornmehl und Honig zu backen, ist wirklich keine Hexerei, wenn Sie sich exakt an die Rezepte in diesem Kapitel und die folgenden Tips halten.

Praktische Tips für Biskuitteig

- Das wichtigste Triebmittel beim Biskuit ist die eingerührte Luft. Sie macht den Teig locker und voluminös und läßt ihn beim Backen hoch aufgehen. Für eine zusätzliche Lockerung des Teiges sorgt auch das Wasser, mit dem die Eigelbe schaumig geschlagen werden. Zur Sicherheit kann man der Biskuitmasse noch eine kleine Menge Alkohol und eventuell eine Spur Backpulver hinzufügen, denn ein mit Vollkornmehl zubereiteter Teig ist naturgemäß schwerer und braucht mehr »Auftriebskräfte«.
- Biskuitteig gelingt am besten, wenn Sie Eigelb, Honig und Wasser mit dem Schneebesen Ihrer Küchenmaschine bei höchster Geschwindigkeit so lange schlagen, bis eine sehr dicke, mayonnaiseartige Creme entstanden ist. Das dauert eine ganze Weile – hören Sie also nicht zu früh mit dem Schlagen auf!
- Auch die Größe der Rührschüssel muß im richtigen Verhältnis zur Teigmenge stehen: In einem schmalen, hohen Gefäß läßt sich eine kleine Teigmenge leichter cremig schlagen als in einer breiten Schüssel, in der die Masse immer wieder auseinanderläuft.
- Der tadellos steife Eischnee ist für die Qualität der Biskuitmasse besonders wichtig! Er gelingt nur, wenn Schüssel und Rührbesen völlig frei von Fett- und Eigelbspuren sind. Trennen Sie also die Eier sehr sorgfältig – am besten über einer Tasse –, damit auch nicht der geringste Eigelbrest ins Eiweiß gelangt.
- Um die feinen Luftbläschen nicht zu zerstören, darf die schaumige Biskuitmasse niemals gerührt werden. Heben Sie also den Eischnee und das Mehl mit einem großen Rührlöffel sehr vorsichtig unter den Teig.
- Anschließend muß der Biskuitteig sofort gebacken werden, damit er nicht zusammenfällt. Vergessen Sie also nicht, den Backofen rechtzeitig vorzuheizen – bei Biskuitgebäck wird nach wie vor vorgeheizt! Für Biskuittorten ist eine milde Backtemperatur von ungefähr 180° C gerade richtig. Bei höherer Temperatur bekommt die Teigoberfläche eine harte Kruste und Ihre Torte geht nicht so gut auf. Dagegen wird der Teig für Biskuitrollen bei hoher Temperatur (etwa 240° C) nur wenige Minuten gebacken, damit die Biskuitplatte elastisch bleibt. Bei niedrigerer Temperatur und längerer Backzeit würde die Biskuitplatte trocken werden und beim Zusammenrollen brechen.
- Hohe Biskuitböden sollten bis zum nächsten Tag ruhen, ehe sie zum Füllen quer durchgeschnitten werden; erst dann sind sie fest genug und krümeln beim Schneiden nicht.
- Der Biskuitboden läßt sich am besten durchschneiden, wenn man den Tortenrand mit einem scharfen Messer ringsherum 1–2mal in gleichen Abständen 1 cm tief einschneidet, einen Faden in die Einschnitte legt und vorn über Kreuz zuzieht. Die einzelnen Böden werden mit dem Tortenheber oder einem Stück starken Pergamentpapier oder dünner Pappe abgehoben.
- Auch eine lockere Biskuitroulade gelingt ohne »Bruchgefahr«, wenn Sie die Biskuitplatte nach dem Backen auf ein mit Backtrennpapier belegtes Brett stürzen und unter dem Blech auskühlen lassen. Da der Dampf nicht entweichen kann, bleibt auch das erkaltete Biskuit elastisch und läßt sich ohne weiteres aufrollen.

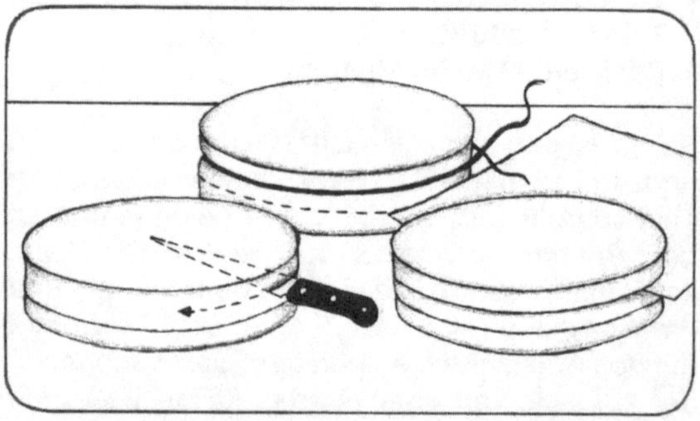

Bei Biskuitböden werden die Einschnitte mit dem Messer markiert, dann mit Faden »durchgeschnitten«.

• Schließlich sei noch daran erinnert, daß auch die Springform oder das Backblech vorbereitet sein müssen, ehe Sie mit dem Teigrühren beginnen. Fetten Sie die Springform nur am Boden ein, aber keinesfalls den Rand – so kann der Teig beim Backen nicht abrutschen und Ihre Biskuittorte geht gleichmäßig auf. Noch sicherer ist es, den Springformboden mit gefettetem Pergamentpapier oder Backtrennpapier auszulegen, dann kann gar nichts mehr festbacken.

• Weizen

Biskuitboden – Grundrezept

Zutaten für 1 Springform (26 cm ∅; hoher Tortenboden, 2 × durchzuschneiden):
5 Eigelb · 140 g Honig · 3 Eßl. lauwarmes Wasser · 2 Eßl. Vanillerum (siehe Seite 16) · 1/4 Teel. Backpulver · 180 g Weizen, fein gemahlen · 5 Eiweiß
Für die Form: Pergamentpapier und Butter oder Backtrennpapier
Insgesamt etwa 6005 Joule / 1490 Kalorien

• Zubereitungszeit: 40 Minuten
• Backzeit: etwa 50 Minuten

Zutaten für 1 Springform (26 cm ∅; hoher Tortenboden, 1 × durchzuschneiden):
4 Eigelb · 120 g Honig · 2 Eßl. lauwarmes Wasser · 1 Eßl. Vanillerum (siehe Seite 16) · 1/4 Teel. Backpulver · 150 g Weizen, fein gemahlen · 4 Eiweiß
Für die Form: Pergamentpapier und Butter oder Backtrennpapier
Insgesamt etwa 4930 Joule / 1140 Kalorien

• Zubereitungszeit: 40 Minuten
• Backzeit: etwa 40 Minuten

Zutaten für 1 Springform (26 cm ∅; niedriger Tortenboden für Obstkuchen):
3 Eigelb · 100 g Honig · 1 Eßl. lauwarmes Wasser · 1 Eßl. Vanillerum (siehe Seite 16) · 1/4 Teel. Backpulver · 130 g Weizen, fein gemahlen · 3 Eiweiß
Für die Form: Pergamentpapier und Butter oder Backtrennpapier
Insgesamt etwa 4305 Joule / 1025 Kalorien

• Zubereitungszeit: 40 Minuten
• Backzeit: etwa 30 Minuten

So wird's gemacht: Den Springformboden mit gefettetem Pergamentpapier oder Backtrennpapier belegen; den Rand nicht fetten. • Die Eigelbe, den Honig und das Wasser mit dem Schneebesen der Küchenmaschine auf höchster Stufe zu einer dicken Creme schlagen. Den Vanillerum darunterrühren. • Den Backofen auf 180° C vorheizen. Die Eiweiße sehr steif schlagen. Die Hälfte des Eischnees auf die Eigelbcreme geben, die Hälfte des mit dem Backpulver gemischten Mehls locker darüberstreuen und vorsichtig unterheben. Den restlichen Eischnee und das übrige Mehl ebenso unterziehen. • Den Teig in die Springform füllen und glattstreichen. Im vorgeheizten Backofen auf der untersten Leiste 40–50 Minuten – den niedrigen Boden 30 Minuten – backen. Bei den hohen Tortenböden eventuell nach 20 Minuten Backzeit die Oberfläche mit Pergamentpapier abdecken oder die Hitze reduzieren, damit die Böden nicht zu braun werden. Gegen Ende der Backzeit die Stäbchenprobe machen und eventuell noch einige Minuten nachbacken. • Den Kuchen 10 Minuten in der Form abkühlen lassen, dann mit einem Messer vorsichtig am Rand lösen. Den Springformrand abnehmen. Den Biskuitboden auf ein Kuchengitter stürzen und das Pergamentpapier oder das Backtrennpapier vorsichtig abziehen. • Die hohen Tortenböden erst am nächsten Tag durchschneiden und füllen.

• Weizen

Nuß- oder Mandelbiskuit – Grundrezept

Zutaten für 1 Springform (26 cm ∅; hoher Tortenboden, 1 × durchzuschneiden):
40 g Haselnüsse oder Mandeln · 130 g Weizen, fein gemahlen · 1/4 Teel. Backpulver · 4 Eigelb · 130 g Honig · 4 Eßl. lauwarmes Wasser · 1 Eßl. Vanillerum (siehe Seite 16) · 40 g Butter · 4 Eiweiß
Für die Form: Pergamentpapier und Butter oder Backtrennpapier
Insgesamt etwa 7390 Joule / 1760 Kalorien

- Zubereitungszeit: 40 Minuten
- Backzeit: 40–45 Minuten

Zutaten für 1 Springform (26 cm ∅; niedriger Tortenboden für Obstkuchen):
30 g Haselnüsse oder Mandeln · 1/4 Teel. Backpulver · 100 g Weizen, fein gemahlen · 3 Eigelb · 100 g Honig · 2 Eßl. lauwarmes Wasser · 1 Eßl. Vanillerum (siehe Seite 16) · 30 g Butter · 3 Eiweiß
Für die Form: Pergamentpapier und Butter oder Backtrennpapier
Insgesamt etwa 5525 Joule / 1315 Kalorien

- Zubereitungszeit: 40 Minuten
- Backzeit: 30 Minuten

So wird's gemacht: Den Springformboden mit gefettetem Pergamentpapier oder Backtrennpapier belegen; den Rand nicht fetten. • Die Nüsse oder die Mandeln reiben und mit dem Backpulver unter das Mehl mischen. • Die Eigelbe, den Honig und das Wasser mit dem Schneebesen der Küchenmaschine auf höchster Stufe zu einer dicken Creme schlagen. Den Vanillerum darunterrühren. • Den Backofen auf 180° C vorheizen. Die Butter bei milder Hitze zerlassen. • Die Eiweiße sehr steif schlagen. Die Hälfte des Eischnees auf die Eigelbcreme geben, die Hälfte der Nuß-Mehl-Mischung locker darüberstreuen und vorsichtig unterheben. Den restlichen Eischnee, das übrige Mehl und zuletzt die zerlassene Butter unterziehen. • Den Teig in die Springform füllen und glattstreichen. Im vorgeheizten Backofen auf der untersten Leiste etwa 40 Minuten – den niedrigen Boden 30 Minuten – backen. Die Stäbchenprobe machen und eventuell noch einige Minuten nachbacken. • Den Kuchen 10 Minuten in der Form abkühlen lassen, dann mit einem Messer vorsichtig am Rand lösen. Den Springformrand abnehmen. Den Biskuitboden auf ein Kuchengitter stürzen und das Pergamentpapier oder das Backtrennpapier vorsichtig abziehen. • Den hohen Tortenboden erst am nächsten Tag durchschneiden und füllen.

• Weizen

Schokoladenbiskuit – Grundrezept

Zutaten für 1 Springform (26 cm ∅; hoher Tortenboden, 1 × durchzuschneiden):
3 gestrichene Eßl. Kakao · 1/4 Teel. Zimtpulver · 1/4 Teel. Backpulver · 120 g Weizen, fein gemahlen · 4 Eigelb · 120 g Honig · 2 Eßl. lauwarmes Wasser · 1 Eßl. Vanillerum (siehe Seite 16) · 4 Eiweiß
Für die Form: Pergamentpapier und Butter oder Backtrennpapier
Insgesamt etwa 5420 Joule / 1290 Kalorien

- Zubereitungszeit: 40 Minuten
- Backzeit: 40–45 Minuten

So wird's gemacht: Den Boden der Springform mit gefettetem Pergamentpapier oder Backtrennpapier belegen; den Rand nicht fetten. • Den Kakao, den Zimt und das Backpulver unter das Mehl mischen. • Die Eigelbe mit dem Honig und dem Wasser mit dem Schneebesen der Küchenmaschine zu einer dicken Creme schlagen. Den Vanillerum darunterrühren. • Den Backofen auf 180° C vorheizen. Die Eiweiße sehr steif schlagen. Die Hälfte des Eischnees auf die Eigelbcreme geben, die Hälfte der Mehlmischung locker darüberstreuen und mit einem Rührlöffel vorsichtig unterheben. Den restlichen Eischnee und das übrige Mehl ebenso unterziehen. • Den Teig in die Springform füllen und glattstreichen. Im vorgeheizten Backofen auf der untersten Leiste etwa 40 Minuten backen. Die Stäbchenprobe machen und eventuell noch einige Minuten nachbacken. • Den Kuchen 10 Minuten in der Form abkühlen lassen, dann mit einem Messer vorsichtig am Rand lösen. Den Springformrand abnehmen. Den Biskuitboden auf ein Kuchengitter stürzen und das Pergamentpapier oder das Backtrennpapier vorsichtig abziehen. • Den Tortenboden erst am nächsten Tag durchschneiden und beliebig füllen.

• Weizen

Ananastorte mit Mandelcreme

Die Ananas wird in tropischen Gebieten – Hawaii, Mexiko, Australien, den Azoren, Brasilien, Jamaica und Afrika – kultiviert. Für den Export werden die Früchte im allgemeinen unreif geerntet und machen während der langen Schiffsreise eine Art Nachreife durch. Am aromatischsten sind die aus Kenia stammenden Früchte.

Für diese festliche Torte kommt es darauf an, daß die Ananas ganz ausgereift ist, denn nur reife Früchte schmecken süß und aromatisch. Man erkennt sie an ihrer dunkelorangen bis kupferroten Farbe und an ihrem köstlichen Duft. Eine Ananas läßt sich am besten bei einer Temperatur von 18° C aufbewahren.

Zutaten für 1 Torte:
1 hoher Biskuitboden, 1 × durchzuschneiden, nach dem Grundrezept (Seite 69)
Für die Füllung: 100 g süße und 6 bittere Mandeln · 200 g Doppelrahm-Frischkäse · 2 Eigelb · 50 g Honig · abgeriebene Schale von 1½ Zitronen (unbehandelt) · 3 Eßl. Zitronensaft · 3 Eßl. Vanillerum (siehe Seite 16) · 1 Ananas von 800 g
Zum Garnieren: 40 g Mandeln · 1 Teel. Butter · 150 g Sahne
Pro Stück etwa 1365 Joule / 325 Kalorien (bei 12 Stücken)

- Zubereitungszeit: 1 Stunde (ohne Biskuitboden)
- Kühlzeit: 4 Stunden

So wird's gemacht: Die Mandeln so fein wie möglich mahlen, denn nur dann wird die Creme dick genug. Den Frischkäse mit den Eigelben und dem Honig verrühren. Die Zitronenschale, den Zitronensaft, den Vanillerum und die Mandeln dazugeben. Die Creme zugedeckt in den Kühlschrank stellen. • Die Ananas wie einen Apfel achteln und den Strunk herausschneiden. Drei Achtel zugedeckt zum Garnieren beiseitestellen. Bei den übrigen Stücken die Schale mit einem scharfen Messer ablösen und das Fruchtfleisch in Scheibchen schneiden. • Den Biskuitboden einmal quer durchschneiden. Den unteren Boden mit ⅔ der Mandelcreme bestreichen. Die Ananasstücke darauf verteilen, die restliche Creme aufstreichen. Den oberen Boden auflegen. Die Torte mit einer Tortenplatte beschweren und mindestens 4 Stunden – besser über Nacht – im Kühlschrank durchziehen lassen. • Vor dem Servieren die ungeschälten Mandeln hobeln und in der Butter goldgelb rösten, dann kalt werden lassen. Die zurückbehaltene Ananas aus der Schale lösen, in Dreiecke schneiden. • Die Sahne steif schlagen, die Torte rundherum damit bestreichen. Auf der Oberseite der Torte einen etwa 3 cm breiten Rand aus Mandelblättchen streuen. Die Mitte mit den Ananasdreiecken verzieren. Gut gekühlt servieren.

Mein Tip: Süßspeisen und Tortenfüllungen, zu denen frische Ananas verwendet wird, kann man nicht mit Gelatine zubereiten, denn die frische, nicht erhitzte Frucht enthält das eiweißspaltende Ferment Bromelin. Es verhindert, daß Gelatinespeisen steif werden.

• Weizen

Quitten-Sahne-Torte

In den Herbstmonaten steht bei uns immer ein Körbchen mit goldgelben Quitten in der Diele und ihr köstlicher Duft, der ein wenig an Ananas erinnert, durchzieht das ganze Haus. Warum die Quitte zu einem »Mauerblümchen« in der Küche wurde, ist nicht so einfach zu klären. Roh sind die birnen- oder apfelförmigen Früchte zwar kaum genießbar, denn das Fruchtfleisch ist hart und körnig, doch aus den gekochten Quitten lassen sich herrliche Desserts, Torten und Konfekt zubereiten.

Weshalb man von Quitten den feinen hellen Flaum, der die Quittenschale bedeckt, nur mit einem Tuch abreiben soll, konnte mir bisher niemand erklären. Ich bürste die Früchte jedenfalls immer mit einer kleinen Bürste unter fließendem Wasser ab, ehe ich sie weiterverarbeite.

Zutaten für 1 Torte:
1 niedriger Nußbiskuitboden nach dem Grundrezept (Seite 70)
Für den Belag: 750 g Quitten · dünn abgeschälte Schale von 1 Zitrone (unbehandelt) · 2–3 Eßl. Honig · abgeriebene Schale von 1 Orange (unbehandelt) · 4 Eßl. Cointreau (Orangenlikör) · 4 Blatt weiße Gelatine · 400 g Sahne
Zum Garnieren: Quittenpaste oder Rumtopffrüchte oder 12 halbe Walnußkerne
Pro Stück etwa 1175 Joule / 280 Kalorien (bei 12 Stücken)

- Zubereitungszeit: 50 Minuten (ohne Biskuitboden)
- Garzeit: 45 Minuten
- Kühlzeit: 2 Stunden

So wird's gemacht: Die Quitten mit einem Tuch gründlich abreiben oder unter fließendem Wasser abbürsten und je nach Größe vierteln oder achteln. Die Quittenstücke mit der Zitronenschale, knapp mit Wasser bedeckt, bei milder Hitze in etwa 45 Minuten weich kochen. • Den Kochsud abgießen und anderweitig verwenden. Die Quitten durch ein Sieb streichen und das lauwarme Mus nach Geschmack mit Honig süßen. 400 g davon abwiegen und mit der Orangenschale und dem Cointreau aromatisieren. Die Gelatine 5 Minuten in kaltem Wasser einweichen, ausdrücken, bei milder Hitze unter Umrühren auflösen und unter die lauwarme Masse rühren. Das Mus zugedeckt in den Kühlschrank oder ins kalte Wasser zum Abkühlen stellen. • Inzwischen den Biskuitboden auf eine Tortenplatte legen. Den Rand der Springform mit einem Streifen Alufolie auskleiden und um den Tortenboden stellen. • 300 g Sahne steif schlagen und unter das Quittenmus heben. Die Quittensahne auf den Tortenboden füllen und glattstreichen. Mit einem Stück Alufolie verschließen und die Torte 2 Stunden in den Kühlschrank stellen. • Vor dem Servieren die restliche Sahne steif schlagen und auf jedes Tortenstück eine Rosette spritzen. Die Quittenpaste in Dreiecke schneiden oder mit kleinen Förmchen hübsche Ornamente ausstechen oder Rumtopffrüchte oder Nüsse verwenden und die Torte damit verzieren. Gut gekühlt servieren!

Quittenpaste
Quittenpaste, die schon unsere Großmütter entzückte, kann man auch mit Honig zubereiten. Das Quittenmus wird unter ständigem Rühren sehr dick und zäh eingekocht und erst dann mit Honig gesüßt. Die Fettpfanne des Backofens mit Alufolie auslegen. Das Mus 1 cm hoch hineinstreichen und auf der mittleren Leiste 3–4 Stunden bei 80° C nachtrocknen lassen. Die erkaltete Quittenpaste in Würfel schneiden und kühl aufbewahren. • Auch mit dem »dörrex«-Trockenapparat läßt sich die Quittenpaste sehr einfach trocknen: Alufolie in der Größe der Siebe zuschneiden, das Quittenmus dünn aufstreichen und trocknen. • Man kann aus der Quittenpaste ein Quitten-Marzipan-Konfekt (Rezept Seite 116) machen oder unter das dick eingekochte Mus gehackte Mandeln mischen und je nach Lust und Laune würzen – zum Beispiel mit Orangen- oder Zitronenschale, Zimt oder Delifrut, Orangen- oder Aprikosenlikör, Himbeer- oder Mira-

bellengeist. Anschließend das Mus wie oben trocknen. • Die Quittensahne schmeckt auch sehr gut als feines Dessert nach einem festlichen Essen!

• Weizen

Leichte Quark-Sahne-Torte

Zutaten für 1 Torte:
1 niedriger Nußbiskuitboden nach dem Grundrezept (Seite 70)
Für den Belag: 150 g rohe Preiselbeerkonfitüre (Rezept Seite 112) oder roh gerührte Brombeermarmelade (Rezept Seite 112) · 6 Blatt weiße Gelatine · 4 Eßl. Weißwein · 500 g Quark · 130 g Honig · 2 Eigelb · abgeriebene Schale von 1½ Zitronen (unbehandelt) · 200 g Sahne · 1 Eiweiß
Pro Stück etwa 1325 Joule / 315 Kalorien (bei 12 Stücken)

- Zubereitungszeit: 40 Minuten (ohne Biskuitboden)
- Kühlzeit: 4–12 Stunden (über Nacht)

So wird's gemacht: Den Nußbiskuitboden noch lauwarm mit der Preiselbeerkonfitüre oder der Brombeermarmelade bestreichen und 1–2 Stunden – noch besser über Nacht – durchziehen lassen. • Den Ring der Springform mit Alufolie auskleiden und um den Biskuitboden setzen. Die Gelatine in dem Wein einweichen. Den Quark mit dem Honig, den Eigelben und der Zitronenschale cremig rühren. Die Sahne und das Eiweiß getrennt steif schlagen. • Die Gelatine bei milder Hitze auflösen, mit 2 gehäuften Eßlöffeln Quarkmasse verrühren und schnell unter die ganze Quarkcreme rühren. Die Sahne und anschließend den Eischnee unterheben. Die Quarksahne auf dem Tortenboden verteilen und glattstreichen. • Die Torte mit einem Stück Alufolie abdecken – dabei aufpassen, daß die Füllung nicht berührt wird! – und mindestens 2 Stunden in den Kühlschrank stellen.

Varianten
Im Sommer schmeckt die Quarktorte mit einer Füllung aus frischem Obst (Erdbeeren, Himbeeren, Aprikosen oder Pfirsichen) ganz ausgezeichnet. • Wenn Sie es exotisch lieben, dann aromatisieren Sie die Quarkcreme einmal mit frischer, geriebener Ingwerwurzel, abgeriebener Orangenschale (unbehandelt) und ein wenig Orangenlikör. Lösen Sie die Gelatine in Orangensaft auf und garnieren Sie die Torte mit Orangen- und Kiwischeibchen.

• Weizen

Frühlingstorte

Mit ihren zarten Frühlingsfarben orange, grün und weiß paßt diese leichte Sanddorn-Cremetorte so richtig auf den Osterkaffeetisch. Aber zu jeder anderen Jahreszeit schmeckt sie natürlich genausogut.

Zutaten für 1 Torte:
1 hoher Nußbiskuitboden nach dem Grundrezept (Seite 70)
Für die Füllung: 4 Blatt weiße Gelatine · 400 g Quark · 120 g Honig · 100 g Sanddorn Vollfrucht (ungesüßt) · 3 Teel. abgeriebene Orangenschale (unbehandelt) · ¼ l Sahne · 1 Päckchen Sahnesteif
Zum Bestreuen: 1 Eßl. gehackte Pistazien
Pro Stück etwa 1240 Joule / 295 Kalorien (bei 12 Stücken)

- Zubereitungszeit: 30 Minuten (ohne Biskuitboden)
- Kühlzeit: 2 Stunden

So wird's gemacht: Den Biskuitboden einmal durchschneiden. • Die Gelatine in kaltem Wasser einweichen. Den Quark mit dem Honig cremig rühren. Den Sanddorn und die Orangenschale dazugeben. Die Gelatine aus dem Wasser nehmen und tropfnaß bei milder Hitze unter ständigem Rühren auflösen, dann unter die

Sanddorncreme rühren. • Die Sahne mit dem Sahnesteifmittel steif schlagen. 5 Eßlöffel Sahne in eine Tortenspritze füllen und in den Kühlschrank legen. Die restliche Sahne unter die Sanddorncreme heben. $^{2}/_{3}$ davon auf dem unteren Tortenboden verteilen. Den oberen Boden darauflegen, den Rand und die Oberfläche der Torte mit der übrigen Creme bestreichen. • Mit den gehackten Pistazien ein Kreuz auf die Torte streuen. In jedes Kreissegment mit der zurückbehaltenen Sahne ein Frühlings- oder Ostermotiv spritzen und den Rand der Torte mit Sahnerosetten garnieren. Eventuell noch mit wenig feingehackten Pistazien bestreuen.

• Weizen

Preiselbeer-Sahne-Torte

Zutaten für 1 Torte:
1 hoher Biskuitboden, 1 × durchzuschneiden, oder 1 Nußbiskuitboden nach den Grundrezepten (Seite 69 und 70)
Für die Füllung: 5 Blatt weiße Gelatine · 400 g Sahne · 400 g rohe Preiselbeerkonfitüre (Rezept Seite 112)
Zum Bestreuen: 2 Eßl. gehackte Pistazien
Pro Stück etwa 1090 Joule / 260 Kalorien (bei 12 Stücken)

- Zubereitungszeit: 30 Minuten (ohne Biskuitboden)
- Kühlzeit: 2 Stunden

So wird's gemacht: Den Biskuitboden einmal durchschneiden. Den Ring der Springform mit Alufolie auskleiden und um den unteren Boden setzen. • Die Gelatine in Wasser einweichen. 250 g Sahne steif schlagen. Die Gelatine tropfnaß bei milder Hitze auflösen und unter 300 g Preiselbeerkonfitüre rühren. Die steife Schlagsahne unterheben. Die Sahnecreme auf dem unteren Boden verstreichen. Den oberen Boden mit der restlichen Konfitüre bestreichen und auf die Sahnecreme legen. Die Torte mit einem Stück Alufolie abdecken und 2 Stunden in den Kühlschrank stellen. • Den Rand der Springform mit einem Messer vorsichtig lösen. Die restliche Sahne steif schlagen, den Tortenrand damit bestreichen. Die Oberfläche der Torte mit einer großen Sahnespirale bespritzen und mit den gehackten Pistazien bestreuen.

• Buchweizen

Sarazenentorte

Noch heute nennt man den Buchweizen in Frankreich »Sarasin«, denn wahrscheinlich waren es die Sarazenen, die diese Pflanze bei ihren Beutezügen aus Nepal und China – der Heimat des Buchweizens – mit nach Europa brachten. Von ihnen hat unsere Torte ihren Namen.

Zutaten für 1 Springform (26 cm ∅):
40 g Haselnüsse · 50 g entkernte Datteln · 100 g Honig · 4 Eigelb · 3 Eßl. eiskaltes kohlensäurereiches Mineralwasser · abgeriebene Schale von $^{1}/_{2}$ Zitrone (unbehandelt) · 4 Eiweiß · 120 g Buchweizen, fein gemahlen
Für die Füllung: 300 g Brombeer-Pflaumenmus (Rezept Seite 112) oder nur Pflaumenmus · 3 Eßl. Brombeergeist oder Zwetschgenwasser · 300 g Sahnequark · 50 g Honig · 50 g Haselnüsse · $1^{1}/_{2}$ Eßl. Zitronensaft · $^{1}/_{2}$ Teel. gemahlene Vanille
Für die Form: Butter
Zum Garnieren: 200 g Sahne
Pro Stück etwa 1005 Joule / 240 Kalorien (bei 12 Stücken)

- Zubereitungszeit: 70 Minuten
- Ruhezeit: 6–8 Stunden
- Backzeit: 35 Minuten
- Kühlzeit: 4–6 Stunden

So wird's gemacht: Die Nüsse für den Teig reiben, in der trockenen Pfanne unter Umwenden hellgelb rösten und abkühlen lassen. • Die Datteln feinhacken. Den Honig mit den Eigelben schaumig rühren, die Datteln gut damit verrühren. Das Mineralwasser, die Zitronenschale und die Nüsse dazugeben. • Die Springform nur am Boden einfetten. Den Backofen auf 200° C vorheizen. • Die Eiweiße zu steifem Schnee schlagen und unter die Eigelbmasse heben. Das Buchweizenmehl vorsichtig unterziehen. Den Teig in die Form füllen. Die Torte im vorgeheizten Backofen auf der 2. Leiste von unten 25 Minuten backen, weitere 10 Minuten im ausgeschalteten Herd stehenlassen. • Den Tortenboden abkühlen lassen, dann auf ein Kuchengitter stürzen und 6–8 Stunden, am besten über Nacht, ruhen lassen. • Am nächsten Tag die Torte einmal durchschneiden. Das Brombeer-Pflaumenmus mit dem Brombeergeist (oder das Pflaumenmus mit dem Zwetschgenwasser) verrühren. Die untere Platte mit der Hälfte der Marmelade bestreichen. Den Quark mit dem Honig verrühren. Die Nüsse reiben und dazugeben. Die Quarkcreme mit dem Zitronensaft und der Vanille abschmecken. • Den Nußquark auf dem mit Marmelade bestrichenen Boden gleichmäßig verteilen. Die obere Platte darauflegen und mit der restlichen Marmelade bestreichen. Die Springform über die Torte stülpen und die Torte 4–6 Stunden im Kühlschrank durchziehen lassen. • Vor dem Servieren die Sahne steif schlagen. Die Form abnehmen und den Tortenrand mit Sahne bestreichen. Aus der restlichen Sahne am äußeren Rand einen Kranz auf die Torte spritzen und im Abstand von etwa 4 cm nach innen einen weiteren Kreis. Die Mitte mit einer Sahnerosette verzieren.

• Weizen

Sahnerolle mit Erdbeeren

Zutaten für etwa 12 Stücke:
5 Eigelb · 130 g Honig · 2 Eßl. lauwarmes Wasser · abgeriebene Schale von 1 Zitrone (unbehandelt) oder 1/4 Teel. gemahlene Vanille · 5 Eiweiß · 130 g Weizen, fein gemahlen
Für die Füllung: 600 g Erdbeeren oder halb

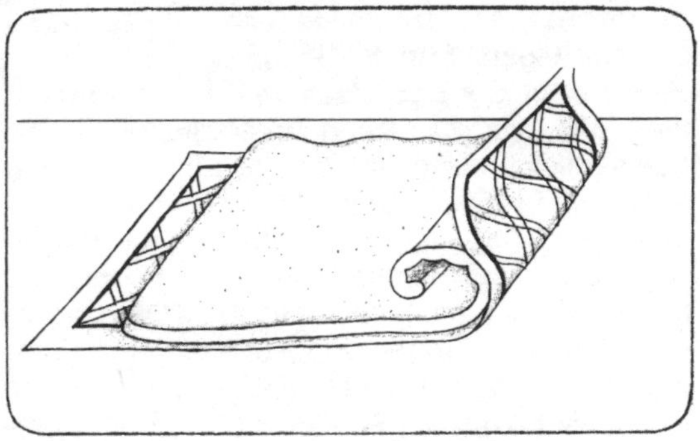

Die Biskuitplatte, nachdem die Füllung aufgestrichen wurde, mit Hilfe des untergelegten Backtrennpapiers aufrollen.

Himbeeren, halb Johannisbeeren · 400 g Sahne · 2 Päckchen Sahnesteif · 1 Eßl. Honig
Für das Blech: Backtrennpapier
Pro Stück etwa 800 Joule / 190 Kalorien

- Zubereitungszeit: 1 Stunde
- Backzeit: 8–10 Minuten
- Kühlzeit: 30–60 Minuten

So wird's gemacht: Das Blech mit Backtrennpapier auslegen. An der offenen Seite des Blechs eine Falte in das Papier knicken, so daß ein Rand entsteht. • Die Eigelbe, den Honig und das Wasser mit den Schneebesen der Küchenmaschine bei höchster Geschwindigkeit zu einer dicken Creme schlagen. Die Zitronenschale oder das Vanillepulver dazugeben. • Den Backofen auf 250° C vorheizen. Die Eiweiße sehr steif schlagen. Den Eischnee und das Mehl abwechselnd unter die Eigelbcreme heben (nicht rühren!). Die Biskuitmasse gleichmäßig auf das Blech streichen. Die Platte im vorgeheizten Backofen auf der mittleren Leiste 8–10 Minuten backen. • Inzwischen das Backbrett mit einem passenden Stück Backtrennpapier belegen. • Das Biskuit mit einem Messer vorsichtig an den Rändern lösen, auf das Brett stürzen und mit dem Blech bedeckt auskühlen lassen. • Die Erdbeeren waschen, den Blütenansatz entfernen. 6 schöne Früchte zurückbehalten, die übrigen vierteln. Die Sahne steif schlagen, dabei das Sahnesteifmittel nach Vorschrift zugeben. 3 Eßlöffel Sahne in die Tortenspritze füllen und in den Kühlschrank legen. Den Honig unter die restliche Sahne ziehen. • Das Blech vom Biskuit abnehmen und das Backtrennpapier abziehen. Die Sahne gleichmäßig auf die Biskuitplatte streichen. Die Erdbeeren darauf verteilen und leicht andrücken. Das Biskuit mit Hilfe des Backtrennpapiers von der Schmalseite her aufrollen und mit der »Naht« nach unten auf eine Platte legen. • 12 Stücke markieren und jedes mit einer Sahnerosette und einer halben Erdbeere verzieren. Die Biskuitrolle 30–60 Minuten in den Kühlschrank stellen.

• Weizen

Schokoladenrolle mit Orangencreme

Bild Seite 77

Zutaten für etwa 15 Stücke:
5 Eigelb · 130 g Honig · 3 Eßl. lauwarmes Wasser · 120 g Weizen, fein gemahlen · 35 g Kakao · 5 Eiweiß
Für die Füllung: 6 Blatt weiße Gelatine · 3 Orangen (etwa 650 g, unbehandelt) · Saft von 1/2 Zitrone · 2 Eigelb · 50 g Honig · 2 Eßl. Grand Marnier (Orangenlikör) · 1/4 l Sahne
Für das Blech: Backtrennpapier
Pro Stück etwa 780 Joule / 185 Kalorien

- Zubereitungszeit: 90 Minuten
- Backzeit: 8 Minuten
- Kühlzeit: 2 Stunden

So wird's gemacht: Das Backblech mit Backtrennpapier auslegen. An der offenen Seite des Blechs eine Falte in das Papier knicken, so daß ein Rand entsteht. • Die Eigelbe mit dem Honig und dem Wasser mit dem Schneebesen der Küchenmaschine zu einer dicken Creme schlagen. • Den Backofen auf 250° C vorheizen. Das Mehl mit dem Kakao mischen. Die Eiweiße zu sehr steifem Schnee schlagen. Den Eischnee und die Mehlmischung abwechselnd unter die Eigelbcreme heben (nicht rühren!). Die Biskuitmasse gleichmäßig auf das Blech streichen und im vorgeheizten Backofen auf der mittleren Leiste 8 Minuten backen. • Inzwischen das Backbrett mit einem passenden Stück Backtrennpapier belegen. Das Biskuit mit einem Messer vorsichtig an den Rändern lösen, auf das Brett stürzen und mit dem Backblech bedeckt auskühlen lassen. • Die Gelatine in kaltem Wasser einweichen. Die Schale der 3 Orangen abreiben. 1 Orange schälen, die weiße Haut sorgfältig entfernen, dann in Spalten teilen. Die Orangenspalten einmal längs durchschneiden, dann quer in dünne Scheibchen schneiden und zugedeckt in den Kühlschrank stellen. • Die beiden anderen Orangen auspressen, das an der Presse haftende Fruchtfleisch zum Saft geben und 150 ccm abmessen. Den Zitronensaft dazugeben. Die Gelatine aus dem Wasser nehmen und tropfnaß bei milder Hitze unter Umrühren auflösen. Den Orangensaft damit verrühren. Die Eigelbe mit dem Honig zu einer hellen, dickschaumigen Creme schlagen. Den Orangenlikör, 3 Eßlöffel Orangenschale und die Orangen-Gelatine unterrühren. Die Schüssel zum Abkühlen ins kalte Wasser stellen; ab und zu umrühren. • Die Sahne steif schlagen, die Orangencreme löffelweise darunterziehen. Die Sahnecreme eventuell noch 5–10 Minuten in den Kühlschrank stellen, aber nicht ganz fest werden lassen. • Das Blech vom Biskuit abnehmen und das Backtrennpapier abziehen. Die Orangencreme gleichmäßig auf die Biskuitplatte streichen und die Orangenscheibchen darauf verteilen. Das Biskuit von der Schmalseite her mit Hilfe des Backtrennpapiers

Mein Tip: Die Orangen-Sahnecreme läßt sich vielseitig verwenden. Sie können Mürbteigtorteletts (Rezept Seite 63) damit füllen und mit Kiwi- oder Orangenscheiben garnieren. • Sie können die Creme auch nur mit 3 Blatt Gelatine zubereiten und als Dessert oder als Orangeneis servieren – Nuß-Madeleines (Rezept Seite 102) schmecken gut dazu!

BOSCH

◁ Mürbteig eignet sich für vielerlei Obstkuchen. Sehr fein, wenn den Obstbelag, wie bei der Birnentorte Helene, noch ein raffinierter Guß veredelt. Rezept Seite 61.

aufrollen und mit der »Naht« nach unten auf eine Platte legen. Die Biskuitrolle mit Alufolie bedeckt 2 Stunden kühlen. • Mit einem in heißes Wasser getauchten scharfen Messer aufschneiden. Noch besser schmeckt die Biskuitrolle, wenn man sie bis zum nächsten Tag im Kühlschrank durchziehen läßt.

• Hirse • Weizen

Apfel-Hirsekuchen

Zutaten für 1 Springform (26 cm ∅):
4 Eigelb · 70 g Honig · 1 gestrichener Teel. Zimtpulver · abgeriebene Schale von 1 Zitrone (unbehandelt) · 250 g Äpfel · 80 g Haselnüsse · 2 Eßl. Rosinen · 80 g Hirse · 50 g Weizen · 1 gestrichener Teel. Backpulver · 4 Eiweiß
Für die Form: Butter · Vollkornmehl
Pro Stück etwa 545 Joule / 130 Kalorien (bei 12 Stücken)

- Zubereitungszeit: 50 Minuten
- Ruhezeit: 40 Minuten
- Backzeit: 1 Stunde

So wird's gemacht: Die Eigelbe mit dem Honig dem Zimt und der Zitronenschale verrühren. Die Äpfel entkernen und möglichst mit der Schale reiben. Die Nüsse reiben und die Rosinen hakken. Äpfel, Nüsse und Rosinen nacheinander unter die Eigelbmischung rühren. • Die Hirse und den Weizen fein mahlen, mit dem Backpulver mischen und unter den Teig rühren. 40 Minuten quellen lassen. • Die Springform einfetten und leicht mit Mehl bestäuben. Die Eiweiße sehr steif schlagen und unter den Teig heben. Den Teig in die Form füllen, glattstreichen und auf der untersten Leiste in den kalten Backofen schieben. Bei 180° C etwa 1 Stunde backen, weitere 10 Minuten im ausgeschalteten Backofen stehenlassen. • Den Kuchen auf einem Tortengitter abkühlen lassen, dann vorsichtig aus der Form nehmen.

• Weizen

Walnußtorte

Zutaten für 1 Springform (26 cm ∅):
200 g Walnußkerne · 100 g Haselnüsse · 30 g Weizen, fein gemahlen · 2 gestrichene Teel. Kakao · ½ Teel. Delifrut · 7 Eigelb · 220 g Honig · 7 Eiweiß
Für die Form: Butter · Pergamentpapier
Pro Stück etwa 1240 Joule / 295 Kalorien (bei 12 Stücken)

- Zubereitungszeit: 40 Minuten
- Backzeit: 50 Minuten

So wird's gemacht: Den Boden der Springform mit einem passenden Stück gefettetem Pergamentpapier auslegen. Den Rand nicht einfetten. • Die Nüsse reiben, das Mehl, den Kakao und das Delifrut damit mischen. Die Eigelbe mit dem Honig dick und schaumig schlagen. Die Hälfte der Nußmischung unterrühren. • Den Backofen auf 180° C vorheizen. Die Eiweiße sehr steif schlagen und unter den Teig heben, danach die restlichen Nüsse vorsichtig unterziehen. Den Teig in die Form füllen und glattstreichen. Im vorgeheizten Backofen auf der 2. Leiste von unten etwa 50 Minuten backen; die Oberfläche soll hellbraun sein (Stäbchenprobe machen!). • Die Torte auf einem Kuchengitter 10 Minuten abkühlen lassen. Dann den Springformrand vorsichtig abnehmen. Die Torte auf eine Platte stürzen und das Pergamentpapier abziehen.

Varianten
Die Walnußtorte schmeckt mit Schlagsahne und vielleicht noch einigen Früchten aus dem Rumtopf ganz hervorragend. Man kann sie auch zur Abwechslung zweimal durchschneiden (am nächsten Tag, nicht ganz frisch) und mit Preiselbeerkonfitüre (Rezept Seite 112) oder wie die Preiselbeer-Sahnetorte (Rezept Seite 74) mit Preiselbeersahne füllen.

• Weizen

Schwarzwälder Kirschtorte

Ich backe die Kirschtorte meistens im Winter mit Kirschen aus der Tiefkühltruhe. Sie lassen sich übrigens leichter entkernen, wenn man sie nur kurze Zeit antauen läßt.

Zutaten für 1 Springform (26 cm ∅):
5 Eigelb · 3 Eßl. Honig · 3 Eßl. eiskaltes kohlensäurereiches Mineralwasser · 1 Eßl. Rum · 120 g Haselnüsse · 6 bittere Mandeln · 2 leicht gehäufte Teel. Kakao · 1 gestrichener Teel. Zimtpulver · 5 Eiweiß · 1 gestrichener Teel. Backpulver · 120 g Weizen, fein gemahlen
Für die Füllung: 750 g Sauerkirschen (frisch oder tiefgefroren) · 6 Eßl. Kirschwasser · 6 Blatt weiße Gelatine · 600 g Sahne · 3 Eßl. Honig
Zum Garnieren: 12 Kirschen (frisch oder aus dem Rumtopf)
Für die Form: Butter
Pro Stück etwa 1385 Joule / 330 Kalorien (bei 12 Stücken)

- Zubereitungszeit für den Tortenboden: 30 Minuten
- Backzeit: 50–60 Minuten
- Ruhezeit: über Nacht
- Zubereitungszeit für die Füllung: 40 Minuten
- Kühlzeit: 2 Stunden

So wird's gemacht: Die Eigelbe mit dem Honig, dem Mineralwasser und dem Rum dick und schaumig schlagen. Die Nüsse und die Mandeln fein reiben und unter die Schaummasse rühren. Den Kakao und den Zimt dazugeben. • Den Backofen auf 180° C vorheizen. Die Springform nur am Boden einfetten. • Die Eiweiße sehr steif schlagen und unter den Teig heben. Danach das mit dem Backpulver gemischte Mehl unterziehen. Den Teig in die Form füllen und glattstreichen. Im vorgeheizten Backofen auf der 2. Leiste von unten 50 Minuten backen. 10 Minuten im ausgeschalteten Backofen stehenlassen. • Den abgekühlten Kuchen vorsichtig aus der Form nehmen und über Nacht ruhen lassen. • Am nächsten Tag die Kirschen entsteinen und auf einem Sieb gut abtropfen lassen. • Den Kuchen einmal durchschneiden. Den unteren Boden auf eine Tortenplatte legen. Den Springformrand mit Alufolie auskleiden und um den Tortenboden stellen. Den Boden mit dem Kirschwasser beträufeln. Die Gelatine 5 Minuten in kaltem Wasser einweichen. • Inzwischen 400 g Sahne steif schlagen und den Honig vorsichtig unterziehen. Die Gelatine ausdrücken, bei milder Hitze unter Umrühren auflösen und unter die Honigsahne rühren. Die Hälfte davon auf den Tortenboden streichen, mit den Kirschen belegen und die restliche Sahne darüber verteilen. Die obere Platte auflegen. Die Torte 2 Stunden im Kühlschrank kühlen. • Vor dem Servieren die restliche Sahne steif schlagen, den Rand und die Oberseite damit bestreichen. 12 Rosetten aufspritzen und jede mit einer Kirsche verzieren.

• Weizen

Rosa Grapefruittorte

Rosa Grapefruits sind süßer und milder im Geschmack als ihre gelben Verwandten. Ihr feinherbes, leicht bitteres Aroma macht diese Torte besonders erfrischend.

Zutaten für 1 Springform (26 cm ∅):
1½ Eßl. Kakao · 2 Messerspitzen Zimtpulver · knapp ¼ Teel. Backpulver · 60 g Weizen, fein gemahlen · 2 Eigelb · 60 g Honig · 1 Eßl. lauwarmes Wasser · 1 Eßl. Vanillerum (siehe Seite 16) · 2 Eiweiß
Für die Makronenmasse: 80 g süße und 4 bittere Mandeln · 2 Eiweiß · 65 g Honig
Für den Belag: 1–2 rosa Grapefruits (je nach Größe) · 3 Blatt weiße Gelatine · 2–3 Eßl. Grapefruitsaft · ¼ l Sahne · 4 Eßl. Grand Marnier (Orangenlikör) · 4 feingehackte Pistazien
Für die Form: Backtrennpapier · Butter
Pro Stück etwa 840 Joule / 200 Kalorien (bei 12 Stücken)

- Zubereitungszeit für den Tortenboden: 50 Minuten
- Backzeit: etwa 35 Minuten
- Zubereitungszeit für den Belag: 40 Minuten
- Kühlzeit: 90 Minuten

So wird's gemacht: Den Boden der Springform mit einem passenden Stück Backtrennpapier belegen, den Rand zunächst nicht einfetten. • Den Kakao, den Zimt und das Backpulver unter das Mehl mischen. Die Eigelbe mit dem Honig und dem Wasser mit dem Schneebesen der Küchenmaschine zu einer dicken Creme schlagen, den Vanillerum darunterrühren. • Den Backofen auf 200° C vorheizen. Die Eiweiße sehr steif schlagen. Den Eischnee auf die Eigelbcreme füllen. Die Mehlmischung locker darüberstreuen und vorsichtig unterheben (nicht rühren!). Den Teig in die Springform füllen und glattstreichen. Den Biskuitboden im vorgeheizten Backofen auf der 2. Leiste von unten 12–15 Minuten backen. • Inzwischen die Mandeln reiben. Die Eiweiße sehr steif schlagen, den Honig langsam hineinlaufen lassen und so lange weiterschlagen, bis eine dicke Schaummasse entstanden ist. Die Mandeln unterheben. • Die Form aus dem Backofen nehmen, den Rand leicht mit Butter einfetten. Die Makronenmasse auf dem Biskuitboden verteilen. Auf der mittleren Leiste noch etwa 20 Minuten backen, so lange, bis die Oberfläche hellbraun und fest geworden ist. • Danach den Tortenboden am Rand vorsichtig mit einem Messer lösen, den Springformrand abnehmen. Die Torte auf eine Platte stürzen, den Springformboden abnehmen und das Backtrennpapier vorsichtig abziehen. Den Tortenboden auf ein Kuchengitter stürzen und vor dem Belegen mindestens 1 Stunde auskühlen lassen. • Für den Belag die Grapefruits schälen, die weiße Innenhaut sorgfältig abziehen. Die Früchte in Spalten teilen und die weißen Innenwände entfernen. Die Grapefruitfilets mit einem scharfen Messer in 2 gleiche Hälften teilen (wie Apfelschnitze) und auf einem Sieb abtropfen lassen. • Die Gelatine in 3–4 Eßlöffeln Grapefruitsaft quellen lassen. Die Sahne steif schlagen. Die Gelatine unter Umrühren bei milder Hitze auflösen, vom Herd nehmen und den Orangenlikör darunterrühren. 1–2 Minuten abkühlen lassen und unter die Sahne heben. • 1 gehäuften Eßlöffel Sahne in die Tortenspritze füllen. Den Tortenboden mit der übrigen Sahne bestreichen. Die Grapefruitfilets kranzförmig darauf anordnen. In die Mitte eine Sahnerosette spritzen und mit den gehackten Pistazien bestreuen. Die Torte mindestens 1½ Stunden im Kühlschrank kühlen.

Varianten
Sie können die Torte auch mit Orangenschnitzen und Kiwischeiben, mit frischen Himbeeren und Pfirsichen oder mit Aprikosen belegen.

• Weizen

Mohntorte Black & White

Eine besonders edle Version für eine würzige Mohntorte: Der dunkle Mohnbiskuitboden wird mit Zimt und Nelken abgeschmeckt, und als besondere Überraschung sind unter der schneeweißen Sahnefüllung die Rumrosinen versteckt.

Zutaten für 1 Springform (26 cm ∅):
80 g Weizen, fein gemahlen · 120 g frisch gemahlener Mohn · ¾ Teel. Zimtpulver · 2 Messerspitzen gemahlene Nelken · 2 gestrichene Teel. Backpulver · 4 Eigelb · 160 g Honig · 3 Eßl. lauwarmes Wasser · 4 Eiweiß
Zum Füllen und Garnieren: 80 g dunkle kalifornische Rosinen (ungeschwefelt) · 8 Eßl. Vanillerum (siehe Seite 16) · ½ l Sahne · 1 Päckchen Sahnesteif · 2 Teel. Mohn
Für die Form: Pergamentpapier · Butter
Pro Stück etwa 1280 Joule / 305 Kalorien (bei 12 Stücken)

- Zubereitungszeit für den Tortenboden: 40 Minuten
- Backzeit: 40–45 Minuten
- Zubereitungszeit für Füllung und Garnitur: 20 Minuten
- Kühlzeit: etwa 1 Stunde

So wird's gemacht: Den Boden der Springform mit gefettetem Pergamentpapier auslegen, den Rand nicht einfetten. • Das Mehl mit dem Mohn, den Gewürzen und dem Backpulver mischen. Die Eigelbe mit dem Honig und dem Wasser mit dem Schneebesen der Küchenmaschine zu einer dicken Creme schlagen. • Den Backofen auf 180° C vorheizen. Die Eiweiße sehr steif schlagen. Die Hälfte des Eischnees auf die Eigelbcreme füllen, die Hälfte der Mehlmischung locker darüberstreuen und mit einem großen Rührlöffel vorsichtig unterheben. Den restlichen Eischnee und die übrige Mehlmischung ebenso unterziehen. • Den Teig in die Springform füllen und glattstreichen. Im vorgeheizten Backofen auf der untersten Leiste etwa 40 Minuten backen; die Stäbchenprobe machen und eventuell noch einige Minuten nachbacken. • Den Kuchen 10 Minuten in der Form abkühlen lassen, dann mit einem Messer vorsichtig am Rand lösen. Den Springformrand abnehmen. Den Biskuitboden auf ein Kuchengitter stürzen und das Pergamentpapier vorsichtig abziehen. Den Tortenboden bis zum nächsten Tag ruhen lassen. • Die Rosinen sehr fein hacken und in 4 Eßlöffeln Vanillerum zugedeckt 1–2 Stunden quellen lassen. • Den Tortenboden einmal quer durchschneiden. Die zerkleinerten Rosinen auf dem unteren Boden verstreichen – es macht nichts, wenn dabei einige Lücken bleiben. • Die Sahne mit dem Sahnefestiger steif schlagen. Den restlichen Vanillerum darunterrühren. 4–5 Eßlöffel Sahne in eine Tortenspritze füllen und in den Kühlschrank legen. • Die Hälfte der Sahne auf dem unteren Boden verstreichen. Den oberen Boden darauflegen. Die Oberfläche und den Rand der Torte mit der restlichen Sahne bestreichen. Die Torte mit den ganzen Mohnsamen bestreuen und mit der zurückbehaltenen Sahne am Rand eine Wellenlinie aufspritzen. Den Tortenrand mit Hilfe einer Gabel mit einem Muster verzieren. Die Mohntorte vor dem Servieren 1 Stunde in den Kühlschrank stellen.

Oberpfälzer Brottorte

Zutaten für 1 Springform (26 cm ∅):
125 g fein geriebene Vollkornbrösel • 150 g Rotwein • 100 g Mandeln • 5 Eigelb • 180 g Honig • 1 gestrichener Teel. Zimtpulver • 2 Messerspitzen gemahlene Nelken • 50 g Butter • 5 Eiweiß
Zum Bestreuen: 2 Eßl. gehackte Mandeln
Für die Füllung: 5 Eßl. rohe Preiselbeerkonfitüre (Rezept Seite 112)
Für die Form: Butter
Pro Stück etwa 945 Joule / 225 Kalorien (bei 12 Stücken)

- Zubereitungszeit: 40 Minuten
- Backzeit: 40–45 Minuten
- Kühlzeit: 3–4 Stunden

So wird's gemacht: Die Brösel mit dem Rotwein übergießen und 20 Minuten zugedeckt ziehen lassen. • Inzwischen den Boden der Springform mit gefettetem Pergamentpapier auslegen, den Rand nicht einfetten. Die Mandeln mahlen. • Die Eigelbe und den Honig mit dem Schneebesen der Küchenmaschine zu einer dicken Schaummasse schlagen. Den Zimt, die Nelken und die Brösel unterrühren. Die Butter bei milder Hitze zerlassen und lauwarm unterziehen. • Den Backofen auf 180° C vorheizen. Die Eiweiße sehr steif schlagen. Die Hälfte des Eischnees auf die Eigelbmasse geben, die Mandeln locker darüberstreuen und vorsichtig unterheben. Zum Schluß den restlichen Eischnee unterziehen. • Die Masse in die Springform füllen, glattstreichen und mit den gehackten Mandeln bestreuen. Die Torte im vorgeheizten Backofen auf der untersten Leiste bei 180° C 40–45 Minuten backen. • 10 Minuten auf einem Kuchengitter abkühlen lassen. Dann den Springformrand mit einem Messer lösen und abnehmen. Die Torte auf ein Kuchengitter stürzen und das Pergamentpapier vorsichtig abziehen. • Den Kuchen am nächsten Tag einmal quer durchschneiden, mit der Preiselbeerkonfitüre füllen und 3–4 Stunden kühl durchziehen lassen.

Blätterteiggebäck – hausgemacht

Blätterteig selberzumachen ist heute etwas aus der Mode gekommen. Das ist auch kein Wunder, denn es erfordert ziemlich viel Mühe und Zeit und auch einige Übung, bis er perfekt gelingt! Dafür schmeckt der »hausgemachte« auch unvergleichlich gut, weil er – anders als gekaufter Blätterteig – mit Vollkornmehl und frischer Butter zubereitet wird. Alle Hobbybäckerinnen und -bäcker, die es gerne einmal selbst probieren wollen, finden das Rezept dazu auf dieser Seite. Wer sich aber die Küchenarbeit erleichtern möchte, sollte auf tiefgefrorenen Blätterteig aus dem Reformhaus zurückgreifen, der wenigstens zu einem Teil Vollkornmehl enthält.

Beim Hefeblätterteig oder Plunderteig muß man nicht so viele Touren rollen wie beim echten Blätterteig. Auch die Zutaten sind hier weniger üppig, was unserer Gesundheit zugute kommt.

Am einfachsten ist Quarkblätterteig herzustellen: das zeitraubende Tourenrollen und Zusammenschlagen des Teiges entfällt, denn die im Quark enthaltene Milchsäure treibt den Teig auf und macht ihn blättrig.

Praktische Tips für Blätterteig

- Beim echten Blätterteig und beim Plunderteig wird die Butter durch das wiederholte Tourenrollen in dünnen Schichten zwischen den Teig eingearbeitet und treibt ihn beim Backen in die Höhe. Bereiten Sie also den Teig in einem kühlen Raum und nicht gerade während der größten Sommerhitze zu, damit die Butter sich nicht bereits während der Verarbeitung mit dem Teig verbindet, wodurch er seine blättrige Struktur verliert.
- Da Blätterteig nicht gesüßt wird, kann er sowohl für süßes als auch für salziges Gebäck verwendet werden.
- Gebäck aus Blätterteig schmeckt frisch am besten. Schon etwas abgelagertes Gebäck wird wieder knusprig, wenn Sie es im Backofen kurz aufbacken.
- Roher Blätterteig hält sich im Gefriergerät etwa 8 Monate, Blätterteiggebäck etwa 5–6 Monate.

- Weizen

Hausgemachter Blätterteig – Grundrezept

Zutaten:
250 g Weizen, fein gemahlen · 1 Eßl. Essig · 110 g kaltes Wasser
Für den Butterteig: 50 g Weizen, fein gemahlen · 200 g feste, kalte Butter
Zum Ausrollen: Backtrennpapier
Insgesamt etwa 10 500 Joule / 2500 Kalorien

- Zubereitungszeit: 90 Minuten
- Kühlzeit: 3–12 Stunden (über Nacht)

So wird's gemacht: Das Weizenmehl mit dem Essig und dem Wasser zu einem elastischen Teig verarbeiten und gründlich kneten. Zu einer Kugel formen, an der Oberfläche kreuzweise einschneiden und 1 Stunde zugedeckt im Kühlschrank ruhen lassen. • Für den Butterteig das Mehl auf die Arbeitsfläche schütten, die kalte Butter in Stückchen schneiden und darüber verteilen. Beides möglichst rasch mit kühlen Händen zu einem Teig verkneten. Den Teig etwas flachdrücken und zwischen 2 Bogen Backtrennpapier zu einem Rechteck von etwa 15×20 cm ausrollen. In Backtrennpapier einschlagen und 20 Minuten in den Kühlschrank legen. • Danach den Wasser-Mehl-Teig zu einem Rechteck von 35×22 cm ausrollen. Den Butterteig auf die linke

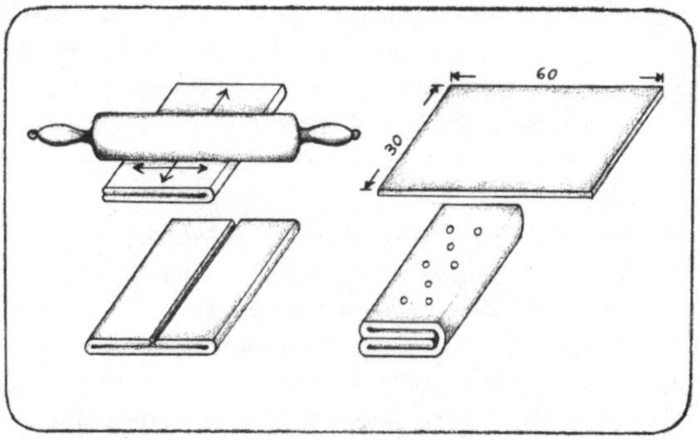

Blätterteig wird, wie in den Rezepten beschrieben, in Touren gerollt. Er darf niemals geknetet werden.

Hälfte der Teigplatte legen. Die rechte Hälfte darüberklappen. Für die einfache Tour den Teig von unten nach oben und von links nach rechts zu einem Rechteck von 30×60 cm ausrollen. Das linke Teigdrittel nach rechts umklappen und das rechte Drittel darüberschlagen. Den Teig in Alufolie gewickelt im Kühlschrank 20 Minuten ruhen lassen. • Für die doppelte Tour den Teig wiederum zu einem Rechteck von 30×60 cm ausrollen (immer von unten nach oben und von links nach rechts). Die linke und die rechte Seite nach innen umschlagen, so daß sich die Teigränder in der Mitte fast berühren. Dann die Teigplatte wie ein Buch zusammenklappen. In Alufolie gewikkelt im Kühlschrank 20 Minuten ruhen lassen. • Die einfache und die doppelte Tour noch zweimal wiederholen und den Teig zwischendurch kalt stellen. Zum Schluß den Teig in Alufolie einschlagen und mindestens 1 Stunde – noch besser über Nacht – im Kühlschrank ruhen lassen. Dann den Rezepten entsprechend weiterverarbeiten.

• Weizen

Hefeblätterteig (Plunderteig) – Grundrezept

Grundlage für den Plunderteig ist ein leichter Hefeteig, in den die Butter wie beim echten Blätterteig eingearbeitet wird. Der Hefeteig läßt sich sehr leicht verarbeiten, wenn man ihn am Vorabend zubereitet und über Nacht – doch nicht länger als 12–14 Stunden – im Kühlschrank zugedeckt ruhen läßt.

Zutaten:
Für den Hefeteig: 30 g Hefe · 1/4 l lauwarme Milch · 50 g Butter · 1 Eigelb · 1 Prise Meersalz · 450 g Weizen, fein gemahlen
Für den Butterteig: 50 g Weizen, fein gemahlen · 150 g feste, kalte Butter
Zum Ausrollen: Backtrennpapier (ersatzweise Pergamentpapier)
Insgesamt etwa 14 155 Joule / 3370 Kalorien

- Zubereitungszeit: 70 Minuten
- Kühlzeit: 14–15 Stunden (über Nacht)

So wird's gemacht: Für den Hefeteig die Hefe in der Milch auflösen. Die Butter bei milder Hitze zerlassen, vom Herd nehmen, das Eigelb und das Salz damit verrühren. Die Hefemilch und das Mehl abwechselnd unterrühren. Den weichen Teig mit der Küchenmaschine gründlich durchkneten. Über Nacht im Kühlschrank zugedeckt ruhen lassen. • Am nächsten Morgen für den Butterteig das Mehl auf die Arbeitsfläche schütten, die kalte Butter in Stückchen schneiden und darüber verteilen. Alles möglichst rasch mit kühlen Händen zu einem Teig verkneten. Den Teig etwas flachdrücken und zwischen 2 Bogen Backtrennpapier zu einem Rechteck von etwa 15×20 cm ausrollen. In Backtrennpapier einschlagen und 20 Minuten in den Kühlschrank legen. • Den Hefeteig zu einem Rechteck von 35×22 cm ausrollen. Die Butterteigplatte auf die linke Hefeteighälfte legen und die rechte Seite darüberklappen. Die Teigränder zusammendrücken und unter die Teigplatte schieben. Den Teig jeweils von links nach rechts und von unten nach oben zu einem Rechteck von etwa 30×60 cm ausrollen. Von der linken Seite 20 cm zur Mitte einschlagen und die 20 cm der rechten Seite darüberschlagen. Die Teigplatte locker in Backtrennpapier oder Alufolie einschlagen und 15–20 Minuten in den Kühlschrank legen. • Danach den Teig noch 1–2mal wie oben beschrieben ausrollen, zusammenschlagen und zwischendurch 15–20 Minuten kalt stellen. Anschließend den einzelnen Rezepten entsprechend weiterverarbeiten.

• Weizen

Damenkaprizen

Bild Seite 96

Mit diesem »kapriziösen« Gebäck überraschte schon meine Großmutter ihre Freundinnen beim Kaffeekränzchen.

Zutaten für 10–12 Stück:
Blätterteig nach dem Grundrezept (Seite 83) · 30 g Orangeat · 150 g süße und 6 bittere Mandeln · 2 Eiweiß · 80 g Honig · abgeriebene Schale von 1 Orange und 1 Zitrone (unbehandelt) · 1/4 Teel. Zimtpulver
Zum Belegen: 30–36 Mandelhälften
Pro Stück etwa 1680 Joule / 350 Kalorien

- Zubereitungszeit: 110 Minuten (einschließlich Teigzubereitung)
- Kühlzeit: 3 Stunden
- Backzeit: 25 Minuten

So wird's gemacht: Den gut gekühlten Blätterteig 3 mm dick ausrollen. 10–12 Tortelettförmchen mit kaltem Wasser ausspülen und mit dem Teig auslegen. Die Teigböden mit einer Gabel mehrmals einstechen und die Förmchen 10 Minuten in das Gefrierfach stellen. • Den Backofen auf 230° C vorheizen. Das Orangeat mit den Mandeln zusammen reiben. Die Eiweiße sehr steif schlagen, den Honig langsam hineinlaufen lassen und so lange weiterschlagen, bis eine dicke Schaummasse entstanden ist. Die Orangen- und die Zitronenschale sowie den Zimt dazugeben. Die Mandeln unterheben. • Die Masse in die Törtchen füllen, glattstreichen und mit je 3 Mandelhälften belegen. • Die Törtchen im vorgeheizten Backofen auf der untersten Leiste etwa 25 Minuten backen, etwas abkühlen lassen und vorsichtig aus den Förmchen lösen.

• Weizen

Käserosetten und Käsesterne

Zutaten für etwa 60 Stück (1 Backblech):
Hefeblätterteig nach dem Grundrezept gegenüber · 1/2 Teel. Meersalz · 100 g frisch geriebener Parmesankäse
Zum Bestreichen und Bestreuen: 1 Eigelb · 1 Eßl. Wasser · Kümmel, Mohn und Sesam
Für das Blech: Butter
Pro Stück etwa 270 Joule / 60 Kalorien

- Zubereitungszeit: 100 Minuten (einschließlich Teigzubereitung)
- Kühlzeit: 14–15 Stunden
- Backzeit: 25–30 Minuten

So wird's gemacht: Den Hefeblätterteig nach dem Grundrezept zubereiten und ruhen lassen. Das Blech einfetten. • Den gut gekühlten Hefeblätterteig zu einem Rechteck ausrollen und mit etwas Salz bestreuen. Das mittlere Teigdrittel mit der Hälfte des Käses bestreuen. Das linke Drittel nach rechts umklappen und mit dem restlichen Käse bestreuen. Das rechte Drittel darüberschlagen. Den Teig 1/2 cm dick ausrollen. • Für die Rosetten aus der einen Hälfte des Teiges mit einem gebogten Förmchen Plätzchen ausstechen und an 4 gegenüberliegenden Seiten strahlenförmig einschneiden. Das Eigelb mit dem Wasser verquirlen, die Plätzchen damit bestreichen (die Einschnitte nicht überstreichen), die Mitte mit Kümmel bestreuen. • Aus dem übrigen Teig Sterne ausstechen. Mit dem verquirlten Ei bestreichen und mit der bestrichenen Seite in Mohn oder Sesam drücken. Die Plätzchen dicht nebeneinander auf das Blech legen und 10 Minuten gehen lassen. Den Backofen auf 200° C vorheizen. • Das Blech auf der mittleren Leiste in den vorgeheizten Backofen schieben und die Plätzchen 25–30 Minuten backen.

• Weizen

Wiener Brød

»Wiener Brød« – so nennen die Dänen ihr mit Marzipan gefülltes Gebäck aus luftigem Hefeblätterteig. Zu Kränzen, Hufeisen oder langen Rollen geformt findet man es in den Auslagen der Bäckereien. Die Dänen lieben ihr »Wienerbrot« noch mit einem dicken, süßen Zuckerguß – doch der ist nicht nach unserem Geschmack.

Zutaten für 1 Kranzkuchen:
Hefeblätterteig nach dem Grundrezept gegenüber

Für die Füllung: 350 g Honigmarzipan (Rezept Seite 116) · 4 Eßl. Vanillerum (siehe Seite 16) · 2 Eßl. Honig · 1–2 Eiweiß
Zum Bestreichen und Bestreuen: 1 Eigelb · 2 Teel. Honig · 2 Eßl. Mandelblättchen
Für das Blech: Butter
Pro Stück etwa 1430 Joule / 340 Kalorien (bei 16 Stücken)

- Zubereitungszeit: 90 Minuten (einschließlich Teigzubereitung)
- Kühlzeit: 14–15 Stunden
- Ruhezeit: 30 Minuten
- Backzeit: 40 Minuten

So wird's gemacht: Den Hefeblätterteig nach dem Grundrezept zubereiten und ruhen lassen. • Alle Zutaten für die Füllung miteinander verrühren. Dabei so viel Eiweiß zugeben, daß sich die Masse gut verstreichen läßt. • Das Backblech einfetten. Den gut gekühlten Hefeblätterteig zu einem Rechteck von 60×40 cm ausrollen und mit der Marzipanfüllung bestreichen. Dabei an einer Längsseite einen Rand von 1 cm frei lassen. Den Teig von der gegenüberliegenden Seite her aufrollen. Die Rolle aufs Blech legen, zu einem Ring formen, dabei die Enden etwas ineinanderschieben. Den Kranzkuchen 30 Minuten gehen lassen. • Nach 20 Minuten den Backofen auf 200° C vorheizen. Das Eigelb mit dem Honig verrühren und den Kranz damit bestreichen. Die Oberfläche mit einem scharfen Messer jeweils zweimal nebeneinander etwa 2 cm tief einschneiden und die Einschnitte rundherum wiederholen. • Den Kranz mit den Mandelblättchen bestreuen und im vorgeheizten Backofen auf der untersten Leiste etwa 40 Minuten backen. Ganz frisch, aber abgekühlt, schmeckt er am besten.

Variante – Plunderschnecken
Von der Teigrolle 2 cm dicke Scheiben abschneiden. Mit dem verquirlten Eigelb bestreichen und mit gehackten Mandeln bestreuen. Auf der mittleren Leiste des Backofens bei 200° C etwa 30 Minuten backen. Nach 20 Minuten Backzeit die Schnecken nochmals mit Ei überstreichen – sie glänzen dann besonders schön.

• Weizen

Quarkblätterteig für süßes Gebäck – Grundrezept

Wie schon auf Seite 83 gesagt, ist hier das »Touren-Rollen« wie beim echten Blätterteig nicht unbedingt notwendig, denn die im Quark enthaltene Milchsäure treibt den Teig genügend in die Höhe. Quarkblätterteig hält sich gut verpackt im Kühlschrank 3–4 Tage, in der Kühltruhe 2–3 Monate. Man kann ihn also vorbereiten.

Zutaten:
250 g weiche Butter · 250 g trockener Quark · 1 Eßl. fettarmes Sojamehl · je 1 Prise gemahlener Anis und Ingwer · 250 g Weizen, fein gemahlen
Insgesamt etwa 12 700 Joule / 3025 Kalorien

- Zubereitungszeit: 15 Minuten
- Kühlzeit: 4–12 Stunden (über Nacht)

So wird's gemacht: Die Butter mit dem Quark gründlich verrühren. Das Sojamehl, die Gewürze und anschließend das Mehl unterarbeiten. Den weichen Teig mindestens 4 Stunden, noch besser über Nacht, im Kühlschrank ruhen lassen.

• Weizen

Aprikosentörtchen

Zutaten für 14–16 Stück (1 Backblech):
1 Ei · 150 g Honigmarzipan (Rezept Seite 116) · abgeriebene Schale von 1 Zitrone (unbehandelt) · 7–8 reife Aprikosen (etwa 500 g) · Quarkblätterteig für süßes Gebäck nach dem obigen Grundrezept · 1 Teel. Wasser
Zum Garnieren: 100 g Sahne · einige Johannisbeeren, Erdbeeren oder Himbeeren oder gehackte Pistazien
Für das Blech: Butter
Pro Stück etwa 1155 Joule / 275 Kalorien (bei 16 Törtchen)

- Zubereitungszeit: 1 Stunde (einschließlich Teigzubereitung
- Kühlzeit: 4–12 Stunden (über Nacht)
- Backzeit: 35 Minuten

So wird's gemacht: Den Teig zubereiten und kühlen. • Das Ei trennen. Das Marzipan mit 1/2 Eigelb und 1/2 Eiweiß sowie der Zitronenschale zu einer streichfähigen Masse verrühren. Die Aprikosen waschen, halbieren und entkernen. Das Blech einfetten. • Den gut gekühlten Teig 2–3 mm dick ausrollen. Runde Plätzchen von 8 cm ∅ ausstechen. Aus der Hälfte der Plätzchen mit einem Förmchen von etwa 5,5 cm ∅ Ringe ausstechen und mit etwas Eiweiß als Rand auf die Plätzchen kleben. Das restliche Eigelb mit dem Wasser verrühren und die Ringe damit bestreichen. • In der Mitte der Törtchen 1 Teelöffel Marzipan verstreichen und jeweils 1 Aprikosenhälfte mit der Schnittfläche nach oben hineinsetzen. Die Törtchen auf der untersten Leiste in den kalten Backofen schieben und etwa 35 Minuten backen. • Die Törtchen auf einem Kuchengitter auskühlen lassen. Vor dem Servieren die Sahne steif schlagen. In die Mitte jeder Aprikose einen dicken Sahnetupfer spritzen und mit Beeren oder Pistazien garnieren.

• Weizen

Quarkblätterteig für pikantes Gebäck – Grundrezept

Zutaten:
200 g weiche Butter · 250 g trockener Quark · 2 leicht gehäufte Eßl. Hefeflocken · 1 gestrichener Teel. Kräutersalz · je 1/4 Teel. Curry und Rosenpaprikapulver oder je 1/4 Teel. Kümmel und Koriander (mit dem Weizen durchgemahlen) · 250 g Weizen, fein gemahlen
Insgesamt etwa 12 950 Joule / 3085 Kalorien

- Zubereitungszeit: 15 Minuten
- Kühlzeit: 4–12 Stunden (über Nacht)

So wird's gemacht: Die Butter mit dem Quark gründlich verrühren. Die Hefeflocken, das Salz und die Gewürze dazugeben. Zum Schluß das Weizenmehl unterarbeiten. Den weichen Teig mindestens 4 Stunden, besser über Nacht, zugedeckt im Kühlschrank ruhen lassen.

• Weizen

Camembertkissen

Zutaten für etwa 40 Stück:
Quarkblätterteig für pikantes Gebäck nach dem nebenstehenden Grundrezept
Für die Füllung: 250 g weicher, reifer Camembert (50% Fett i. Tr.) · 5 Eßl. Sahne · 1 Ei · 50 g geriebene Haselnüsse · 1/2 Teel. Kurkuma · 3/4 Teel. Schabziegerklee
Zum Bestreichen: 1 Eiweiß · 1 Eigelb · 1 Eßl. Wasser
Für das Blech: Butter
Pro Stück etwa 145 Joule / 35 Kalorien

- Zubereitungszeit: 75 Minuten (einschließlich Teigzubereitung)
- Kühlzeit: 4–12 Stunden (über Nacht)
- Backzeit: 40–45 Minuten

So wird's gemacht: Den Teig zubereiten und kühlen. • Für die Füllung den Camembert mit dem Mixer fein zerkleinern. Zuerst die Sahne, dann das Ei und die Haselnüsse mit dem Käse verrühren. Mit den Gewürzen kräftig abschmekken. • Das Blech einfetten. Den gut gekühlten Teig 3 mm dick ausrollen und in Rechtecke von 9×6 cm schneiden. Die Ränder mit Eiweiß bestreichen. Auf das untere Drittel jedes Rechtecks 1 Teelöffel Käsecreme geben und die Rechtecke zusammenklappen. Die Teigränder mit einer Gabel fest zusammendrücken. • Das Eigelb mit dem Wasser verquirlen und die Oberseite der Kissen damit bestreichen. Die Käsekissen auf der mittleren Leiste in den kalten Backofen schieben und bei 200° C in etwa 40 Minuten goldgelb und knusprig backen.

Schnelles aus Brandteig

Wenn sich überraschend Besuch angesagt hat, dann sind luftige, lockere Windbeutel, mit Schlagsahne und ein paar Früchten gefüllt, immer meine letzte Rettung: sie sind sozusagen im Handumdrehen gerührt und gebacken und schmecken frisch am allerbesten.

Praktische Tips für Brandteig

• Wie schon der Name sagt, werden beim Brandteig die Grundzutaten Wasser oder Milch, Fett und Mehl zuerst im Kochtopf »abgebrannt«, ehe die Eier einzeln eingerührt werden und der Teig im Ofen gebacken wird.
• Brandteig muß immer im vorgeheizten Ofen gebacken werden. Öffnen Sie während der ersten 20 Minuten Backzeit auf keinen Fall die Backofentür, sonst fällt das Gebäck zusammen.
• Schneiden Sie die Gebäckstücke sofort nach dem Backen mit einer Schere oder einem scharfen, spitzen Messer auf, damit sie ausdampfen können.
• Da der Teig weder gesüßt noch gesalzen ist, können Sie Gebäck aus Brandteig ganz nach Belieben süß oder pikant füllen.
• Brandteiggebäck hält sich im Gefriergerät etwa 5 Monate. Schneiden Sie die Gebäckstücke ebenfalls gleich nach dem Backen durch und frieren Sie sie ohne Füllung ein. Das Auftauen dauert bei Zimmertemperatur etwa 30 Minuten.

• Weizen

Windbeutel und Eclairs

Zutaten für etwa 16 Stück:
1/4 l Wasser · 70 g Butter · 150 g Weizen, fein gemahlen · 4 mittelgroße Eier (insgesamt 260 g)
Für das Blech: Butter
Pro Stück etwa 335 Joule / 80 Kalorien

• Zubereitungszeit: 30 Minuten
• Backzeit: 30 Minuten

So wird's gemacht: Das Wasser mit der Butter in einem kleinen Topf aufkochen. Das Mehl auf einmal in die kochende Flüssigkeit schütten und mit einem Holzlöffel tüchtig rühren, bis sich der Teig als glatter Kloß vom Topf löst und sich am Topfboden eine dünne weiße Haut bildet. Den Topf vom Herd nehmen und die Masse etwas abkühlen lassen. • Mit dem Rührlöffel oder mit den Knethaken der Küchenmaschine die Eier

Für den Brandteig wird das Mehl auf einmal in die kochende Flüssigkeit geschüttet und kräftig gerührt.

einzeln nacheinander unter den Teig rühren. Wenn Sie größere Eier verwenden, vom letzten Ei nur so viel unterrühren, daß der Teig goldgelb glänzt und in langen Spitzen vom Rührlöffel abreißt; zu flüssiger Teig läuft beim Backen breit. • Das Blech gründlich einfetten. Den Backofen auf 220° C vorheizen. • Für Windbeutel gut walnußgroße Teighäufchen nicht zu dicht auf das Blech setzen oder spritzen. Für Eclairs mit dem Spritzbeutel Streifen auf das Backblech spritzen. • Falls vom letzten Ei noch ein Rest übrig ist, diesen mit 1 Teelöffel Wasser verrühren und das Gebäck vorsichtig damit bestreichen. Die Windbeutel oder Eclairs im vorgeheizten Backofen auf der mittleren Leiste 30 Minuten backen. • Das Gebäck sofort nach dem Backen mit einem spitzen, scharfen Messer waagerecht durchschneiden und auf dem Kuchengitter auskühlen lassen. Anschließend mit einer süßen oder pikanten Creme nach den folgenden Vorschlägen füllen.

Süße Füllungen für Windbeutel und Eclairs

Windbeutel und Eclairs sind ein »schnelles« Gebäck zum Tee oder Kaffee, auch in unserer Vollkorn-Backstube. Wenn Sie einen Vorrat im Gefriergerät bereithalten und nur eine der folgenden süßen Füllungen zubereiten müssen, geht es noch rascher. Unvorhergesehene Gäste werden überrascht sein und sicher begeistert zugreifen.

Schokoladensahne mit Rumrosinen

Zutaten:
2 Eßl. dunkle kalifornische Rosinen (ungeschwefelt) · 2 Eßl. Vanillerum (siehe Seite 16) · $^1/_4$ l Sahne · 2 Teel. Honig · $1^1/_2$ Teel. Kakao · 1 Prise Zimtpulver
Insgesamt etwa 3400 Joule / 810 Kalorien

- Zubereitungszeit: 15 Minuten
- Marinierzeit: 20 Minuten

So wird's gemacht: Die Rosinen kleinhacken und 20 Minuten in dem Rum ziehen lassen. • Die Sahne steif schlagen. Den Honig, den Kakao und den Zimt unterziehen, zuletzt die Rosinen unter die Creme heben. • Die Windbeutel oder Eclairs mit der Creme füllen und mit etwas Kakaopulver bestäuben.

Mokkasahne

Zutaten:
$^1/_4$ l Sahne · 1 Eßl. Rum · 2 Teel. Honig · 1 gestrichener Teel. Instant-Kaffeepulver
Insgesamt etwa 2940 Joule / 700 Kalorien

- Zubereitungszeit: 15 Minuten

So wird's gemacht: Die Sahne steif schlagen. Den Rum mit dem Honig und dem Pulverkaffee verrühren und unter die Sahne ziehen.

Himbeersahne

Zutaten:
$^1/_4$ l Sahne · 1 Eßl. Honig · 1 Gläschen Himbeergeist (2 cl) · 200 g frische Himbeeren
Insgesamt etwa 3485 Joule / 830 Kalorien

- Zubereitungszeit: 15 Minuten

So wird's gemacht: Die Sahne steif schlagen. Den Honig und den Himbeergeist unterrühren, dann die Himbeeren darunterheben.

Zitronencreme

Zutaten:
200 g Quark · 2 Eßl. Honig · abgeriebene Schale von 1 großen Zitrone (unbehandelt) · 4 Teel. Zitronensaft · 200 g Sahne
Insgesamt etwa 4010 Joule / 955 Kalorien

- Zubereitungszeit: 20 Minuten

So wird's gemacht: Den Quark mit dem Honig, der Zitronenschale und dem Zitronensaft cremig rühren. Die Sahne fast steif schlagen und unter die Quarkcreme heben.

Pikante Füllungen für Windbeutel

Pikant gefüllte Windbeutel schmecken köstlich zum Wein oder auch als Imbiß zwischendurch.

Roquefort-Käsecreme

Zutaten:
125 g Sahnequark · 70 g weiche Butter · 2 Eßl. Zwetschgenwasser · 200 g Roquefortkäse · 30 g Walnüsse · Pfeffer · Kräutersalz · eventuell 2–3 Eßl. süße oder saure Sahne
Insgesamt etwa 7705 Joule / 1835 Kalorien

• Zubereitungszeit: 15 Minuten

So wird's gemacht: Den Quark mit der Butter und dem Zwetschgenwasser cremig rühren. Den Käse in kleine Stückchen schneiden, die Nüsse mahlen. Beides zur Quarkcreme geben und gut untermischen. Die Käsecreme mit frisch gemahlenem Pfeffer und Kräutersalz abschmecken. Falls die Masse zu fest ist, noch etwas Sahne unterrühren.

Quarkcreme mit Mandeln

Zutaten:
125 g Sahnequark · 100 g weiche Butter · 30 g Mandeln · 3 gestrichene Eßl. Hefeflocken · 2–3 Eßl. Crème fraîche · 1/4–1/2 Teel. Schabziegerklee · 1 gestrichener Teel. Kräutersalz
Insgesamt etwa 5060 Joule / 1205 Kalorien

• Zubereitungszeit: 15 Minuten

So wird's gemacht: Den Quark mit der Butter cremig rühren. Die Mandeln fein mahlen, mit den Hefeflocken und der Crème fraîche zur Quarkcreme geben und gut untermischen. Zum Schluß mit dem Schabziegerklee und dem Kräutersalz kräftig abschmecken.

Mein Tip: Beide Cremes eignen sich auch sehr gut zum Füllen von Cräckern und Waffeln sowie als Brotaufstrich. Lassen Sie dann die Sahne oder die Crème fraîche weg, damit die Masse streichfest wird. Besonders delikat schmeckt die Quark-Mandel-Creme auf Vollkornbrot, wenn Sie noch reichlich feingehacktes Basilikum untermischen.

Paprikasahne

Zutaten:
1/4 l Sahne · 1 Teel. Paprikamark · 2 Teel. Tomatenmark · 1 Gläschen Cognac (2 cl) · Kräutersalz · edelsüßes Paprikapulver
Insgesamt etwa 2920 Joule / 695 Kalorien

• Zubereitungszeit: 15 Minuten

So wird's gemacht: Die Sahne steif schlagen. Das Paprika-, das Tomatenmark und den Cognac verrühren, unter die Sahne ziehen. Mit Kräutersalz und Paprikapulver abschmecken.

Feine Strudel, leicht gemacht

Nicht nur in Österreich und in Süddeutschland, auch in Böhmen und der Tschechoslowakei ist der Strudel sehr beliebt. In Griechenland und in der Türkei schließlich bäckt man mit einem blättrigen Teig, der unserem Strudelteig sehr ähnlich ist, köstliche Leckereien wie zum Beispiel die Baklava, eine mit Nüssen oder Mandeln gefüllte Pastete, die anschließend noch mit einem Sirup aus Zucker, Zitronensaft und aromatischen Gewürzen getränkt wird.

Strudelteig können Sie auf die verschiedensten Arten füllen: Äpfel, Kirschen, Zwetschgen und Aprikosen eignen sich ebenso wie Quark, Mohn oder Nüsse. Auch eine pikante Gemüse- oder Zwiebelfüllung schmeckt in Strudelteig.

Praktische Tips für Strudel

- Da Vollkornmehl weniger Stärke, dafür aber mehr Kleie enthält als Auszugsmehl, besteht die Gefahr, daß der Strudelteig beim dünnen Ausrollen leichte Risse bekommt. Das läßt sich aber vermeiden, wenn Sie einen Teil der Kleie aussieben. Bei Strudel mit saftiger Füllung wird die ausgesiebte Kleie auf den ausgerollten Teig gestreut und saugt dann die Feuchtigkeit auf.
- Am einfachsten ist es, wenn Sie den Strudel in einer rechteckigen oder ovalen feuerfesten Form backen, in der er gleich auf den Tisch gebracht werden kann. So läßt sich das Umfüllen und jede Bruchgefahr vermeiden. Strudel kann warm oder kalt serviert werden.
- Strudel läßt sich – ob gebacken oder ungebacken – gut einfrieren. Er hält sich im Gefriergerät etwa 4 Monate. Ungebackener Strudel muß vor dem Backen auftauen.

• Weizen

Strudelteig – Grundrezept 1

Zutaten:
350 g Weizen, fein gemahlen • 100 g lauwarmes Wasser • 4 Eßl. Sonnenblumenöl
Insgesamt etwa 5710 Joule / 1360 Kalorien

- Zubereitungszeit: 20 Minuten
- Ruhezeit: 30–60 Minuten

So wird's gemacht: Das Weizenmehl durchsieben und dabei 50 g Kleie zurücklassen. Das Mehl in eine Schüssel geben, in die Mitte eine Vertiefung drücken. Das Wasser und das Öl in die Mulde schütten. Alles verrühren und zu einem festen, aber elastischen Teig verkneten, 10 Minuten kräftig durcharbeiten. • Den Teig halbieren, 2 Kugeln daraus rollen und dünn mit Öl bestreichen, damit die Oberfläche nicht austrocknet. Unter einem angewärmten Topf 30–60 Minuten ruhen lassen. Dann den jeweiligen Rezepten entsprechend weiterverarbeiten.

• Weizen

Strudelteig – Grundrezept 2

Die Butter macht diesen Teig besonders zart und blättrig.

Zutaten:
350 g Weizen, fein gemahlen • 40 g Butter • 100 g lauwarmes Wasser • 1 Ei • 2 Teel. Zitronensaft • 1 Teel. Sonnenblumenöl
Insgesamt etwa 6720 Joule / 1600 Kalorien

- Zubereitungszeit: 20 Minuten
- Ruhezeit: 30 Minuten

So wird's gemacht: Das Weizenmehl durchsieben und dabei 50 g Kleie zurücklassen. Das Mehl in eine Schüssel geben, in die Mitte eine Vertiefung drücken. Die Butter in dem Wasser zergehen lassen und in die Mehlmulde schütten. Das Ei und den Zitronensaft dazugeben. Alles zu einem festen, aber elastischen Teig verkneten und 10 Minuten kräftig durcharbeiten. • Den Teig halbieren, 2 Kugeln daraus formen und dünn mit Öl bestreichen, damit die Oberfläche nicht austrocknet. Unter einem angewärmten Topf 30 Minuten ruhen lassen. Dann den jeweiligen Rezepten entsprechend weiterverarbeiten.

• Weizen

Apfelstrudel

Zutaten für 2 Strudel:
Strudelteig nach dem Grundrezept 1 oder 2 (Seite 91)
Für die Füllung: 70 g Rosinen (ungeschwefelt) · 2 Eßl. Rum · 700 g Äpfel (vorbereitet gewogen) · 40 g Butter · etwa 2 Eßl. Honig (je nach dem Säuregehalt der Äpfel) · abgeriebene Schale von 1 Zitrone (unbehandelt) · 1/2 Teel. Zimtpulver
Für die Form: Butter
Pro Strudel etwa 4890 Joule / 1165 Kalorien

- Zubereitungszeit: 70 Minuten (einschließlich Teigzubereitung)
- Ruhezeit: 30–60 Minuten
- Backzeit: 45 Minuten

So wird's gemacht: Zuerst die Rosinen mit dem Rum übergießen und zugedeckt ziehen lassen. • Anschließend den Strudelteig zubereiten. • Die Äpfel entkernen und möglichst mit der Schale grob raspeln. Eine rechteckige feuerfeste Form mit Butter einfetten. • Eine der Teigkugeln auf einem bemehlten Tuch dünn ausrollen. Die Butter zerlassen und den Teig damit bestreichen. Die Äpfel gleichmäßig darauf verteilen, die Teigränder dabei frei lassen. Die Apfelmasse mit etwas Honig beträufeln und die Hälfte der Rosinen darüberstreuen. Die Zitronenschale über die Äpfel reiben und alles mit Zimt würzen. • Den Strudel von der Längsseite her durch leichtes Anheben des Tuches locker zusammenrollen. Die Teigenden fest zusammendrücken und den Strudel mit der »Naht« nach unten vorsichtig in die Form gleiten lassen. Mit etwas flüssiger Butter bestreichen. Die andere Hälfte des Teiges ebenso füllen und zum ersten Strudel in die Form legen. • Die Strudel auf der 2. Leiste von unten in den kalten Backofen schieben und bei 220° C etwa 45 Minuten backen, so lange, bis der Teigmantel außen braun und knusprig ist.

Variante
Statt Rosinen können Sie auch getrocknete Zwetschgen nehmen: Die entsteinten Zwetschgen würfeln, mit wenig Wasser und 2 Eßlöffeln Rum 2 Stunden quellen lassen, dann über die Äpfel streuen.

• Weizen

Kirschen- oder Zwetschgenstrudel

Für den Kirschenstrudel sollten Sie möglichst späte fleischige Kirschen, also keine wäßrigen Früchte verwenden. Auch der Zwetschgenstrudel gelingt am besten, wenn Sie ihn mit gut ausgereiften Spätzwetschgen backen.

Zutaten für 2 Strudel:
Strudelteig nach dem Grundrezept 1 oder 2 (Seite 91)
Für die Füllung: 1250 g Süßkirschen oder Zwetschgen · 75 g Haselnüsse · 1 gestrichener Teel. Zimtpulver · 1 Messerspitze gemahlene Nelken · abgeriebene Schale von 1 Zitrone (unbehandelt) · 50 g Butter · 2 Eßl. Honig
Zum Garnieren: 2 Eßl. saure Sahne · 2 Eßl. Haselnüsse in Scheiben
Für die Form: Butter
Pro Strudel etwa 7385 Joule / 1720 Kalorien

- Zubereitungszeit: 70 Minuten (einschließlich Teigzubereitung)
- Ruhezeit: 30–60 Minuten
- Backzeit: 1 Stunde

So wird's gemacht: Zuerst den Strudelteig zubereiten und ruhen lassen. • Die Kirschen entkernen, in ein Sieb geben und den Saft abtropfen lassen. Oder die Zwetschgen entsteinen und in Sechstel schneiden. Die Nüsse fein reiben, mit der ausgesiebten Kleie vom Strudelteig, dem Zimt, dem Nelkenpulver und der Zitronenschale mischen. • Eine rechteckige feuerfeste Form mit Butter einfetten. • Eine der Teigkugeln auf einem bemehlten Tuch dünn ausrollen. Die Butter zerlassen und den Teig damit bestreichen. Mit der Hälfte der Nußmischung bestreuen. Die Teigränder frei lassen. Die Hälfte der Kirschen oder Zwetschgenstreifen mit etwas Abstand darauf verteilen – es macht nichts, wenn einige Zwischenräume bleiben. Den Honig darüberträufeln. • Den Strudel von der Längsseite her durch leichtes Anheben des Tuches locker zusammenrollen. Die Teigenden fest zusammendrücken und den Strudel mit der »Naht« nach unten vorsichtig in die Form gleiten lassen. Mit der Sahne bestreichen und mit den Nußscheibchen bestreuen. Die zweite Hälfte des Teiges ebenso füllen, zum ersten Strudel in die Form legen, bestreichen und bestreuen. • Die Strudel auf der 2. Leiste von unten in den kalten Backofen schieben und bei 200° C in etwa 60 Minuten braun und knusprig backen.

• Weizen

Rhabarber-Feigen-Strudel

Der Rhabarber gibt diesem Strudel eine besonders frische Note.

Zutaten für 2 Strudel:
Strudelteig nach dem Grundrezept 1
(Seite 91)
Für die Füllung: 200 g Feigen · 75 g Haselnüsse · 60 g Orangeat · 1/2 Teel. Zimtpulver · 700 g Rhabarber · 60 g Butter · 120 g Honig
Für die Form: Butter
Pro Strudel etwa 6680 Joule / 1590 Kalorien

- Zubereitungszeit: 70 Minuten (einschließlich Teigzubereitung)
- Ruhezeit: 30–60 Minuten
- Backzeit: 45 Minuten

So wird's gemacht: Zuerst den Strudelteig zubereiten und ruhen lassen. • Inzwischen die Feigen, die Nüsse und das Orangeat in der Moulinette mittelgrob hacken. Den Zimt und die ausgesiebte Kleie vom Strudelteig dazugeben. Den Rhabarber waschen, in 1 cm große Stücke schneiden – dicke Stangen vorher längs halbieren – und daruntermischen. • Eine rechteckige feuerfeste Form mit Butter einfetten. • Eine der Teigkugeln auf einem bemehlten Tuch dünn ausrollen. Die Butter zerlassen und den Teig damit bestreichen. Die Hälfte der Füllung auf dem Teig verteilen, dabei die Ränder frei lassen. Den Honig darüberträufeln. • Den Strudel von der Längsseite her durch leichtes Anheben des Tuches locker zusammenrollen. Die Teigenden fest zusammendrücken und den Strudel mit der »Naht« nach unten vorsichtig in die Form gleiten lassen. Mit etwas flüssiger Butter bestreichen. Die andere Hälfte des Teiges ebenso füllen und neben den ersten Strudel in die Form legen. • Die Strudel auf der 2. Leiste von unten in den kalten Backofen schieben und bei 220° C etwa 45 Minuten backen, so lange, bis der Teigmantel außen braun und knusprig ist.

Variante – Rhabarber-Apfel-Strudel
Hier mildern geraspelte Äpfel die Säure des Rhabarbers: 500 g kleingeschnittenen Rhabarber mit 300 g geraspelten Äpfeln, 75 g gehackten Nüssen, der ausgesiebten Kleie, 100 g dunklen Rosinen und der abgeriebenen Schale von 1 Zitrone mischen. Die Strudel damit wie oben füllen und backen.

Bunt gemischte Plätzchen

Spätestens Anfang Dezember duftet es in vielen Häusern nach Advent und Weihnachten. Selbst Hausfrauen, die wenig Zeit haben oder nicht gerne in der Küche »werkeln«, kramen alte Familienrezepte hervor, um den »bunten Teller« mit selbstgebackenen Lebkuchen, Spekulatius und Gewürzplätzchen zu füllen. Doch sollte die Weihnachtsbäckerei ein Vergnügen bleiben und nicht in Streß ausarten. Ich finde es deshalb vernünftiger, die weihnachtliche Bäckerei auf 4–5 Plätzchensorten zu beschränken. Schließlich schmecken Plätzchen auch zu anderen Jahreszeiten und die folgenden Rezepte geben Ihnen die Möglichkeit, immer wieder neue Herrlichkeiten auszuprobieren.

Praktische Tips fürs Plätzchenbacken

- Mürbteig läßt sich besser ausrollen, wenn Sie ihn einige Stunden (noch besser über Nacht) im Kühlschrank ruhen lassen. Wenn Sie nur wenig Zeit haben, stellen Sie den weichen Teig gut zugedeckt etwa 1 Stunde ins Gefriergerät. Der gekühlte Teig bleibt beim Ausrollen nicht am Brett kleben.
- Nicht immer müssen Plätzchen mit viel Arbeits- und Zeitaufwand ausgerollt, ausgestochen und kunstvoll verziert werden. Schneller geht es, wenn Sie
1. den Teig auf dem Blech ausrollen oder mit einem nassen Löffel (Teigschaber) gleichmäßig verteilen, mit Eigelb bestreichen, mit gehobelten Nüssen oder Mandeln bestreuen und nach dem Backen noch warm in Stücke schneiden.
2. den Teig zu einer Rolle formen, im Gefriergerät fest werden lassen und anschließend in Scheiben schneiden.
3. aus feuchtem Plätzchenteig kleine Häufchen aufs Blech setzen und backen.
- Auf bunten Zuckerguß und dicken Schokoladenüberzug können wir verzichten – unsere Vollkornplätzchen haben dieses Make-up gar nicht nötig! Bestreichen Sie die Plätzchen vor dem Backen mit Eigelb, das mit Milch oder Honig (ergibt einen besonders schönen Glanz!) verrührt wurde und verzieren Sie sie mit Nüssen oder Mandeln, mit Pistazien, Zitronat oder Orangeat, dann sehen sie gleich zum Anbeißen aus. Weitere Ideen finden Sie bei den folgenden Rezepten.
- Die meisten Plätzchen schmecken besser, wenn man sie einige Tage in einem gut verschlossenen Gefäß (siehe unten) durchziehen läßt, erst dann kann sich das Aroma von Gewürzen und Getreide voll entwickeln.
- Auch Weihnachtsplätzchen, die schon einige Wochen vor dem Fest gebacken werden, bewahrt man, nach Sorten getrennt, in gut verschlossenen Dosen, Gläsern oder Steingutgefäßen kühl und trocken auf. Hartes Gebäck wird nach einigen Tagen weich, wenn Sie den geöffneten Behälter an einen kühlen feuchten Platz stellen. Noch schneller geht's, wenn Sie ein feuchtes Tuch über das offene Gefäß legen und die oberste Schicht abnehmen, sobald die Plätzchen weich geworden sind.
- Die meisten Plätzchenteige können Sie auch im Waffeleisen backen. Vielleicht probieren Sie es am nächsten Backtag mit einem Teigrest einmal aus (siehe auch Rezept Seite 108).
- Wenn viele Plätzchen hintereinander gebakken werden und die Kuchengitter knapp sind, ist der »dörrex«-Trockenapparat eine nützliche Hilfe: Man legt die Plätzchen zum Abkühlen in die feinmaschigen Trockensiebe. Die Siebe können aufeinandergesetzt werden und nehmen in der Küche nicht viel Platz weg.

• Hirse • Hafer • Weizen

Dreikornplätzchen

Zutaten für 60–80 Stück (1$^1/_2$ Backbleche):
50 g Haselnüsse · 100 g weiche Butter · 120 g Honig · 3 Eßl. Milch · $^1/_4$ Teel. Zimtpulver · $^1/_4$ Teel. gemahlene Vanille · 50 g Hirse · 50 g Nackthafer · 100 g Weizen oder halb Weizen, halb Dinkel
Für das Blech: Butter
Pro Stück etwa 145 Joule / 35 Kalorien (bei 60 Stück)

Zum Bild auf Seite 95: Husarenkrapferl und Buttergebäck. Rezepte Seite 102 und 104.
◁ Bild links: Die Damenkaprizen sind ein Blätterteiggebäck aus Großmutters Kochbuch. Rezept Seite 84.

- Zubereitungszeit: 1 Stunde
- Ruhezeit: 3–4 Stunden
- Backzeit: 15–20 Minuten pro Blech

So wird's gemacht: Die Nüsse reiben, in einer trockenen Pfanne unter Umwenden leicht rösten und abkühlen lassen. • Die Butter mit dem Honig schaumig rühren. Die Milch und die Gewürze dazugeben. Das Getreide mischen und fein mahlen. Die Nüsse unter den Teig rühren, anschließend das Mehl damit verkneten. Den weichen Teig 3–4 Stunden (oder über Nacht) im Kühlschrank ruhen lassen. • Das Blech leicht einfetten. Den Teig 3 mm dick ausrollen und Quadrate ausrädeln oder beliebige Formen ausstechen. Die Plätzchen auf der mittleren Leiste in den kalten Backofen schieben und bei 180° C in 15–20 Minuten hellbraun backen.

Variante – Spitzbuben
Aus dem Teig die gleiche Anzahl Ringe und runde Plätzchen ausstechen. Die Ringe mit etwas verschlagenem Eiweiß bestreichen und mit gehackten Nüssen bestreuen. Nach dem Backen die Plätzchen mit Himbeer- oder Brombeer-Fruchtmus (Rezepte Seite 112, 116) bestreichen und die Ringe daraufsetzen.

- Weizen

Mürbe Vollkornplätzchen

Bild auf dem Einband

Dieser Grundteig läßt sich beliebig variieren. Sie können ihn ganz nach Geschmack mit gemahlener Vanille oder Zimt und Nelken oder mit Delifrut oder gemahlenem Ingwer würzen oder 30–40 g feingehacktes Zitronat und Orangeat – oder auch beides – daruntermischen. Der Essig macht den Teig mürbe – ein Trick, den schon unsere Großmütter kannten!

Zutaten für etwa 60–80 Stück (1 1/2 Backbleche):
100 g weiche Butter • 120 g Honig • 1 Eßl. Essig • 2 Eßl. Milch • 1/4 Teel. Zimtpulver • 1/4 Teel. gemahlene Vanille oder Gewürze nach Wahl • 250 g Weizen, fein gemahlen
Für die Bleche: Butter
Pro Stück etwa 105 Joule / 25 Kalorien (bei 80 Stück)

- Zubereitungszeit: 1 Stunde
- Ruhezeit 3–4 Stunden
- Backzeit: 15–20 Minuten pro Blech

So wird's gemacht: Die Butter schaumig rühren. Den Honig und den Essig untermischen. Die Milch und die Gewürze dazugeben. Zuletzt das Mehl unterarbeiten. Den weichen Teig 3–4 Stunden (oder über Nacht) im Kühlschrank ruhen lassen. • Das Blech leicht einfetten. Den Teig 3 mm dick ausrollen und beliebige Formen ausstechen oder Streifen ausrädeln. • Die Plätzchen auf der mittleren Leiste in den kalten Backofen schieben und bei 180° C in 15–20 Minuten hellbraun backen. • Die mürben Plätzchen auf einem Kuchengitter abkühlen lassen. Offen aufbewahrt werden die Plätzchen nach 2–3 Tagen weich; in einer gut schließenden Dose bleiben sie lange knusprig.

Variante – Gefüllte Vollkornplätzchen
Runde Plätzchen backen und je 2 mit einem beliebigen Fruchtmus (Rezepte Seite 112), mit Nougatcreme oder mit Honigmarzipan (Rezepte Seite 116) füllen (siehe Bild auf dem Einband).

Variante – Makronenplätzchen
Runde Plätzchen ausstechen, auf jedes ein Häufchen Kokos-Nuß-Makronenmasse (Rezept Seite 57) setzen und die Makronenplätzchen bei 180° C auf der mittleren Leiste etwa 25 Minuten backen.

Variante – Mandelsterne
Kleine Sterne ausstechen, eine dicke Rosette aus Orangenmarzipan aufspritzen und mit einem Orangeatwürfel verzieren. Die Mandelsterne auf der mittleren Leiste bei 200° C etwa 20 Minuten backen, so lange, bis das Marzipan beginnt, sich leicht zu bräunen. • Für das Orangen-Marzipan 200 g Honigmarzipan (Rezept Seite 116) mit 1 Ei-

gelb, 1 Eßlöffel Honig und der abgeriebenen Schale von 1 Orange (unbehandelt) verrühren.

Variante – Mandelkränzchen
Gezackte runde Plätzchen ausstechen, ein Kränzchen aus Orangenmarzipan (siehe oben) aufspritzen, die Mitte mit Himbeer- oder Preiselbeer-Fruchtmus (Rezept Seite 115) füllen und wie oben backen (siehe Bild auf dem Einband).

• Weizen

Nußschnecken

Bei diesen Plätzchen sieht die Unterseite nach dem Backen noch interessanter aus als die Oberseite!

Zutaten für 40–50 Stück (1 Backblech):
Mürbteig für Vollkornplätzchen (Rezept Seite 97)
Für die Füllung: 100 g dunkle kalifornische Rosinen (ungeschwefelt) · 4 Eßl. Rum · 125 g Haselnüsse · 1 kleines Ei · 1–1½ Eßl. Honig · 2 gestrichene Teel. Zimtpulver · ¼ Teel. gemahlene Nelken · ¼ Teel. Kardamom
Für das Blech: Butter
Pro Stück etwa 285 Joule / 70 Kalorien (bei 50 Nußschnecken)

- Zubereitungszeit: 90 Minuten (einschließlich Teigzubereitung)
- Ruhezeit: 6 Stunden
- Backzeit: 20 Minuten

So wird's gemacht: Zuerst den Teig zubereiten und im Kühlschrank ruhen lassen. • Für die Füllung die Rosinen sehr fein hacken, mit dem Rum mischen und zugedeckt 10–20 Minuten ziehen lassen. • Die Nüsse mahlen. Das Ei mit dem Honig und den Gewürzen verrühren, die Rosinen und die Nüsse hinzufügen. • Den Teig in 3 Teile teilen. Jedes zu einem Rechteck von 30 × 25 cm ausrollen. Die Füllung darauf verstreichen, am oberen Rand 2 cm frei lassen. Jedes Teigstück von der unteren Längsseite her aufrollen, den oberen Rand fest andrücken. Die Rollen einzeln in Alufolie wickeln und 1½–2 Stunden ins Gefriergerät legen, bis sie fest geworden sind. • Das Blech leicht einfetten. Die Rollen in ½ cm dicke Scheiben schneiden. Die Plätzchen aufs Blech legen und auf der mittleren Leiste in den kalten Backofen schieben. Bei 200° C etwa 20 Minuten backen.

• Hafer • Gerste • Weizen

Knabber-Müsliplätzchen

Wir nehmen diese knusprigen Plätzchen oft zu Wanderungen und zum Skilaufen mit. Kinder mögen sie gerne als Schulfrühstück: sie sättigen und sind doch nicht zu süß.

Zutaten für etwa 50 Stück (1 Backblech):
100 g Nackthafer · 180 g gemischte Dörrfrüchte (Birnen, entsteinte Zwetschgen, dunkle kalifornische Rosinen, Bananen) · 100 g Haselnüsse · 100 g Butter · 180 g Zuckerrübensirup (nicht raffiniert) · abgeriebene Schale von 1 Zitrone (unbehandelt) · 150 g kaltes kohlensäurereiches Mineralwasser · 100 g Nacktgerste, fein gemahlen · 100 g Weizen, fein gemahlen
Für das Blech: Butter
Pro Stück etwa 295 Joule / 70 Kalorien

- Zubereitungszeit: 1 Stunde
- Ruhezeit: 6–8 Stunden
- Backzeit: 20–25 Minuten

So wird's gemacht: Den Hafer in einer trockenen Pfanne unter Umwenden so lange rösten, bis er würzig duftet. Dann erkalten lassen und mittelgrob schroten. • Das Dörrobst mit den Nüssen zusammen in der Moulinette mittelfein hacken. • Die Butter bei milder Hitze zerlassen, den Sirup gründlich damit verrühren. Die Früchtemischung und die Zitronenschale einrühren. Anschließend nacheinander das Mineralwasser, das Haferschrot und das Mehl unterarbeiten.

Den Teig 6–8 Stunden (oder über Nacht) zugedeckt ruhen lassen. • Das Blech sorgfältig einfetten. Aus dem Teig gut kirschgroße Kugeln rollen, aufs Blech legen und mit dem Fleischklopfer zu flachen Plätzchen drücken – so entsteht ein hübsches Wabenmuster. Die Plätzchen auf der mittleren Leiste in den kalten Backofen schieben und bei 200° C in 20–25 Minuten hellbraun backen.

Varianten
Sie können auch andere Dörrfruchtmischungen ausprobieren. Gut schmecken zum Beispiel Birnen, Zwetschgen und Rosinen mit Datteln oder Feigen oder Aprikosen gemischt.

• Hirse • Weizen

Hirse-Aprikosen-Biskuits

Zutaten für 40–50 Stück (1 Backblech):
120 g weiche Butter · 150 g Honig · 2 Eier · 140 g Hirse, fein gemahlen · 50 g Weizen, fein gemahlen · 80 g Mandeln · 100 g getrocknete Aprikosen (ungeschwefelt) · abgeriebene Schale von 1 1/2 Zitronen (unbehandelt) · 5 Eßl. Zitronensaft · 2 Eßl. kaltes kohlensäurereiches Mineralwasser
Pro Stück etwa 250 Joule / 60 Kalorien (bei 50 Stück)

- Zubereitungszeit: 30 Minuten
- Ruhezeit: 2 Stunden
- Backzeit: 20–25 Minuten

So wird's gemacht: Die Butter mit dem Honig schaumig rühren. Die Eier und das Mehl dazugeben. • Die Mandeln mit den Aprikosen zusammen in der Moulinette mittelfein hacken und mit den übrigen Zutaten unter den Teig rühren. Zugedeckt 2 Stunden quellen lassen. • Anschließend mit zwei Teelöffeln kleine Teighäufchen dicht nebeneinander auf das ungefettete Blech setzen. • Die Plätzchen auf der mittleren Leiste in den kalten Backofen schieben und bei 200° C 20–25 Minuten backen; die Unterseiten sollen leicht gebräunt sein und sie sollen auch oben etwas Farbe angenommen haben.

• Weizen

Dattelhäufchen

Zutaten für etwa 70 Stück (2 Backbleche):
150 g weiche Butter · 150 g Honig · 3 Eier · 2 Eßl. Rum · abgeriebene Schale und Saft von 1 Zitrone (unbehandelt) · 150 g Haselnüsse · 200 g Datteln, ohne Stein gewogen · 350 g Weizen, fein gemahlen
Für die Bleche: Butter
Pro Stück etwa 295 Joule / 70 Kalorien

- Zubereitungszeit: 30 Minuten
- Ruhezeit: 30 Minuten
- Backzeit: 25–30 Minuten pro Blech

So wird's gemacht: Die Butter mit dem Honig, den Eiern und dem Rum verrühren. Die Zitronenschale und den Zitronensaft dazugeben. • Die Nüsse grob reiben, die Datteln in feine Streifen schneiden oder in der Moulinette zerkleinern. Alles nacheinander unter die Buttermischung rühren. Zuletzt das Mehl zufügen. Den Teig zugedeckt 30 Minuten quellen lassen. • Die Bleche einfetten. Mit 2 Teelöffeln kleine Häufchen aufs Blech setzen. Die Plätzchen auf der mittleren Leiste in den kalten Backofen schieben und bei 200° C 25–30 Minuten backen.

Varianten
Variieren Sie den Grundteig nach Ihrem eigenen Geschmack, indem Sie statt Datteln dunkle kalifornische Rosinen oder Korinthen oder Orangeat und Zitronat oder gehackte Ingwerpflaumen nehmen. Auch mit abgeriebener Orangenschale (unbehandelt) und Orangensaft, mit Zimtpulver, gemahlenen Nelken oder Delifrut können Sie würzen.

• Gerste • Weizen

Griechische Sesamstreifen

Der Sesam ist eine sehr alte Kulturpflanze. Schon vor über 4000 Jahren gewann man aus den kleinen Samenkörnern ein sehr wertvolles, schmackhaftes Öl. Wahrscheinlich wurden sie auch damals schon zum Würzen von Brot und allerlei Backwerk verwendet. Noch heute bereitet man in Südeuropa und im Orient aus den gerösteten Sesamsamen mit Honig und Gewürzen köstliche Süßigkeiten wie etwa die griechische »Halva« oder den »Türkischen Honig«. Das feine nußartige Aroma unserer Sesamstreifen entwickelt sich erst nach einigen Tagen. Bewahren Sie die Plätzchen deshalb solange in einer gut schließenden Dose auf.

Zutaten für etwa 50 Stück (1 Backblech):
150 g Sesam · 70 g weiche Butter · 150 g Honig · 1 Ei · abgeriebene Schale von 1 Zitrone (unbehandelt) · je 1/2 Teel. Zimtpulver, Kardamom und gemahlene Nelken · 50 g Gerste, fein gemahlen · 100 g Weizen, fein gemahlen
Zum Bestreuen: 1–2 Eßl. Sesam
Pro Stück etwa 210 Joule / 50 Kalorien

- Zubereitungszeit: 45 Minuten
- Ruhezeit: 30 Minuten
- Backzeit: 15–20 Minuten

So wird's gemacht: Den Sesam in einer trockenen Pfanne unter Umwenden goldgelb rösten und abkühlen lassen. • Die Butter schaumig rühren. Den Honig, das Ei, die Zitronenschale und die Gewürze dazugeben. Den Sesam und zuletzt das Mehl unterrühren. Den weichen Teig 30 Minuten zugedeckt bei Zimmertemperatur ruhen lassen. • Die Masse mit dem nassen Teigschaber 1/2 cm dick auf das ungefettete Blech streichen. Mit ungeröstetem Sesam bestreuen und die Samen fest andrücken. Die Teigplatte auf der mittleren Leiste in den kalten Backofen schieben und bei 180° C in 15–20 Minuten hell backen. Noch warm in etwa 2 × 5 cm große Streifen schneiden.

• Weizen • Buchweizen

Quarkplätzchen

Der mürbe Teig eignet sich auch gut als Boden für einen Obstkuchen.

Zutaten für etwa 80 Stück (1 Backblech):
100 g Quark · 80 g Honig · 80 g weiche Butter · 50 g Zuckerrübensirup (nicht raffiniert) · 1 Eßl. Zitronensaft · 1 gestrichener Teel. Zimtpulver · 1/2 Teel. Delifrut · 200 g Weizen, fein gemahlen · 80 g Buchweizen oder Dinkel, fein gemahlen
Für das Blech: Butter
Pro Stück etwa 105 Joule / 25 Kalorien

- Zubereitungszeit: 35 Minuten
- Ruhezeit: 2 Stunden
- Backzeit: 15–20 Minuten

So wird's gemacht: Den Quark mit dem Honig verrühren. Die Butter, den Zuckerrübensirup, den Zitronensaft und die Gewürze dazugeben. Zuletzt das Mehl unterarbeiten. Den Teig 2 Stunden im Kühlschrank ruhen lassen. • Das Blech einfetten. Den Teig 3–4 mm dick ausrollen und Vierecke ausrädeln. Die Plätzchen dicht nebeneinander auf das Blech legen, auf der mittleren Leiste in den kalten Backofen schieben und bei 180° C 15–20 Minuten backen.

• Mais • Weizen

Kokosberge

Zutaten für etwa 80 Stück (1 1/2 Backbleche):
150 g Korinthen · 3 Eßl. Rum · 50 g Butter · 100 g Kokosflocken · 200 g Honig · 3 Eier · abgeriebene Schale von 1 Orange (unbehandelt) · 5 Eßl. Orangensaft · 1 gestrichener Teel. Zimtpulver · 2 gestrichene Teel. Backpulver · 50 g Mais, fein gemahlen · 220 g Weizen, fein gemahlen
Für die Bleche: Butter
Pro Stück etwa 145 Joule / 35 Kalorien

- Zubereitungszeit: 50 Minuten
- Ruhezeit: 20–30 Minuten
- Backzeit: 20–25 Minuten pro Blech

So wird's gemacht: Die Korinthen in dem Rum 30 Minuten zugedeckt ziehen lassen. • Inzwischen die Butter bei milder Hitze schmelzen. Die Kokosflocken in einer trockenen Pfanne unter Umwenden goldgelb rösten und abkühlen lassen; 2 Eßlöffel davon zum Bestreuen beiseitestellen. • Den Honig mit den Eiern verrühren, die lauwarme Butter, die Orangenschale, den Orangensaft und den Zimt dazugeben. Die Kokosflokken, die Rum-Korinthen und anschließend das mit dem Backpulver gemischte Mehl unterrühren. Den Teig zugedeckt 20–30 Minuten ruhen lassen. • Die Bleche einfetten. Mit zwei Teelöffeln kleine »Berge« aufs Blech setzen und mit den zurückbehaltenen Kokosflocken bestreuen. • Die Plätzchen auf der mittleren Leiste in den kalten Backofen schieben und bei 200° C 20–25 Minuten backen, bis sie etwas Farbe angenommen haben.

• Weizen

Orangen-Teegebäck

Zutaten für etwa 40 Stück (1 Backblech):
100 g weiche Butter · 150 g Honig · 1 Ei · abgeriebene Schale von 1 großen Orange (unbehandelt) · Saft von 1/2 Orange · 60 g Mandeln · 200 g Weizen, fein gemahlen
Pro Stück etwa 250 Joule / 60 Kalorien

- Zubereitungszeit: 30 Minuten
- Ruhezeit: 4 Stunden
- Backzeit: 20–25 Minuten

So wird's gemacht: Die Butter mit dem Honig und dem Ei schaumig rühren. Die Orangenschale und den -saft dazugeben. Die Mandeln reiben und untermengen. Zuletzt das Mehl darunterarbeiten. Den weichen Teig 3–4 Stunden (oder über Nacht) zugedeckt im Kühlschrank ruhen lassen. • Aus dem Teig dann eine 5 cm dicke Rolle formen, in Alufolie wickeln und 40 Minuten ins Gefriergerät legen. • Von der Teigrolle 2–3 mm dicke Scheiben abschneiden und auf das ungefettete Blech legen. Die Plätzchen auf der mittleren Leiste in den kalten Backofen schieben und bei 180° C etwa 20–25 Minuten backen.

Mein Tip: Wenn Sie abgeriebene Zitronen- oder Orangenschale brauchen, sollten Sie unbedingt Früchte mit unbehandelter Schale kaufen. Wenn Abgeriebenes übrig bleibt, konserviere ich es in Honig. Es hält sich im Kühlschrank fast unbegrenzt.

• Reis

Ehestandsplättchen

Mit diesem feinen Mandelgebäck versüßte die holsteinische Ehefrau vor 150 Jahren ihrem Gemahl das »Ehejoch«. Ich fand das leckere Rezept in dem preisgekrönten »Kochbuch für die Holsteinische Küche« von Johanna Kuss (erschienen um 1840). In dem Kapitel über »Plättchen und anderes kleines Gebackenes« ist zu lesen, wie mühsam und umständlich das Plätzchenbacken früher war: »Plättchen backt man am Besten auf Platten im Ofen; thunlich ist es auch, sie in einer Tortenpfanne zu backen, doch dann müssen nicht zu viele und recht ebene Kohlen unter die Pfanne gelegt werden, und diese muß heiß sein, wenn man die Plättchen einlegt; auch muß ein platter Deckel mit Kohlen oben auf liegen. Um kleine Formen in einer Tortenpfanne zu backen, muß man trockenen Sand unterlegen und diesen mit durchlöchertem Papier bedekken. Den gehörigen Grad der Ofenhitze erprobt man, indem man ein Blatt dünnes Papier in die Mitte des Ofens legt. Wird das Papier sogleich gelb oder braun, so ist der Ofen noch zu heiß, läuft es aber krumm und wird nur langsam gelb, so hat der Ofen die rechte Hitze, bei der die meisten Sachen gebacken werden können.«

Zutaten für etwa 60 Stück (1 1/2 Backbleche):
5 Eiweiß · 170 g Honig · 1/2 Teel. Kakao · 1/2 Teel. Zimtpulver · 1 gute Prise gemahlene Nelken · abgeriebene Schale von 1 Zitrone (unbehandelt) · 2 Eßl. Rum · 50 g Orangeat · 50 g Zitronat · 200 g süße und 10 bittere Mandeln · 75 g Naturreis (Rundkorn), fein gemahlen · 60 Oblaten von 4 cm ∅
Pro Stück etwa 170 Joule / 40 Kalorien

- Zubereitungszeit: 40 Minuten
- Ruhezeit: über Nacht
- Backzeit: 25 Minuten

So wird's gemacht: Die Eiweiße mit dem Honig etwa 20 Minuten gründlich verrühren, bis sich eine homogene Masse gebildet hat. • Den Kakao, die Gewürze, die Zitronenschale und den Rum dazugeben. Das Orangeat und das Zitronat mit den Mandeln durch die Mandelmühle mahlen und dazugeben. Zuletzt das Reismehl unterrühren. Den Teig über Nacht zugedeckt stehenlassen. • Am nächsten Tag den Mandelteig auf kleine Oblaten streichen, auf der mittleren Leiste in den kalten Backofen schieben und bei 180° C etwa 25 Minuten backen. Die Ehestandsplättchen sollen innen noch weich sein.

• Weizen

Husarenkrapferl

Bild Seite 95

Zutaten für 35–40 Stück (1 Backblech):
160 g weiche Butter · 100 g Honig · 2 Eigelb · 1/4 Teel. gemahlene Vanille · 250 g Weizen, fein gemahlen
Zum Verzieren: 40 g Haselnüsse · 1 Eiweiß · 2–3 Eßl. Himbeer-Aprikosen-Mus (Rezept S. 115)
Für das Blech: Butter
Pro Stück etwa 295 Joule / 70 Kalorien (bei 40 Stück)

- Zubereitungszeit: 45 Minuten
- Ruhezeit: 2 Stunden
- Backzeit: 20 Minuten

So wird's gemacht: Die Butter mit dem Honig, den Eigelben und dem Vanillepulver cremig rühren. Das Mehl unterarbeiten und den Teig zugedeckt 2–3 Stunden im Kühlschrank ruhen lassen. • Das Blech leicht einfetten. Die Nüsse fein hacken. Aus dem Teig walnußgroße Kugeln formen, mit leicht verschlagenem Eiweiß bestreichen und in den Nüssen wälzen. Die Plätzchen nicht zu dicht aufs Blech setzen. Mit dem Finger eine Vertiefung eindrücken und mit dem Himbeer-Aprikosen-Mus füllen. • Die Husarenkrapferl auf der mittleren Leiste in den kalten Backofen schieben. Bei 180° C etwa 20 Minuten backen.

• Weizen

Nuß-Madeleines

Passende kleine Backförmchen für die französischen Nußküchlein gibt es in Haushaltwarengeschäften zu kaufen. Sie sind aber auch ganz einfach herzustellen: Aus doppelt gefalteter Alufolie Quadrate von 10 cm Seitenlänge schneiden und um ein kleines Glas von 4 cm ∅ drücken, so daß kleine Kapseln entstehen (siehe auch Zeichnung auf Seite 18).

Zutaten für etwa 30 Stück (3/4 Backblech):
100 g Haselnüsse · 160 g Honig · 3 Eigelb · 2 Eßl. warmes Wasser · 80 g Butter · 3 Eiweiß · 1 gestrichener Teel. Backpulver · 150 g Weizen, fein gemahlen · 1/2 Teel. Zimtpulver · 1 Eßl. Rum · 1/4 Teel. gemahlene Vanille · 1 Eßl. Grand Marnier (Orangenlikör)
Zum Garnieren: Haselnußscheibchen · Orangeatwürfel
Für die Förmchen: Butter
Pro Stück etwa 695 Joule / 165 Kalorien

- Zubereitungszeit: 50 Minuten
- Backzeit: etwa 25 Minuten

So wird's gemacht: Die Förmchen sorgfältig mit zerlassener Butter einfetten. • Die Nüsse mahlen und in der trockenen Pfanne unter häufigem Wenden leicht rösten, dann abkühlen lassen. • Den Honig, die Eigelbe und das Wasser zu einer weißschaumigen Creme rühren. Die Butter zerlassen und lauwarm unterrühren. • Die Eiweiße steif schlagen. Das mit dem Backpulver gemischte Mehl unter die Eigelbcreme ziehen. Anschließend den Eischnee und die Haselnüsse unterheben. • Den Teig halbieren. Unter die eine Hälfte den Zimt und den Rum, unter die andere das Vanillepulver und den Orangenlikör mischen. • In jedes Förmchen entweder 1 Teelöffel Zimt- oder Vanilleteig füllen und mit Haselnußscheibchen oder Orangeatwürfeln garnieren. Die gefüllten Förmchen auf ein Backblech stellen. • Die Madeleines auf der mittleren Leiste in den kalten Backofen schieben und bei 200° C etwa 20 Minuten backen. Dann aus den Förmchen nehmen und noch 5–8 Minuten backen, bis sie rundum goldgelb sind. • Die Küchlein an einem kühlen Platz 1–2 Tage durchziehen lassen.

Varianten
Wenn es Ihnen zu umständlich ist, extra Förmchen zu falten, dann setzen Sie die Teighäufchen direkt aufs gefettete Blech oder füllen Sie den Teig in eine kleine Kasten- oder Rehrückenform; dann bei 200° C etwa 35 Minuten backen. Schließlich können Sie im Waffeleisen auch feine weiche Nußwaffeln aus dem Teig backen.

• Weizen

Wiener Nußkränzchen

Die kleinen, zarten Hefekränze sehen auf dem Kaffeetisch besonders hübsch aus – und jedes übriggebliebene Stück läßt sich einfrieren, bis Sie wieder Appetit darauf haben.

Zutaten für 25–28 Stück (1 Backblech):
40 g Butter · 120 g Honig · 1 1/2 Eier · 50 g Haselnüsse · 1 Eßl. Cointreau (Orangenlikör) · abgeriebene Schale von 1 Zitrone (unbehandelt) · 1/4 Teel. gemahlene Vanille · 10 g Hefe · 1 Eßl. Milch · 125 g Weizen, fein gemahlen
Zum Bestreichen: 1/2 Ei
Für das Blech: Butter und Vollkornmehl
Pro Stück etwa 250 Joule / 60 Kalorien (bei 28 Nußkränzchen)

- Zubereitungszeit: 30 Minuten
- Ruhezeit: 3–4 Stunden
- Backzeit: 25–30 Minuten

So wird's gemacht: Die Butter schmelzen und abkühlen lassen. Den Honig mit den Eiern und der Butter verrühren. • Die Nüsse reiben und mit dem Orangenlikör, der Zitronenschale und der Vanille dazugeben. Die Hefe in der Milch auflösen und mit dem Mehl unter die Eimasse rühren. Den weichen Teig zugedeckt 3–4 Stunden im Kühlschrank ruhen lassen. • Das Blech einfetten und mit Mehl bestäuben. Mit einem kleinen Glas auf dem Blech Kreise markieren. Den Teig in die Gebäckspritze füllen und Ringe oder Rosetten auf das Blech spritzen. 20 Minuten gehen lassen. • Die Nußkränzchen auf der mittleren Leiste in den kalten Backofen schieben und bei 200° C etwa 15 Minuten backen, bis die Oberfläche fest ist. Dann vorsichtig mit dem verquirlten Ei bestreichen und weitere 10–15 Minuten backen, bis die Kränzchen hellbraun sind.

• Reis

Mokkaschäumchen

Diese zarten Plätzchen sollten unbedingt auf einem mit Backtrennpapier ausgelegten Blech gebacken werden, sonst gibt es am Ende nur Bruchstücke!

Zutaten für etwa 85 Stück (2 Backbleche):
150 g Mandeln · knapp 1/2 Teel. Kardamom · 1/2 Teel. Delifrut · 1/2 Teel. Kakao · 2 gestri-

chene Eßl. fein gemahlener Kaffee (20 g) · 50 g Naturreis (Rundkorn), fein gemahlen · 3 Eiweiß · 200 g Honig
Pro Stück etwa 105 Joule / 25 Kalorien

- Zubereitungszeit: 1 Stunde
- Backzeit: 20 Minuten

So wird's gemacht: Die Bleche mit Backtrennpapier auslegen. • Die Mandeln reiben und mit allen trockenen Zutaten mischen. Die Eiweiße sehr steif schlagen, den Honig langsam hineinlaufen lassen und so lange weiterschlagen, bis eine dicke Schaummasse entstanden ist. Die trockenen Zutaten unterziehen. • Knapp teelöffelgroße Teighäufchen im Abstand von etwa 3 cm aufs Blech setzen. Auf der mittleren Leiste in den kalten Backofen schieben und bei 180° C etwa 20 Minuten backen, bis die Plätzchen etwas Farbe angenommen haben. 3–4 Minuten abkühlen lassen, dann mit einem breiten Messer vom Blech heben.

• Weizen

Buttergebäck

Bild Seite 95

Der feine Grundteig läßt sich vielfältig variieren. Sie können damit Spritzgebäck herstellen oder Plätzchen in beliebigen Formen ausstechen. Mit Vanille und Mandeln erhalten Sie feine Vanillekipferl, mit Kakao und Zimt Schokoladenplätzchen. Wenn Sie Cashewnüsse und gehackte Ingwerpflaumen unter den Teig mischen, können Sie Indische Nußkugeln daraus formen.

Zutaten für den Grundteig (etwa 40–50 Stück):
125 g weiche Butter · 100 g Honig · 1 Eigelb · abgeriebene Schale von $^1/_2$ Zitrone (unbehandelt) · 1 Eßl. Rum (54%) · 200 g Weizen, fein gemahlen
Zum Bestreichen: 1 Eiweiß
Pro Stück etwa 170 Joule / 40 Kalorien (bei 50 Stück)

- Zubereitungszeit: 1 Stunde
- Ruhezeit: 30 Minuten bis 2 Stunden, je nach Rezept

So wird's gemacht: Die Butter schaumig rühren und die übrigen Zutaten nacheinander unterrühren. Je nach Rezept weiterverarbeiten. Das Blech nicht einfetten!

Variante – Vanillekipferl
100 g geschälte Mandeln sehr fein mahlen, mit $1^1/_2$ Teelöffeln gemahlener Vanille und $^1/_2$ Eßlöffel Honig unter den Grundteig mischen. Den Teig zugedeckt 1 Stunde im Kühlschrank ruhen lassen. • Walnußgroße Stücke abteilen, auf dem bemehlten Backbrett zu etwa 6 cm langen Rollen formen und zu Hörnchen biegen. Die Kipferl mit verquirltem Eiweiß bestreichen und auf der mittlerer Leiste bei 180° C 20–25 Minuten backen. • Ergibt etwa 40 Stück (½ Backblech).

Variante – Spritzgebäck
Den Teig bei Zimmertemperatur 30–60 Minuten quellen lassen. • Mit der Gebäckspritze beliebige Formen auf das Blech spritzen. Bei 180° C auf der mittleren Leiste des Backofens etwa 20 Minuten backen.

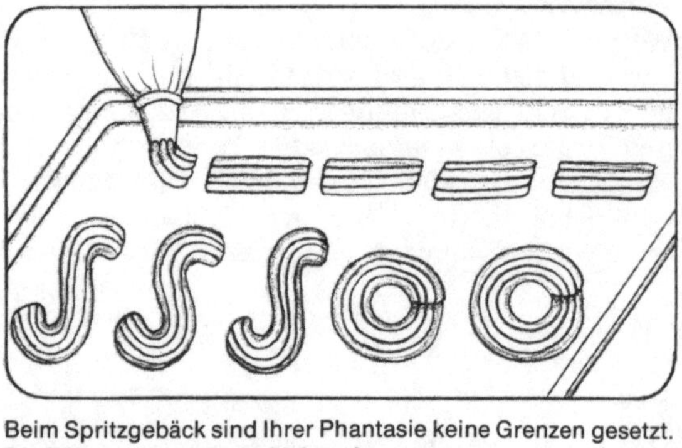

Beim Spritzgebäck sind Ihrer Phantasie keine Grenzen gesetzt. Die Tülle sollte nicht zu klein sein.

Variante – Ausstechplätzchen
Den Teig 2 Stunden zugedeckt im Kühlschrank kühlen. • Den gekühlten Teig 3 mm dick ausrol-

len und beliebig ausstechen oder Streifen ausrädeln. Die Plätzchen mit verquirltem Eiweiß bestreichen, auf der mittleren Leiste in den kalten Backofen schieben und bei 180 °C etwa 20 Minuten backen (siehe Bild Seite 95).

Variante – Schokoladenplätzchen
4 gestrichene Teelöffel Kakao, 1/2 Teelöffel Zimtpulver, 1 Eßlöffel Sahne und 1–1 1/2 Eßlöffel Honig unter den Grundteig mischen. Den weichen Teig zugedeckt 2 Stunden in den Kühlschrank und weitere 30 Minuten ins Gefriergerät stellen. • Den Schokoladenteig 1/2 cm dick ausrollen, Blütenformen ausstechen und mit Pinienkernen verzieren. Die Plätzchen auf der mittleren Leiste bei 180° C 15–20 Minuten backen. • Ergibt etwa 50 Stück (1 Backblech; siehe Bild Seite 95).

Variante – Indische Nußkugeln
100 g Cashewnüsse und 100 g eingelegte Ingwerpflaumen in der Moulinette fein hacken. Mit je 1/4 Teelöffel gemahlenem Ingwer und Kardamom unter den Teig arbeiten. 1 Stunde zugedeckt im Kühlschrank ruhen lassen. • Aus dem Teig kirschgroße Kugeln formen und mit halben Cashewnüssen oder Ingwerstreifen verzieren. Die Kugeln auf der mittleren Leiste bei 180° C etwa 20 Minuten backen. • Ergibt etwa 30 Stück (1/2 Backblech).

Variante – Orangenkeks
100 g geriebene Haselnüsse, 40 g feingehacktes Orangeat, die abgeriebene Schale von 1 Orange (unbehandelt) und 1 Eßlöffel Honig unter den Grundteig arbeiten. 2 Stunden zugedeckt in den Kühlschrank stellen. • Den Teig 1/2 cm dick ausrollen und Rechtecke von 3 × 5 cm ausrädeln. Mit verquirltem Eiweiß bestreichen und mit gehackten Nüssen bestreuen. Die Plätzchen auf der mittleren Leiste bei 180° C etwa 20 Minuten backen. • Ergibt etwa 40 Stück (3/4 Backblech).

• Weizen

Walnußtaler

Zutaten für etwa 60 Stück (1 Backblech):
80 g weiche Butter • 170 g Honig • 1 Ei • 3 Eßl. aufgebrühter starker schwarzer Kaffee • 1 gestrichener Teel. Kakao • 3/4 Teel. Zimtpulver • 1/2 Teel. gemahlene Vanille • 80 g Walnüsse • 200 g Weizen, fein gemahlen
Zum Verzieren: 1/2 Eiweiß • 2 Eßl. grob gehackte Walnüsse
Für das Blech: Butter
Pro Stück etwa 170 Joule / 40 Kalorien

- Zubereitungszeit: 50 Minuten
- Ruhezeit: 70 Minuten
- Backzeit: 20–25 Minuten

So wird's gemacht: Die Butter mit dem Honig und dem Ei verrühren. Den Kaffee, den Kakao und die Gewürze dazugeben. Die Walnüsse feinhacken und unterrühren. Zuletzt das Mehl zufügen. Den weichen Teig zugedeckt 40 Minuten in das Gefriergerät stellen. • Danach auf dem bemehlten Backbrett 2 Rollen von 4–5 cm ∅ formen. In Alufolie wickeln und noch 30–40 Minuten im Gefriergerät kühlen. • Das Blech einfetten. Von den Rollen 1 cm dicke Scheiben abschneiden, mit leicht verschlagenem Eiweiß bestreichen und mit den Walnüssen bestreuen. • Die Walnußtaler dicht nebeneinander aufs Blech legen – sie laufen nicht breit –, auf der mittleren Leiste in den kalten Backofen schieben und bei 180° C 20–25 Minuten backen.

• Weizen

Schokoladenmakronen

Zutaten für etwa 100 Stück (2 Backbleche):
350 g Haselnüsse • 6 Eiweiß • 350 g Honig • 1/2 Teel. Zimtpulver • 4 1/2 Teel. Kakao • 4 Teel. abgeriebene Orangenschale (unbehandelt) • 2 Eßl. Vanillerum (siehe Seite 16) • 180 g Wei-

zen, fein gemahlen · 100 Oblaten von 5 cm ∅
Pro Stück etwa 170 Joule / 40 Kalorien

- Zubereitungszeit: 1 Stunde
- Backzeit: 20–25 Minuten pro Blech

So wird's gemacht: Die Nüsse grob reiben, in der trockenen Pfanne etwas rösten und abkühlen lassen. • Die Eiweiße sehr steif schlagen, den Honig langsam hineinlaufen lassen und weiterschlagen, bis eine dicke Schaummasse entstanden ist. Den Zimt, den Kakao, die Orangenschale und den Vanillerum dazugeben. Die Nüsse und zuletzt das Mehl darunterheben. • Die Oblaten auf dem Blech verteilen. Mit zwei Teelöffeln kleine Teighäufchen auf die Oblaten setzen. Das Blech auf der mittleren Leiste in den kalten Backofen schieben und die Makronen bei 180° C 20–25 Minuten backen.

• Weizen

Schweizer Zimtpittli

Das Originalrezept für dieses feine Teegebäck stammt aus dem Schweizer Kanton Graubünden. Ich habe es »vollkörnig« abgewandelt.

Zutaten für etwa 50 Stück (3/4 Backblech):
90 g weiche Butter · 140 g Honig · 1 Eigelb · 1/2 Eiweiß · 3 gestrichene Teel. Zimtpulver · 2 Eßl. starker schwarzer Kaffee · 80 g geriebene Mandeln · 100 g Weizen, fein gemahlen
Zum Bestreichen und Bestreuen: 1/2 Eiweiß · 2 Eßl. Mandelstifte
Für das Blech: Butter
Pro Stück etwa 145 Joule / 35 Kalorien

- Zubereitungszeit: 30 Minuten
- Ruhezeit: 30–60 Minuten
- Backzeit: 25 Minuten

So wird's gemacht: Die Butter mit dem Honig, dem Eigelb und dem halben Eiweiß verrühren. Den Zimt und den Kaffee dazugeben. Die Mandeln und anschließend das Vollkornmehl unterrühren. Den weichen Teig 30–60 Minuten quellen lassen. • Das Blech leicht einfetten. Den Teig mit einem nassen Teigschaber 1/2 cm dick auf das Blech streichen. Das Eiweiß leicht verquirlen und die Teigplatte damit bestreichen. Die Mandelstifte darüberstreuen. • Die Teigplatte auf der mittleren Leiste in den kalten Backofen schieben und bei 200° C etwa 25 Minuten backen. Den Kuchen auf dem Blech in Rauten schneiden und diese auf einem Kuchengitter abkühlen lassen.

• Weizen

Feine Schokoladenlebkuchen

Zutaten für etwa 50 Stück (1 Backblech):
150 g Orangeat · 150 g Rosinen (ungeschwefelt) · 4 Eßl. Rum · 100 g Butter · 300 g Honig · 4 Eßl. Milch · 400 g Weizen, fein gemahlen · 3/4 Päckchen Backpulver · 3 Eier · 2 schwach gehäufte Eßl. Kakao · 2 gestrichene Teel. Lebkuchengewürz · 1 gestrichener Teel. Zimtpulver · 150 g Mandeln
Zum Bestreuen: 4 Eßl. Mandelblättchen
Für das Blech: Butter
Pro Stück etwa 400 Joule / 95 Kalorien

- Zubereitungszeit: 40 Minuten
- Ruhezeit: 30–60 Minuten
- Backzeit: 35 Minuten

So wird's gemacht: Das Orangeat und die Rosinen kleinhacken, mit dem Rum mischen und zugedeckt ziehen lassen. • Die Butter bei milder Hitze zerlassen. Den Honig und die Milch damit gründlich verrühren und den Topf vom Herd nehmen. Die Hälfte des Mehls mit dem Backpulver mischen und unter die warme Buttermasse rühren. Die Eier, den Kakao, die Gewürze und die Orangeatmischung dazugeben. • Die Mandeln mittelgrob hacken und unter den Teig mengen. Zuletzt das restliche Mehl darunterarbeiten. Den Teig zugedeckt 30–60 Minuten quellen lassen. • Das Blech gründlich einfetten. Den Teig mit einem nassen Messer oder einem nassen Teigschaber gleichmäßig auf das Blech streichen. Die Mandelblättchen darüberstreuen und andrücken. • Die Lebkuchen auf der mittleren Leiste in den kalten Backofen schieben und bei 180° C etwa 35 Minuten backen. Noch warm in Stücke schneiden.

• Roggen • Weizen

Lebkuchenherzen

Zutaten für etwa 60 Stück (2 Backbleche):
100 g Butter · 200 g Honig · 125 g Zuckerrübensirup (nicht raffiniert) · 100 g Haselnüsse · 60 g Zitronat · 30 g Orangeat · 2 1/2 Eßl. Lebkuchengewürz · 1 Ei · 100 g Roggen, fein gemahlen · 1/2 Päckchen Backpulver · 300 g Weizen, fein gemahlen
Zum Bestreichen und Verzieren: 1 Eßl. Honig · 1 Eßl. lauwarmes Wasser · Zitronat, Orangeat, Pinienkerne, Mandeln
Für die Bleche: Butter
Pro Stück etwa 250 Joule / 70 Kalorien

- Zubereitungszeit: 55 Minuten
- Ruhezeit: 12 Stunden (über Nacht)
- Backzeit: 20 Minuten pro Blech

So wird's gemacht: Die Butter bei milder Hitze zerlassen, dann vom Herd nehmen. Den Honig und den Sirup gründlich damit verrühren, bis eine homogene Masse entstanden ist. • Die Nüsse zusammen mit dem Zitronat und dem Orangeat reiben und mit dem Lebkuchengewürz unter die Buttermischung rühren. Das Ei dazugeben und das mit dem Backpulver gemischte Mehl unterarbeiten. Den weichen Teig zugedeckt über Nacht im Kühlschrank ruhen lassen. • Die Bleche einfetten. Den Teig in kleinen Portionen 1/2 cm dick ausrollen – den übrigen Teig immer wieder kalt stellen – und Herzen ausstechen. Den Honig mit dem Wasser verrühren, die Lebkuchen damit bestreichen und nach Belieben verzieren. • Die Lebkuchenherzen auf der mittleren Leiste in den kalten Backofen schieben und bei 200° C etwa 20 Minuten backen.

• Hafer • Weizen • Hirse

Früchtelebkuchen

Zutaten für etwa 35 Stück:
150 g Nackthafer · 200 g Weizen · 50 g Hirse · 100 g Walnußkerne · 50 g Dörrpflaumen ohne Stein · 50 g getrocknete Birnen (ungeschwefelt) · 50 g feingehacktes Zitronat · 50 g gewürfeltes Zitronat · 50 g gewürfeltes Orangeat · 80 g dunkle kalifornische Rosinen (ungeschwefelt) · 1 1/2 Eßl. Lebkuchengewürz · abgeriebene Schale von 1 Zitrone (unbehandelt) · 3 Eier · 170 g Honig · 100 g Sahne · 3 Eßl. eiskaltes kohlensäurereiches Mineralwasser
Für das Blech: Butter
Pro Stück etwa 505 Joule / 120 Kalorien

- Zubereitungszeit: 1 Stunde
- Ruhezeit: 1–2 Stunden
- Backzeit: 25 Minuten

So wird's gemacht: Den Hafer bei milder Hitze in einer trockenen Pfanne unter Umwenden leicht rösten, bis er würzig duftet. Dann abkühlen lassen. Alle Getreidesorten mischen und fein mahlen. • Die Nüsse grob hacken, die Pflaumen und die Birnen in kleine Würfel schneiden. Die übrigen Zutaten bis Zitronenschale dazugeben und alles mischen. • Die Eier mit dem Honig und der Sahne verrühren, das Mineralwasser und die Früchtemischung dazugeben. Zuletzt das Mehl darunterarbeiten. Den Teig 1–2 Stunden zugedeckt quellen lassen. • Das Blech einfetten. Den Teig mit einem nassen Teigschaber gleichmäßig auf dem Blech verstreichen. Auf der mittleren Leiste in den kalten Backofen schieben und bei 200° C etwa 25 Minuten backen. Die Teigplatte noch warm in Rechtecke schneiden. Abkühlen lassen. • Die Lebkuchen in einer gut schließenden Dose mindestens 4 Tage durchziehen lassen.

Gesunde Waffelbäckerei

Frischgebackene knusprige Waffeln waren schon immer etwas Besonderes und sie sind heute noch so beliebt wie zu Großmutters Zeiten. Doch während damals das Waffelbacken zeitraubend und umständlich war, macht es uns heute die moderne Technik leicht: Ein Thermostat überwacht die richtige Temperatur und Backzeit und an den beschichteten Backflächen des Eisens kann nichts mehr festkleben. Nur den Teig müssen wir noch selber anrühren!

Während die Waffelteige alter Art meist sehr viel Fett und Eier enthalten, sind die hier folgenden Rezepte leichter und weniger üppig, eben der gesunden natürlichen Ernährung entsprechend.

Waffeln schmecken nicht nur köstlich zum Kaffee, pikant gewürzt und gefüllt kann man sie auch als aparte Vorspeise oder als kleines Abendessen servieren. Ideal ist die Waffelbäckerei für Alleinstehende und Kleinfamilien: Der Teig ist im Nu gerührt und man muß nicht gleich einen großen Kuchen backen (und aufessen), wenn man zwischendurch mal Appetit auf Gebackenes hat.

Praktische Tips für die Waffelbäckerei

- Waffelteig können Sie auf verschiedene Weise zubereiten:
1. Ein weicher Teig, der sich im Eisen fast von selbst verteilt, ergibt biskuitartig-zarte Waffeln.
2. Ein fester Teig, der sich ausrollen läßt, ergibt mürbe, knusprige Waffeln.
- Herzwaffeln aus festem Teig lassen sich am besten in die richtige Form bringen, wenn Sie den ausgerollten Teig mit Hilfe einer Schablone ausschneiden: Legen Sie dazu ein Stück festes weißes Schreibmaschinenpapier oder doppelt gefaltete Alufolie in das Waffeleisen und drükken Sie die beiden Griffe fest zusammen. Schneiden Sie die Konturen am inneren Rand entlang aus und übertragen Sie die Form auf Backtrennpapier. Die Schablone kann viele Male benutzt werden!
- Backen Sie Waffeln nur in einem sauberen Waffeleisen, da Fettreste beim Aufheizen verbrennen und den Geschmack des Gebäcks beeinträchtigen. Legen Sie deshalb nach dem Backen ein Stück Küchenkrepp zwischen die noch warmen Backflächen, es saugt das überschüssige Fett auf. Falls notwendig kann das Gerät noch mit einem feuchten Tuch abgewischt und nachgetrocknet werden.
- In den meisten Fällen genügt es, wenn die Backflächen vor der ersten Teigeinlage mit flüssiger Butter eingepinselt werden.
- Schalten Sie das Eisen bereits aus, wenn Sie den Teig für die letzte Waffel eingefüllt haben: Oft reicht die Nachwärme zum Backen aus; notfalls kann man zum Schluß noch ein paar Sekunden nachheizen.
- Alle folgenden Rezepte wurden für ein Waffeleisen von 19 cm Ø berechnet.
- Der Einstellbereich der verschiedenen Waffeleisen ist unterschiedlich groß. Mein Eisen hat beispielsweise 3, andere haben 4 Aufheizstufen. Beim ersten Ausprobieren werden Sie leicht feststellen können, ob die in meinen Rezepten angegebenen Einstellstufen auch für Ihr Waffeleisen zutreffen oder ob Sie eventuell noch einige Zeit nachheizen oder eine höhere Stufe wählen müssen, um das gewünschte Ergebnis zu erzielen.
- Waffeln halten sich im Gefriergerät etwa 3 Monate. Legen Sie zwischen die Waffeln jeweils ein Stück Alufolie und packen Sie das Waffelpäckchen sorgfältig in Alufolie ein. Zum Auftauen die Waffeln nebeneinander auf den Backofenrost legen, auf der mittleren Leiste in den kalten Backofen schieben und bei 220° C in 15–20 Minuten wieder knusprig backen.

• Weizen

Mandelwaffeln mit Rhabarberschaum

Diese röschen Mandelwaffeln nach einem alten französischen Rezept werden auch bei längerem Liegen nicht weich. Sie lassen sich, ebenso wie die Creme, gut vorbereiten.

Zutaten für 7 Waffeln:
30 g Orangeat • 60 g süße und 4 bittere Mandeln • 60 Butter • 15 g Hefe • 1 Eßl. Wasser • 1 Ei • 1 Eigelb • 100 g Honig • 2 Eßl. Vanillerum (siehe Seite 16) • 200 g Weizen, fein gemahlen
Für den Rhabarberschaum: 450 g Rhabarber • 4 Eßl. Wasser • 1/2 Teel. Agar-Agar • 100 g Honig • abgeriebene Schale von 1/2 Zitrone (unbehandelt) • 2 Teel. Zitronensaft • 150 g Sahne
Für das Waffeleisen: Butter
Pro Waffel ohne Rhabarberschaum etwa 1280 Joule / 305 Kalorien; pro Waffel mit Rhabarberschaum etwa 1805 Joule / 430 Kalorien

- Zubereitungszeit für die Waffeln: 1 Stunde
- Ruhezeit: 2–4 Stunden
- Backzeit pro Waffel: etwa 3 Minuten
- Zubereitungszeit für den Rhabarberschaum: 25 Minuten
- Kühlzeit: 30 Minuten

So wird's gemacht: Das Orangeat mit den Mandeln zusammen durch die Mandelmühle mahlen. Die Butter bei milder Hitze schmelzen und abkühlen lassen. Die Hefe in dem Wasser auflösen. • Das Ei, das Eigelb, den Honig und die Butter verrühren. Den Vanillerum und die Mandelmischung dazugeben. Die aufgelöste Hefe und das Mehl unterrühren. Den weichen Teig 2–4 Stunden zugedeckt im Kühlschrank ruhen lassen. • Für den Rhabarberschaum den Rhabarber waschen und ungeschält in 2 cm lange Stücke schneiden. Mit dem Wasser etwa 10 Minuten dünsten, bis er zu zerfallen beginnt. Das Agar-Agar in die kochende Masse rühren, abkühlen lassen. Den lauwarmen Rhabarber nach Geschmack mit Honig süßen. Die Zitronenschale und den Zitronensaft dazugeben und den Rhabarber kalt stellen. • Vom Waffelteig jeweils etwa 1 1/2 Eßlöffel abstechen, auf dem gut bemehlten Backbrett 2–3 mm dick ausrollen und in der Größe des Waffeleisens zurechtschneiden. Den übrigen Teig jedesmal wieder ins Kühlfach stellen. • Das Waffeleisen auf Stufe 2 1/2 aufheizen und mit Butter bepinseln. Das Teigstück einlegen und die Griffe des Eisens kurz zusammendrücken. Etwa 3 Minuten backen; wenn das Kontrollämpchen erlischt, nachsehen ob die Waffel leicht gebräunt ist. Die Waffeln auf einem Kuchengitter abkühlen lassen. • Für den Rhabarberschaum die Sahne steif schlagen und unter den Rhabarber heben. • Die Waffeln in einzelne Herzen schneiden und den Rhabarberschaum dazu servieren.

• Weizen

Mürbe Quarkwaffeln

Zutaten für 8 Waffeln:
100 g weiche Butter • 250 g Quark • 100 g Honig • abgeriebene Schale von 1 Zitrone (unbehandelt) • 250 g Weizen, fein gemahlen
Für das Waffeleisen: Butter
Pro Stück etwa 1175 Joule / 280 Kalorien

- Zubereitungszeit: 50 Minuten
- Kühlzeit: 12–16 Stunden (über Nacht)
- Backzeit pro Waffel: etwa 3 Minuten

So wird's gemacht: Die Butter mit dem Quark und dem Honig verrühren. Die Zitronenschale und das Mehl dazugeben. Den weichen Teig zugedeckt über Nacht im Kühlschrank ruhen lassen. • Die Hälfte des Teiges auf dem gut bemehlten Backbrett in der Breite der Papierschablone (siehe gegenüberstehende Seite) etwa 2 mm dick ausrollen. Die Schablone leicht in Mehl drücken, auf den Teig legen und mit einem spitzen Messer ausschneiden. • Das Waffeleisen auf Stufe 2 1/2 aufheizen und nur bei der ersten Waffel leicht mit Butter einpinseln. Ein Teigstück einlegen und die Griffe des Eisens kurz zusammendrücken. Etwa 3 Minuten backen, so lange, bis das Kontrollämpchen erlischt und die Waffel leicht gebräunt ist. • In der Zwischenzeit den übrigen Teig ausrollen und ausschneiden. • Die Waffeln auf einem Kuchengitter abkühlen lassen, dann mit einem scharfen Messer in einzelne Herzen schneiden.

• Weizen

Kokosnußwaffeln mit Sandorncreme

Zutaten für 7 Waffeln:
100 g Butter · 4 Eigelb · 100 g Honig · 100 g feine Kokosflocken · abgeriebene Schale von 1 Zitrone (unbehandelt) · 4 Teel. Zitronensaft · 280 g kaltes kohlensäurereiches Mineralwasser · 200 g Weizen, fein gemahlen · 4 Eiweiß
Für das Waffeleisen: Butter
Für die Sanddorncreme: 4 Eßl. Kokosflocken · 300 g Quark · 80 g Honig · 4 Eßl. Sanddorn Vollfrucht (ungesüßt) · 1/8 l Sahne
Pro Waffel ohne Sanddorncreme etwa 1575 Joule / 375 Kalorien; pro Waffel mit Sanddorncreme etwa 2015 Joule / 555 Kalorien

- Zubereitungszeit für die Waffeln: 45 Minuten
- Ruhezeit: 1 Stunde
- Backzeit pro Waffel: etwa 2 1/2 Minuten
- Zubereitungszeit für die Sanddorncreme: 20 Minuten
- Kühlzeit: 30 Minuten

So wird's gemacht: Die Butter zerlassen. Die Eigelbe mit dem Honig und der lauwarmen Butter verrühren. Die Kokosflocken, die Zitronenschale und den Zitronensaft dazugeben. Das Mineralwasser und zuletzt das Mehl unterrühren. Den Teig zugedeckt 1 Stunde ruhen lassen. • Für die Sanddorncreme die Kokosflocken in einer trokkenen Pfanne unter Umwenden leicht rösten. • Den Quark mit dem Honig und dem Sanddornsaft cremig rühren. Die Sahne steif schlagen und darunterheben. Die Creme 30 Minuten kalt stellen. • Danach das Waffeleisen auf Stufe 2 1/4 aufheizen. • Die Eiweiße sehr steif schlagen und unter den Teig heben. Das Eisen nur bei der ersten Waffel leicht mit zerlassener Butter einpinseln. 2 Eßlöffel Teig auf die Backfläche geben und schnell etwas verteilen. Die Griffe des Eisens kurz zusammendrücken. Etwa 2 1/2 Minuten backen, bis das Kontrollämpchen erlischt. Die Waffeln auf einem Kuchengitter abkühlen lassen. • Die Kokosnußwaffeln mit einem scharfen Messer in einzelne Herzen teilen. Die Sanddorncreme mit den Kokosflocken bestreuen und dazu servieren.

Varianten
Für Rosinenwaffeln 3–4 Eßlöffel ungeschwefelte dunkle Rosinen kleinhacken und unter den Teig mengen. • Für Ingwerwaffeln den Teig mit 3 Teelöffeln frischem geriebenem Ingwer würzen, die Zitronenschale und den -saft weglassen.

• Roggen

Rösche Käsewaffeln

Zutaten für 6–7 große Waffeln:
150 g Roggen · 1/2 Teel. Kümmel · 1/2 Teel. Kräutersalz · 1/2 Teel. Schabziegerklee · 1/2 Teel. Delikata · 300 g kaltes kohlensäurereiches Mineralwasser · 2 Eßl. Sonnenblumenöl · 60 g Reibkäse · 1 Knoblauchzehe
Für das Waffeleisen: Butter
Pro Stück etwa 550 Joule / 130 Kalorien (bei 7 Waffeln)

- Zubereitungszeit: 30 Minuten
- Ruhezeit: 1–6 Stunden
- Backzeit pro Waffel: etwa 3 Minuten

So wird's gemacht: Den Roggen mit dem Kümmel zusammen fein mahlen. Das Salz und die Gewürze damit mischen. Das Mineralwasser, das Öl und zuletzt den Käse unterrühren. Den Teig zugedeckt mindestens 1 Stunde quellen lassen. • Danach den Knoblauch schälen, durchpressen und unter den Teig rühren. • Das Waffeleisen auf Stufe 2 3/4 aufheizen und leicht mit Butter einpinseln. 3 Eßlöffel Teig darin verstreichen und die Griffe des Eisens kurz zusammendrücken. Der Teig muß sich gut verstreichen lassen, andernfalls noch 1–2 Eßlöffel Mineralwasser unterrühren. Die Waffeln etwa 3 Minuten backen, bis das Kontrollämpchen erlischt.

• Weizen

Quarkblätterteigwaffeln

Bild auf dem Einband

Der Teig für diese Waffeln hält sich – gut zugedeckt – im Kühlschrank 2–3 Tage frisch.

Zutaten für 7 Waffeln:
110 g weiche Butter · 250 g Magerquark · 4 Eßl. saure Sahne · 1 1/2 Teel. Kräutersalz · 2 gestrichene Eßl. Hefeflocken · 1/2 Eßl. Kümmel · 1/2 Eßl. Koriander · 250 g Weizen
Für das Waffeleisen: Butter
Pro Stück etwa 1200 Joule / 285 Kalorien

- Zubereitungszeit: 50 Minuten
- Ruhezeit: 4–12 Stunden (über Nacht)
- Backzeit pro Waffel: etwa 3 Minuten

So wird's gemacht: Die weiche Butter mit dem Quark verrühren. Die Sahne, das Salz und danach die Hefeflocken dazugeben. Die Gewürze mit dem Weizen zusammen fein mahlen und unter den Teig rühren. Den weichen Teig mindestens 4 Stunden, noch besser über Nacht, zugedeckt im Kühlschrank ruhen lassen. • Die Hälfte des Teiges auf dem gut bemehlten Backbrett in der Breite der Papierschablone (siehe Seite 108) etwa 2 mm dick ausrollen und der Schablone entsprechend mit einem spitzen Messer ausschneiden. • Das Waffeleisen auf Stufe 2 1/2 aufheizen und nur bei der ersten Waffel leicht mit Butter einpinseln. • Ein Teigstück einlegen und die Griffe des Eisens kurz zusammendrücken. Etwa 3 Minuten backen, bis das Kontrollämpchen erlischt und die Waffel leicht gebräunt ist. In der Zwischenzeit den übrigen Teig ausrollen und ausschneiden. • Die Waffeln auf einem Kuchengitter abkühlen lassen.

Variante – Waffeln mit Frischkäsecreme
200 g Doppelrahm-Frischkäse mit 1 Eigelb und 3 Eßlöffeln Sahne verrühren, mit Kräutersalz, Schabziegerklee und Cayennepfeffer pikant abschmecken. Die Waffeln in einzelne Herzen zerschneiden, auf jedes eine Käserosette spritzen.

• Weizen • Dinkel

Knusprige Camembertwaffeln

Mein Lieblings-Waffelrezept! Die zarten Waffeln bleiben mehrere Stunden lang rösch und knusprig. Sie passen ebenso gut zum Wein wie zu einer klaren Gemüsesuppe oder zu einer Rohkostplatte. Der Teig läßt sich gut vorbereiten. In Alufolie eingeschlagen bleibt er im Kühlschrank 3–4 Tage frisch. Eine leichte Verfärbung der Oberfläche, die vom Luftsauerstoff herrührt, schadet nichts.

Zutaten für 6 Waffeln:
50 g weiche Butter · 6 Eßl. saure Sahne · 1/2 Teel. Kräutersalz · knapp 1/4 Teel. Curry · 1–2 Messerspitzen Cayennepfeffer · 100 g reifer, weicher Camembert oder Briekäse (50% Fett i. Tr.) · 70 g Weizen, fein gemahlen · 60 g Dinkel, fein gemahlen
Pro Waffel etwa 840 Joule / 200 Kalorien

- Zubereitungszeit: 40 Minuten
- Ruhezeit: 12 Stunden (über Nacht)
- Backzeit pro Waffel: etwa 3 Minuten

So wird's gemacht: Die Butter mit der Sahne, dem Salz und den Gewürzen verrühren. Den Käse mit einer Gabel fein zerdrücken und dazugeben. Zuletzt das Mehl unterarbeiten. Den weichen Teig über Nacht zugedeckt in den Kühlschrank stellen. • Das Waffeleisen auf Stufe 2 1/2 aufheizen. Inzwischen die Hälfte des Teiges in der Breite der Papierschablone (siehe Seite 108) etwa 2 mm dick ausrollen und der Schablone entsprechend mit einem spitzen Messer ausschneiden. Das Teigstück in das ungefettete Eisen einlegen und die Griffe kurz zusammendrücken. Etwa 3 Minuten backen, bis das Kontrollämpchen erlischt und die Waffel leicht gebräunt ist. • Zwischendurch den übrigen Teig ausrollen und ausschneiden. • Die Waffeln noch warm in einzelne Herzen schneiden und auf einem Kuchengitter abkühlen lassen.

Süße Füllungen für Gebäck

Auch wenn wir den Zucker aus unserer Küche verbannt haben und keine Marmeladen nach Großmutters alten Rezepten mehr kochen, brauchen wir auf Süßes nicht zu verzichten.

Ich rühre schon seit Jahren meine rohen Konfitüren aus frischen oder tiefgefrorenen Früchten, Dörrobst und Honig. Sie schmecken aufs Brot genauso gut wie als Füllungen für Torten und Plätzchen. Ich nehme dazu, was sich im Garten oder aus dem Vorrat gerade bietet und würze nach Lust und Laune mit Zitronen- oder Orangenschale, geriebenem Ingwer oder Zimt, gemahlenen Nelken oder Delifrut. So ergeben sich immer wieder neue phantasievolle Variationen.

Auch hausgemachtes Marzipan aus Mandeln, Honig und Rosenwasser ist schnell zubereitet. Es schmeckt köstlich als Konfekt und natürlich auch als Füllung für allerlei Gebäck.

Roh gerührte Brombeermarmelade

Zutaten für etwa 625 g Marmelade:
500 g reife, trockene Brombeeren · 125 g fester Honig, zum Beispiel Klee- oder Rapshonig
Insgesamt etwa 2710 Joule / 645 Kalorien

- Zubereitungszeit: 30 Minuten
- Haltbarkeit im Kühlschrank: etwa 14 Tage

So wird's gemacht: Die Brombeeren mit dem Handmixer pürieren. Den Honig in Stückchen dazugeben. Mit der Küchenmaschine auf kleiner Stufe so lange rühren, bis eine homogene Masse entstanden ist. • Die Konfitüre in heiß ausgespülte kleine Schraubgläser füllen und im Kühlschrank aufbewahren.

Variante – Brombeer-Pflaumenmus
Brombeermarmelade und dick eingekochtes Pflaumenmus zu gleichen Teilen miteinander verrühren. Sehr gut als Brotaufstrich und zum Füllen von Plätzchen und Kuchen!

Mein Tip: Da roh gerührte Marmeladen auch im Kühlschrank nur begrenzte Zeit haltbar sind, friere ich einen Teil der Früchte gleich nach der Ernte ein und bereite die Marmelade bei Bedarf jeweils frisch zu.

Rohe Preiselbeerkonfitüre

Eine Füllung für Biskuittorten oder Mürbteig-Torteletts (mit Schlagsahne oder Quark-Sahne-Creme) oder für Plätzchen (Rezepte Seite 94 ff.).

Zutaten für 800–850 g Konfitüre:
500 g reife, trockene Preiselbeeren · 300–350 g fester Honig, zum Beispiel Raps- oder Kleehonig
Insgesamt etwa 5040 Joule / 1200 Kalorien

- Zubereitungszeit: 30 Minuten
- Haltbarkeit im Kühlschrank: 4–5 Monate

So wird's gemacht: Die Preiselbeeren verlesen und mit dem Handmixer pürieren. Den Honig in Stückchen dazugeben. Mit der Küchenmaschine auf kleiner Stufe etwa 20 Minuten rühren, bis eine dickflüssige, homogene Masse entstanden ist. • Die Konfitüre in heiß ausgespülte Schraubgläschen füllen. Im Kühlschrank aufbewahren.

Fruchtfüllungen für Kuchen und Plätzchen

Fruchtige Füllungen für Kuchen und Plätzchen lassen sich ohne Zucker ganz einfach aus getrockneten Aprikosen, Birnen oder Zwetschgen (diese Sorten sind am aromatischsten) und frischen oder tiefgefrorenen Früchten zubereiten.

Messerschmidt

Zum Bild auf Seite 113: Wenn Sie Ihren Gästen Kleinigkeiten zum Knabbern anbieten möchten, sind Käsespiralen und Erdnußhöckerli immer willkommen. Rezepte Seite 125 und 126.

Nur sehr stark getrocknete Früchte sollten vor der Verarbeitung kurze Zeit in Wasser eingeweicht werden; bei saftigem Dörrobst ist das im allgemeinen nicht notwendig. Hier einige Anregungen – sicher werden Sie noch weitere Möglichkeiten finden:

Himbeer-Aprikosen-Mus

150 g ungeschwefelte getrocknete Aprikosen waschen, im Mixer oder in der Moulinette pürieren oder durch den Fleischwolf drehen. Dann mit 3–4 Eßlöffeln pürierten frischen oder tiefgefrorenen Himbeeren zu einer streichfähigen, nicht zu flüssigen Masse verrühren. Hält sich im Kühlschrank etwa 14 Tage. • Brombeer-Aprikosen-Mus und Preiselbeer-Aprikosen-Mus werden ebenso zubereitet.

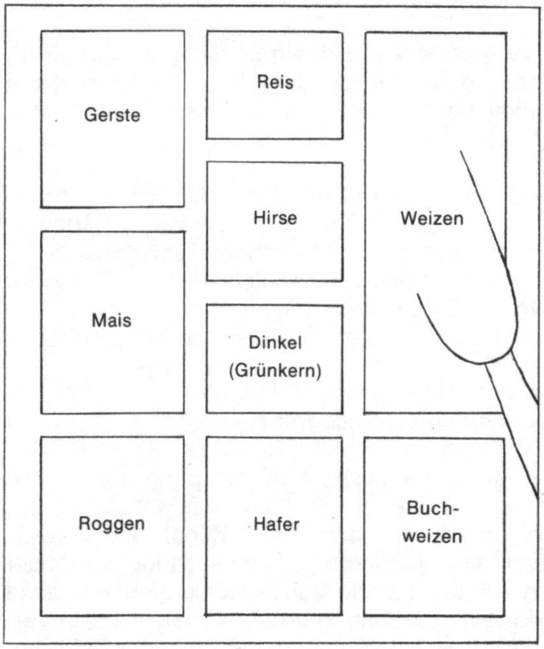

Die Getreidearten der Vollkornküche. Näheres darüber können Sie auf Seite 13 lesen, auch über die verschiedenen Backeigenschaften und Verwendungsmöglichkeiten in der Vollkornbäckerei.

Birnenmarzipan

Getrocknete ungeschwefelte Birnen im Mixer pürieren, mit Honigmarzipan (Rezept Seite 116) mischen und mit einigen Löffeln Rosenwasser streichfähig machen. Je nach Geschmack kann man noch mit ein wenig Zimt oder Delifrut oder Ingwer oder abgeriebener Zitronenschale würzen.

Orangen-Aprikosen-Mus

Unter die nebenstehende Aprikosenmasse 1 Teelöffel abgeriebene Orangenschale und 3-4 Eßlöffel Orangensaft oder 3 Eßlöffel Orangenlikör und 2 Teelöffel Zitronensaft rühren.

Mein Tip: Mit dem elektrisch beheizten Dörrapparat »dörrex« ist es möglich, auch größere Mengen von Obst, Gemüse, Pilzen, Tee- und Küchenkräutern schnell und schonend zu trocknen. Ideal für alle Gartenfreunde, denen der sommerliche Erntesegen »über den Kopf wächst«! Bezugsquellen siehe Seite 128.

Hagebuttenmus

Die Hagebutte ist neben der schwarzen Johannisbeere eine unserer Vitamin-C-reichsten einheimischen Früchte. Mit Hagebuttenmus können Sie Hefe- oder Quarkblätterteigtaschen füllen oder den Hagebuttenkuchen (Rezept Seite 57) backen.

Zutaten: 1 kg Hagebutten · etwa 1/2 l Wasser · 120–150 g Honig · abgeriebene Schale von 1 Zitrone oder 1 Orange (unbehandelt) oder etwas frischer geriebener Ingwer oder Delifrut
Insgesamt etwa 3150 Joule / 750 Kalorien

- Zubereitungszeit: 50 Minuten
- Garzeit insgesamt: 40–60 Minuten
- Haltbarkeit im Kühlschrank: etwa 14 Tage

So wird's gemacht: Die Hagebutten gründlich waschen, den Stiel- und den Blütenansatz abschneiden. Die Hälfte der Früchte in einen Topf geben. Mit Wasser knapp bedeckt in 15–30 Minuten sehr weich kochen. Das Kochwasser abgießen und die übrigen Früchte darin kochen. • Alle Hagebutten durchpassieren – das geht am besten mit einem Passiergerät wie zum Beispiel der »Flotten Lotte« –; etwas abkühlen lassen. Nach Geschmack mit Honig süßen und würzen. • Das Mus in kleine heiß ausgespülte Schraubgläser füllen und im Kühlschrank aufbewahren. Größere Mengen, die nicht gleich verbraucht werden, sollte man in kleinen Gläsern einfrieren.

Honigmarzipan

Honigmarzipan eignet sich nicht nur zum Füllen von Kuchen und Plätzchen, Sie können auch feines Mandelkonfekt daraus zubereiten. Rosenwasser gibt es in Apotheken und Drogerien zu kaufen. Manche Apotheker mischen es erst frisch (aus Rosenöl und destilliertem Wasser), wenn es verlangt wird. Es ist dann viel aromatischer als das bereits gemixte, denn die ätherischen Duftöle verflüchtigen sich bei längerem Stehen. Deshalb sollten Sie auch nur kleine Mengen einkaufen und möglichst bald verbrauchen.

Zutaten für etwa 400 g Marzipan:
250 g süße Mandeln · 2 Eßl. Rosenwasser · 125–150 g Honig.
Insgesamt etwa 9360 Joule / 2230 Kalorien

- Zubereitungszeit: 25 Minuten
- Haltbarkeit im Kühlschrank: etwa 8 Wochen

So wird's gemacht: Die Mandeln kurz in kochendes Wasser legen. Dann abziehen und ausgebreitet über Nacht sehr gut trocknen lassen. • Die Mandeln im Mixer oder in der Moulinette mehlfein zerkleinern. Das Rosenwasser und den Honig dazugeben und gründlich verkneten. • Das Marzipan in ein Schraubglas füllen und im Kühlschrank aufbewahren. Es wird mit der Zeit noch fester.

Varianten
Noch schneller geht's, wenn Sie das Marzipan mit ungeschälten Mandeln zubereiten. Es ist dann zwar etwas dunkler gefärbt, aber noch kräftiger im Geschmack. Wenn Sie kein Rosenwasser im Hause haben, dann aromatisieren Sie die Mandelmasse zur Abwechslung mit etwas Rum oder Aprikosen- oder Orangenlikör. • Für Quitten-Marzipan-Konfekt kann man Quittenbrot (Rezept Seite 72) in Würfel schneiden, die Würfel in Honigmarzipan einwickeln und zu Kugeln formen.

Nougatcreme

Nougatcreme mit Honig ist nicht nur ein köstlicher, gesunder Brotaufstrich; man kann damit ebensogut Torten und Plätzchen füllen oder Nougat-Sahne-Eis zubereiten.

Zutaten für etwa 300 g Nougatcreme:
80 g Honig · 3 Eßl. starker schwarzer Kaffee · 2 Eßl. Wasser · 2 gestrichene Teel. Kakao · $^1/_2$ Teel. gemahlene Vanille · $^1/_2$ Teel. Zimtpulver · 200 g Haselnüsse
Insgesamt etwa 6755 Joule / 1610 Kalorien

- Zubereitungszeit: 10 Minuten
- Haltbarkeit: unbegrenzt

So wird's gemacht: Den Honig mit dem Kaffee und dem Wasser verquirlen. Den Kakao, das Vanillepulver und den Zimt beifügen. • Die Nüsse mit der Moulinette mehlfein zerkleinern oder zweimal durch die Mandelmühle drehen und mit der Honigmischung zu einer dicken Paste verrühren. • Die Nougatcreme in einem Schraubglas aufbewahren.

Herzhafte Kuchen und Torten backe ich für meine Familie und unsere Gäste besonders gerne, denn der kräftige Vollkorngeschmack kommt gerade hier so richtig zur Geltung. Je nach Jahreszeit und vorhandenen Vorräten lassen sich dabei immer wieder neue originelle Füllungen aus Gemüse oder Pilzen, Zwiebeln und Käse komponieren. Schließlich gibt es viele Gelegenheiten, zu denen Sie die pikanten Spezialitäten servieren können: Sie passen zum Mittag- oder Abendessen ebenso wie zum Picknick oder zu einem Glas Wein oder Bier.

Damit Sie für Ihre Planung einen kleinen Anhaltspunkt haben: eine runde Pizza von 26–28 cm Ø ergibt – als Mahlzeit gerechnet – etwa 4 und ein Kuchen in der Größe eines Backblechs ungefähr 8–10 Portionen. Wenn Sie einen der pikanten Kuchen als Imbiß servieren wollen, dann können Sie aus einer runden Pizza 8–12 Stücke und aus einem großen, rechteckigen Kuchen 16–20 Stücke schneiden. Ich kalkuliere die Mengen meistens etwas reichlicher, denn die pikanten Kuchen schmecken auch noch am nächsten Tag kalt oder warm zu Gemüsebouillon.

• Weizen • Roggen

Pikanter Hefeteig – Grundrezept 1

Ein ungesüßter Hefeteig, der rasch zubereitet ist, für pikante Kuchen oder Brötchen.

Zutaten für 1 Backblech oder 2 Springformen (26 cm Ø):
350 g Weizen · 150 g Roggen · 2 Teel. Kümmel · 2 Teel. Koriander · 30 g Hefe · 1 gestrichener Teel. Meersalz · 320 g Buttermilch oder Sauermilch oder Joghurt · 3 Eßl. Sonnenblumen- oder Olivenöl oder 50 g zerlassene Butter
Insgesamt etwa 8975 Joule / 2135 Kalorien

- Zubereitungszeit: 15 Minuten
- Ruhezeit: 50–60 Minuten

So wird's gemacht: Das Getreide mit den Gewürzen zusammen fein mahlen. Das Mehl in eine Schüssel schütten und in die Mitte eine Vertiefung drücken. Die Hefe und das Salz in der Buttermilch – sie sollte Zimmertemperatur haben – auflösen. Dann die Milch zum Mehl gießen und leicht verrühren. Das Öl oder die lauwarme Butter dazugeben. • Den Teig mit der Küchenmaschine so lange gründlich kneten, bis er sich von der Schüssel löst. Zugedeckt auf das Doppelte aufgehen lassen und dann den jeweiligen Rezepten entsprechend weiterverarbeiten.

Variante
Besonders pikant und locker wird das Gebäck, wenn Sie 50 g geriebenen Käse unter den Teig kneten.

• Weizen

Pikanter Hefeteig – Grundrezept 2

Ein zarter Teig für pikante Kuchen und herzhaft gefüllte Hefetaschen.

Zutaten für 1 Backblech oder 2 Springformen (26 cm Ø) oder 20 Piroggen (8 cm Ø):
500 g Weizen · 1 Teel. Koriander · 1 leicht gehäufter Teel. Kümmel · 30 g Hefe · 1 gestrichener Teel. Meersalz · 175 g Milch oder Sauermilch · 70 g weiche Butter · 2 Eier
Insgesamt etwa 10 720 Joule / 2950 Kalorien

- Zubereitungszeit: 15 Minuten
- Ruhezeit: 50–60 Minuten

So wird's gemacht: Den Weizen mit den Gewürzen zusammen fein mahlen. Die Hefe und das Salz in der Milch – sie sollte Zimmertemperatur haben – auflösen. • Die Butter mit den Eiern verrühren. Das Mehl abwechselnd mit der Hefemilch unterarbeiten. • Den Teig mit der Küchenmaschine so lange gründlich kneten, bis er sich von der Schüssel löst. Zugedeckt auf das Doppelte aufgehen lassen und den jeweiligen Rezepten entsprechend weiterverarbeiten.

• Weizen • Grünkern

Blitzmürbteig für pikantes Gebäck – Grundrezept

Dieser blättrige Mürbteig ist ideal für salzige Kuchen und Kleingebäck. In Alufolie eingewickelt bleibt er im Kühlschrank 5–6 Tage frisch.

Zutaten für 3/4–1 Backblech (je nachdem, wie dünn der Teig ausgerollt wird):
100 g Butter · 200 g Weizen · 70 g Grünkern · 1/2 Teel. Kümmel · 1/2 Teel. Koriander · 1/2 Teel. Meersalz · 50 g Reibkäse · 150 g kaltes Wasser
Insgesamt etwa 7980 Joule / 1900 Kalorien

- Zubereitungszeit: 15 Minuten
- Ruhezeit: 30–60 Minuten

So wird's gemacht: Die Butter bei milder Hitze schmelzen und abkühlen lassen. • Das Getreide mit den Gewürzen zusammen fein mahlen. Das Salz und den Käse daruntermischen. In die Mitte eine Vertiefung machen. Das Wasser hineinschütten und leicht verrühren. Die Butter dazugeben und alles zu einem geschmeidigen Teig verkneten. In Alufolie wickeln und im Kühlschrank 30–60 Minuten ruhen lassen. • Anschließend den jeweiligen Rezepten entsprechend weiterverarbeiten.

• Weizen • Roggen

Bologneser Pizza

Bild Seite 124

Zutaten für 2 Pizze (22 cm ∅):
1/2 Menge Pikanter Hefeteig nach dem Grundrezept 1 (Seite 117), mit Olivenöl zubereitet
Für den Belag: 2 Eßl. Tomatenketchup · 2 Eßl. Olivenöl · 1 Knoblauchzehe · 3 Eßl. feingehackte Kräuter (Petersilie, Majoran, Basilikum, Thymian, Liebstöckel/Maggikraut) · 1 gestrichener Teel. Grillgewürz · 250 g Fenchel, geputzt gewogen · 75 g Lauch/Porree, nur das Weiße · Kräutersalz · 1/4 Teel. gemahlener Koriander · 200–250 g Tomaten · 12 schwarze Oliven · 5 Scheiben französischer Butterkäse (150 g) · 1 Eßl. feingehacktes Fenchelgrün oder Petersilie
Für das Blech: Butter
Pro Pizza etwa 4665 Joule / 1110 Kalorien

- Zubereitungszeit: 1 Stunde (einschließlich Teigzubereitung)
- Ruhezeit: 50–60 Minuten
- Backzeit: 30 Minuten

So wird's gemacht: Das Backblech mit Butter einfetten. • Den gut gegangenen Teig nochmals kräftig durchkneten. 2 Teigböden von etwa 22 cm ∅ ausrollen und auf das Blech legen. • Den Tomatenketchup mit dem Olivenöl, der geschälten, durchgepreßten Knoblauchzehe, den Kräutern und 1/2 Teelöffel Grillgewürz verrühren und auf die Teigplatten streichen. • Die Fenchelknolle in dünne Scheiben schneiden und auf die Pizze legen. Den Lauch in schmale Streifen schneiden und dazwischen verteilen. Alles leicht salzen, den Fenchel außerdem mit dem Koriander würzen. Die Tomaten in Scheiben schneiden, auf den Fenchel legen, salzen und mit Grillgewürz bestreuen. Die Oliven halbieren, entsteinen obenauf verteilen. • Die Pizze auf der mittleren Leiste in den kalten Backofen schieben und bei 220° C etwa 30 Minuten backen. • Die Käsescheiben quer halbieren, jede Pizza damit belegen. Noch 5 Minuten in den heißen Backofen stellen. • Mit Fenchelgrün oder Petersilie bestreuen.

• Weizen • Roggen

Pizza mit schwarzen Oliven

Als wir in einem meiner Backkurse vor einiger Zeit dieses Rezept ausprobierten, waren alle Teilnehmerinnen hell begeistert, denn die Pizza sah sehr verlockend aus und schmeckte so ausgezeichnet, daß nichts davon übrigblieb.

Zutaten für 1 Pizzaform (26–28 cm ∅):
½ Menge Pikanter Hefeteig nach dem Grundrezept 1 (Seite 117), mit Olivenöl zubereitet
Für den Belag: 100 g Zwiebeln · 1–2 Knoblauchzehen · 2–3 Eßl. frische feingehackte Kräuter oder 1 Eßl. getrocknete Kräuter (Basilikum, Oregano, Thymian und wenig Rosmarin) · 3 Eßl. Olivenöl · Kräutersalz · ¼ Teel. frisch gemahlener schwarzer Pfeffer · 80 g Allgäuer Emmentaler Käse · 300 g kleine, feste Tomaten · Grillgewürz · 125 g Pfefferkäse mit grünen Pfefferkörnern, in ½ cm dicke Scheiben geschnitten · ½ Tasse schwarze Oliven
Für die Form: Butter
Insgesamt etwa 9250 Joule / 2200 Kalorien

- Zubereitungszeit: 70 Minuten (einschließlich Teigzubereitung)
- Backzeit: 40 Minuten

So wird's gemacht: Den Hefeteig zubereiten und gehen lassen. • Inzwischen die Zwiebeln schälen und fein würfeln, die Knoblauchzehen schälen und durchpressen. Die Kräuter, das Olivenöl, ½ Teelöffel Salz und den Pfeffer mit den Zwiebelwürfeln und dem Knoblauchmus mischen und zugedeckt ziehen lassen, bis der Teig gegangen ist. • Die Pizzaform einfetten. Den Teig nochmals kneten, dann ausrollen und die Form damit auslegen. Den Käse reiben und den Teigboden damit bestreuen. Die Zwiebelmischung darüber verteilen. • Die Tomaten in dicke Scheiben schneiden und hübsch auf der Pizza anordnen; mit etwas Kräutersalz und Grillgewürz bestreuen. Aus dem Pfefferkäse runde Scheiben ausstechen und auf die Tomaten legen – von den Tomaten soll ringsum noch ein Rand von 1 cm zu sehen sein. Den restlichen Käse in den Zwischenräumen verteilen. Die Oliven halbieren, entkernen und die Pizza damit garnieren. • Die Pizza auf der 2. Leiste von unten in den kalten Backofen schieben und bei 200° C etwa 40 Minuten backen.

• Weizen • Roggen

Focaccia – Italienisches Fladenbrot

Der Hefefladen mit den vielen würzigen Kräutern ist ganz einfach zuzubereiten. Wichtig ist vor allem, daß der Teig recht dünn und möglichst gleichmäßig ausgerollt wird, damit er überall gleichmäßig durchbäckt.

Zutaten für ¾ Backblech:
½ Menge Pikanter Hefeteig nach dem Grundrezept 1 (Seite 117), mit Olivenöl zubereitet · 1–2 Knoblauchzehen · 3 Eßl. Olivenöl · 4 Teel. getrocknete, gerebelte Kräuter (Thymian, Oregano, Basilikum, wenig Rosmarin)
Für das Blech: Butter
Insgesamt etwa 5210 Joule / 1240 Kalorien

- Zubereitungszeit: 30 Minuten (einschließlich Teigzubereitung)
- Ruhezeit: 30 Minuten
- Backzeit: etwa 15 Minuten

So wird's gemacht: Den Teig nach Grundrezept zubereiten und zugedeckt etwa 30 Minuten gehen lassen. • Das Blech sorgfältig einfetten. Den Teig nochmals durchkneten. Eine Rolle formen, die knapp so lang ist wie das Backblech. Die Teigrolle in die Mitte des Blechs legen und nach beiden Seiten dünn ausrollen – das geht am besten mit einem kleinen Teigausroller. • Die Knoblauchzehen schälen und in der Presse zerdrücken, dann mit der Knoblauchpresse über die Teigplatte streichen. Das Olivenöl darüberträufeln. Den Teig mit den Kräutern bestreuen und diese mit dem Löffelrücken fest andrücken. • Die

Focaccia auf der mittleren Leiste in den kalten Backofen schieben und bei 230° C in 15–20 Minuten knusprig backen; die genaue Backzeit hängt von der Dicke des Hefeteigs ab. • Den heißen Teigfladen auf dem Blech in Stücke schneiden und heiß oder kalt zum Wein oder Aperitif servieren; er schmeckt frisch am besten.

Das paßt dazu: Mit frischer Butter bestrichen schmeckt das Fladenbrot ganz ausgezeichnet zu einem südländischen Salat mit Schafkäse und schwarzen Oliven.

• Weizen

Appenzeller Käsewähe

Wähen – so nennt man in der Schweiz Kuchen mit einer süßen oder herzhaften Füllung, die frisch aus dem Backofen auf den Tisch kommen. Man bäckt sie dort in speziellen Wähenblechen, das sind runde Bleche mit halbhohem Rand. Sie können aber ebensogut eine Pizzaform dazu nehmen.

Zutaten für 1 Form (26–28 cm ∅):
1/2 Menge Pikanter Hefeteig nach dem Grundrezept 2 (Seite 117)
Für den Belag: 100 g Zwiebeln · 1/2 Eßl. Butter · 200 g Appenzeller Käse
Für den Guß: 200 g saure Sahne (30% Fettgehalt) oder süße Sahne · 1 großes Ei · 1 gestrichener Eßl. frisch gemahlenes Weizenmehl · 1/2 Teel. Kräutersalz · Pfeffer · frisch geriebene Muskatnuß
Zum Bestreuen: 1 Eßl. Kümmel
Für die Form: Butter
Insgesamt etwa 9125 Joule / 2175 Kalorien

- Zubereitungszeit: 1 Stunde (einschließlich Teigzubereitung)
- Ruhezeit: 50–60 Minuten
- Backzeit: etwa 45 Minuten

So wird's gemacht: Den Hefeteig nach dem Grundrezept zubereiten und gehen lassen. • Für die Füllung die Zwiebeln schälen, fein würfeln und in der Butter glasig braten. Den Käse grob reiben. • Alle Zutaten für den Guß verquirlen, mit Pfeffer und Muskatnuß kräftig abschmecken. • Das Wähenblech einfetten. Den Hefeteig nochmals durchkneten, ausrollen und die Form damit auslegen. Einen Rand von 3–4 cm hochziehen. • Die Zwiebeln auf dem Teigboden verteilen und den Käse darüberstreuen. Die Sahnemischung über den Käse gießen und mit dem Kümmel bestreuen. • Die Wähe noch 10 Minuten gehen lassen, dann auf der untersten Leiste in den kalten Backofen schieben und bei 220° C in etwa 45 Minuten goldbraun backen.

• Weizen • Grünkern

Grüne Quiche

Für diesen pikanten Kuchen kann man fast alles verwenden, was im Sommer an Grünem im Garten wächst: Mangold- oder Spinatblätter, Kopfsalat, der schon zu schießen beginnt oder sich nicht mehr richtig entwickeln will, auch eine Handvoll Wildkräuter wie Brennesselspitzen, Sauerampfer und Giersch (Geißfuß), ja sogar zarte Rettich- und Radieschenblätter passen gut in diese Mischung. Würzige Kräuter wie Liebstöckel, Petersilie, Dill, Majoran oder Oregano, Basilikum und Thymian dürfen ebenfalls nicht fehlen. Die »grüne Pizza« schmeckt übrigens warm und kalt sehr gut.

Zutaten für 1 Pizzaform (26–28 cm ∅):
Blitzmürbteig für pikantes Gebäck nach dem Grundrezept (Seite 118)
Für die Füllung: 500 g Grünes, geputzt gewogen · 1 Eßl. Butter · 2 Eßl. Wasser · 100 g Zwiebeln oder Lauch/Porree · 1 Tasse gehackte Kräuter · 1 Knoblauchzehe · 1 gestrichener Teel. gekörnte Brühe · frisch geriebene Muskatnuß · 125 g alter Gouda- oder Greyer-

zer Käse oder eine andere würzige Sorte · 2 Eier · 5 Eßl. Sahne · 1/2 Teel. Kräutersalz · 1/4 Teel. Picata
Für die Form: Butter
Insgesamt etwa 12 220 Joule / 2910 Kalorien

- Zubereitungszeit: 75 Minuten (einschließlich Teigzubereitung)
- Ruhezeit: 30–60 Minuten
- Backzeit: 45–50 Minuten

So wird's gemacht: Zuerst den Mürbteig vorbereiten und 1 Stunde ruhen lassen. • Inzwischen das Gemüse putzen und waschen. Die Salat- und Mangoldblätter und die Wildkräuter in schmale Streifen schneiden. Dann in einem breiten Topf in 2 Portionen mit je 1/2 Eßlöffel Butter und 1 Eßlöffel Wasser dünsten, bis das Gemüse zusammenfällt. Mit einem Schaumlöffel herausnehmen (die Brühe anderweitig verwenden). • Die Zwiebeln schälen und feinhacken oder den Lauch in feine Streifen schneiden und mit den Kräutern unter das Gemüse mischen. Mit dem durchgepreßten Knoblauch, der gekörnten Brühe und frisch geriebener Muskatnuß kräftig abschmekken. • Die Form einfetten. 2/3 des Teiges ausrollen, die Pizzaform damit auslegen, den Teig am Rand hochziehen und fest andrücken. Den Boden in kleinen Abständen mit einer Gabel einstechen, auf der untersten Leiste in den kalten Backofen schieben und bei 220° C 20 Minuten vorbacken. • Inzwischen den Käse grob reiben. Die Eier verquirlen – 1 Eßlöffel zum Bestreichen abnehmen – die Sahne, das Salz und das Picata unterrühren. • Das Gemüse auf dem vorgebakkenen Boden verteilen und mit dem Käse bestreuen. Die Ei-Sahne-Mischung darübergießen. Den restlichen Teig ausrollen, 1 1/2 cm breite Streifen ausrädeln und 3 Zöpfe daraus flechten. Die Teigzöpfe über den Kuchen legen und mit Ei bestreichen. • Die Quiche auf der 2. Leiste von unten bei 200° C noch etwa 25 Minuten backen, bis das Teiggitter goldgelb ist.

Das paßt dazu: Tomatensalat; auch kurz geschmorte Waldpilze oder Champignons schmekken dazu sehr gut.

• Weizen • Grünkern

Zwiebelkuchen mit blättrigem Mürbteig

Zutaten für 1 Backblech:
Blitzmürbteig nach dem Grundrezept (Seite 118)
Für den Belag: 600 g Zwiebeln · 50 g Butter · 1 1/2 Gemüsebrühwürfel · 1 Ecke Kräuter-Schmelzkäse (62,5 g; 60% Fett i.Tr.) · 1/2 Teel. Schabziegerklee · 1/4 Teel. Kurkuma · 2 Eier · schwarzer Pfeffer · 1/2 Eßl. Kümmel
Für das Blech: Butter und Vollkornmehl
Insgesamt etwa 12 420 Joule / 2 955 Kalorien

- Zubereitungszeit: 1 Stunde (einschließlich Teigzubereitung)
- Ruhezeit: 30–60 Minuten
- Backzeit: 30–40 Minuten

So wird's gemacht: Zuerst den Teig zubereiten und ruhen lassen. • Inzwischen für den Belag die Zwiebeln schälen, grob würfeln und in der Butter glasig braten – sie sollen dabei nicht zu weich werden. Die Brühwürfel und den Käse zerkleinern und zu den Zwiebeln geben. Die Gewürze beifügen und verrühren, bis der Käse geschmolzen ist. • Das Blech einfetten und mit Mehl bestäuben. Den Teig ausrollen und das Blech damit belegen. An den Rändern ringsherum einen 1 1/2 cm breiten Streifen abschneiden und vorerst auf dem Blech liegenlassen. • Die Eier verquirlen. Die abgeschnittenen Streifen damit bestreichen und mit der bestrichenen Seite als Rand ringsum auf den Teigboden legen. Mit den Gabelzinken ein Muster eindrücken und dünn mit verquirltem Ei bestreichen. Das restliche Ei unter die Zwiebeln rühren und nochmals abschmecken. Die Zwiebelmasse auf dem Boden verteilen, den Pfeffer darübermahlen und den Kuchen mit dem Kümmel bestreuen. • Den Zwiebelkuchen auf der untersten Leiste in den kalten Backofen schieben und bei 240° C 30–40 Minuten backen; die Oberfläche soll leicht gebräunt sein. Frisch aus dem Backofen schmeckt der Zwiebelkuchen am besten.

Varianten
Sie können als Unterlage für die Zwiebelmasse auch einen pikanten Hefeteig (Rezept Seite 117) nehmen oder den Belag auf Vollkornbrote streichen und die Brote im Grill überbacken.

• Weizen • Grünkern

Warme Käsetörtchen

Zutaten für 10–12 Pastetenförmchen (8–9 cm ∅):
Blitzmürbteig nach dem Grundrezept (Seite 118)
Für den Belag: 225 g kräftig schmeckender Käse, zum Beispiel Greyerzer, Raclette, Appenzeller, Allgäuer Bergkäse, alter Gouda oder gemischte Käsereste
Für den Guß: 3 Eier · 150 g Sahne · 1½ Eßl. Zwetschgenwasser · ¾ Teel. Schabziegerklee · ¾ Teel. Kräutersalz · ¾ Teel. Pastetengewürz, ersatzweise Pfeffer und Muskat
Für die Förmchen: Butter
Pro Stück etwa 1460 Joule / 345 Kalorien (bei 10 Käsetörtchen)

- Zubereitungszeit: 1 Stunde (einschließlich Teigzubereitung)
- Backzeit: etwa 35 Minuten

So wird's gemacht: Die Pastetenförmchen einfetten. Den Mürbteig ausrollen, die Förmchen damit auslegen, dabei einen Rand von 2½ cm hochziehen. • Den Käse grob raspeln. Alle Zutaten für den Eierguß verquirlen und kräftig abschmecken. Die Törtchen mit dem Käse und der Eiersahne füllen. Aus Teigresten Ornamente ausstechen und in die Mitte legen, eventuell noch mit etwas Eiersahne bestreichen. • Die Törtchen auf der untersten Leiste in den kalten Backofen schieben und bei 220° C in 35 Minuten goldbraun backen. • Die Förmchen aus dem Backofen nehmen, den Teigrand mit einem Messer lockern, die Törtchen auf einen Teller stürzen und sofort wieder umdrehen. Falls der Boden noch etwas feucht sein sollte, die Törtchen (ohne Formen) noch für 5–10 Minuten auf dem Rost in den heißen Backofen schieben.

Variante – Käsetörtchen provenzalisch
½ Tasse Tomatenketchup mit 1 durchgepreßten Knoblauchzehe würzen, die Böden damit dünn bestreichen und mit getrockneten Provence-Kräutern (Thymian, Oregano, etwas Basilikum und Rosmarin) bestreuen. Den Käse und die Eisahne einfüllen. Jedes Törtchen mit 4 schwarzen Olivenhälften belegen, wie oben backen.

• Weizen

Amerikanischer Peanutpie

Bild gegenüber

Erdnüsse sind nicht nur bei Partys und Kindergeburtstagen beliebt, sie lassen sich auch in der Küche vielseitig verwenden, beispielsweise für einen pikanten Porree-Zwiebel-Kuchen nach amerikanischer Art. Besonders gut schmeckt er uns mit dem Hefeteig für Kümmelstangen. Sie können ihn aber auch mit jedem anderen salzigen Hefeteig zubereiten.

Zutaten für 1 Pizzaform (26–28 cm ∅):
Hefeteig für Kümmelstangen (Rezept Seite 39)
Für den Belag: 150 g Zwiebeln · 150 g Lauch/Porree · 30 g Butter · 2 Eßl. Wasser · 1 Gemüsebrühwürfel · ½ Teel. Delikata · ½ Eßl. feingehackter Majoran · 1½ Teel. feingehackter Thymian · wenig feingehackter Rosmarin · frisch gemahlener schwarzer Pfeffer · 100 g Allgäuer Emmentaler Käse · 75 g geröstete, gesalzene Erdnüsse
Für den Guß: 2 Eier · 100 g Crème fraîche · ¼ Teel. Kräutersalz
Für die Form: Butter
Insgesamt etwa 11 510 Joule / 2 740 Kalorien

- Zubereitungszeit: 90 Minuten (einschließlich Teigzubereitung)
- Backzeit: 45 Minuten

FONTAL
la

◁ Ein herzhafter Kuchen wie die Bologneser Pizza schmeckt zum Mittag- oder Abendessen ebenso wie zum Picknick oder als Imbiß zu Wein und Bier. Rezept Seite 118.

So wird's gemacht: Den Hefeteig zubereiten und gehen lassen. • Inzwischen für die Füllung die Zwiebeln schälen, halbieren und in feine Streifen schneiden. Den Lauch waschen, putzen und in 1 cm dicke Ringe schneiden, auch das zarte Grün mitverwenden. • Die Zwiebelstreifen in der Butter in 5 Minuten glasig braten, dann den Lauch und das Wasser dazugeben. Das Gemüse etwa 10 Minuten garen, es soll knapp weich werden. Den zerkleinerten Brühwürfel, das Delikata und die Kräuter unterrühren und das Gemüse mit frisch gemahlenem Pfeffer kräftig abschmecken. • Für den Guß die Eier mit der Crème fraîche und dem Salz verquirlen. • Den Käse grob raspeln. Die Erdnüsse, falls nötig, halbieren. Die Form einfetten. • Den gut gegangenen Teig nochmals durchkneten, ausrollen und die Form damit auslegen. Die Hälfte des Käses auf dem Teigboden verteilen und das Gemüse einfüllen. Mit dem restlichen Käse und den Erdnüssen bestreuen und die Eimasse darübergießen. • Den Peanutpie auf der untersten Leiste in den kalten Backofen schieben und bei 200° C in etwa 45 Minuten goldgelb backen.

• Weizen

Käsespiralen

Bild Seite 113

Die Käsespiralen sehen von beiden Seiten sehr interessant aus und sie schmecken delikat.

Zutaten für etwa 50 Stück (1 Backblech):
100 g trockener Quark · 4 Eßl. saure Sahne · 100 g weiche Butter · 1 gestrichener Teel. Kräutersalz · 160 g Weizen, fein gemahlen · 1 Tasse Sesam · 1 Ei · Curry · 100 g Reibkäse · Kümmel
Für das Blech: Butter
Pro Stück etwa 180 Joule / 45 Kalorien

- Zubereitungszeit: 1 Stunde
- Kühlzeit: 4–12 Stunden (über Nacht)
- Backzeit: etwa 20 Minuten

So wird's gemacht: Den Quark mit der Sahne glattrühren. Die Butter und das Salz dazugeben. Zuletzt das Weizenmehl unterarbeiten. Den weichen Teig 4 Stunden oder auch über Nacht im Kühlschrank ruhen lassen. • Den Sesam in einer trockenen Pfanne unter Umwenden leicht rösten. • Den Teig messerrückendick zu einem Rechteck ausrollen. Das Ei verquirlen. Die Teigplatte dünn mit Ei bestreichen und leicht mit Curry bestreuen. Den Reibkäse darüber verteilen und mit der Nudelrolle andrücken. Den Teig von den beiden Schmalseiten her zur Mitte hin aufrollen – so ergeben sich Doppelspiralen, die nach dem Backen ähnlich wie »Schweinsöhrchen« aussehen. Oder den Teig in der Mitte zwischen den beiden Rollen durchschneiden und die Teigränder fest andrücken. Die Teigrollen mit Ei bestreichen, in dem gerösteten Sesam wälzen und die Sesamsamen festdrücken. Die Rollen in Alufolie wickeln und 1 Stunde im Gefriergerät kühlen, bis sie schnittfest sind. • Das Blech leicht einfetten. Vom Teig knapp 1 cm dicke Scheiben abschneiden, mit der Unterseite in Sesam drücken und aufs Blech legen. Zum Schluß die Oberseite aller Plätzchen mit Ei bestreichen und mit Kümmel bestreuen. Die Käsespiralen auf der mittleren Leiste in den kalten Backofen schieben und bei 200° C etwa 20 Minuten backen. Auf einem Kuchengitter abkühlen lassen.

• Grünkern • Weizen

Grünkern-Käse-Snacks

Zutaten für etwa 80 Stück (1 Backblech):
80 g Appenzeller Käse · 70 g Allgäuer Emmentaler Käse · 50 g Grünkern, fein gemahlen · 100 g Weizen, fein gemahlen · je 1/4 Teel. Meersalz, edelsüßes Paprikapulver, frisch gemahlener schwarzer Pfeffer und frisch geriebene Muskatnuß · 100 g weiche Butter · 5 Eßl. saure Sahne
Zum Bestreichen und Bestreuen: 1 Eigelb · 1 Eßl. Wasser · Mohn · Kümmel · gerösteter Sesam

Für das Blech: Butter
Pro Stück etwa 100 Joule / 25 Kalorien

- Zubereitungszeit: 1 Stunde
- Ruhezeit: 2 Stunden
- Backzeit: 20–25 Minuten

So wird's gemacht: Den Käse reiben, 1 Eßlöffel zum Bestreuen zurücklassen. Den übrigen Käse mit dem Mehl und den Gewürzen mischen. • Die Butter mit der Sahne verrühren, die Mehlmischung dazugeben und zu einem weichen Teig verkneten. Den Teig zugedeckt im Kühlschrank 2 Stunden ruhen lassen. • Das Blech leicht einfetten. Den Teig 1/2 cm dick ausrollen und kleine Plätzchen ausstechen oder kleine Quadrate ausrädeln. Das Eigelb mit dem Wasser verquirlen, die Plätzchen damit bestreichen und mit dem geriebenen Käse, Mohn, Kümmel oder Sesam bestreuen. Dicht nebeneinander aufs Blech legen, auf der mittleren Leiste in den kalten Backofen schieben und bei 220° C 20–25 Minuten backen.

- Weizen

Erdnußhöckerli

Bild Seite 113

Zutaten für etwa 90 Stück (1 Backblech):
50 g weiche Butter · 100 g saure Sahne · je 1/4 Teel. Meersalz, Curry und Cayennepfeffer · 2 gestrichene Eßl. Hefeflocken · 80 g alter Goudakäse · 100 g geröstete, gesalzene Erdnüsse · 120 g Weizen, fein gemahlen
Zum Bestreichen: 1 Eigelb · 1 Eßl. Wasser
Für das Blech: Butter
Pro Stück etwa 85 Joule / 20 Kalorien

- Zubereitungszeit: 40 Minuten
- Ruhezeit: 2–12 Stunden (über Nacht)
- Backzeit: 25–30 Minuten

So wird's gemacht: Die Butter mit der Sahne, dem Salz und den Gewürzen verrühren. Die Hefeflocken dazugeben. • Den Käse und 70 g Erdnüsse reiben und unterrühren. Zuletzt das Mehl darunterarbeiten. Den weichen Teig 2 Stunden oder über Nacht im Kühlschrank ruhen lassen. Falls notwendig, den Teig noch 10–15 Minuten ins Gefrierfach stellen, damit er sich besser ausrollen läßt. • Das Blech leicht einfetten. Den Teig 1/2 cm dick ausrollen und runde Plätzchen von 3,5 cm ∅ ausstechen. Die Plätzchen ziemlich dicht auf das Blech legen. Das Eigelb mit dem Wasser verquirlen, die Plätzchen damit bestreichen und jeweils mit 3 halben Erdnußkernen belegen. • Die Erdnußhöckerli auf der mittleren Leiste in den kalten Backofen schieben und bei 180° C 25–30 Minuten backen.

- Weizen

Piroggen

Zutaten für etwa 20 Stück (1 Backblech):
Pikanter Hefeteig nach dem Grundrezept 2 (Seite 117)
Zwiebel-, Käse- oder Pilzfüllung (siehe Seite 127)
Zum Bestreichen und Bestreuen: 1 Eigelb · 1 Eßl. Wasser · Kümmel · gerösteter Sesam
Für das Blech: Butter
Pro Stück etwa 765–840 Joule / 185–200 Kalorien je nach Füllung

- Zubereitungszeit: 75 Minuten (einschließlich Teigzubereitung)
- Backzeit: 40 Minuten

So wird's gemacht: Den Hefeteig zubereiten und gehen lassen. • Die Füllung vorbereiten. • Den gut gegangenen Hefeteig kurz zusammenkneten und 1/2 cm dick ausrollen. Runde Plätzchen von 6 cm ∅ ausstechen. Die Hälfte davon mit der Füllung belegen. Mit den übrigen Plätzchen bedecken und die Ränder fest zusammendrücken. Oder aus dem Teig 10 cm große Quadrate ausrädeln. Die Füllung in kleinen Häufchen darauf verteilen. Die Quadrate zu Dreiecken zusammenfalten oder die Ecken nach der Mitte klappen und gut zusammendrücken, so daß »Pfaffenhütchen« entstehen. Aus den Teigresten kleine Blütenformen ausstechen. • Das Ei mit dem Wasser verquirlen. Die Piroggen und Verzierungen damit bestreichen, diese in Kümmel oder Sesam drücken und auf die Pfaffenhütchen kleben. • Die Hefepastetchen auf der 2. Leiste von unten in den kalten Backofen schieben und bei 200° C in etwa 40 Minuten goldbraun backen.

Käsefüllung für Piroggen
40 g feingewürfelte Zwiebel in 1/2 Eßlöffel Butter glasig braten. Je 125 g Emmentaler und Greyerzer Käse reiben, 50 g Edelpilzkäse mit der Gabel zerdrücken. 1 Eßlöffel Quark mit 1 Ei, 2 Eßlöffeln trockenem Weißwein und dem Käse verrühren. Die Zwiebeln, 1 durchgepreßte Knoblauchzehe und 3 Eßlöffel feingehackte Kräuter (Petersilie, Schnittlauch, Basilikum, Thymian) zufügen. Mit 1/4 Teelöffel Kräutersalz sowie je 1/2 Teelöffel Grill- und Pastetengewürz kräftig abschmecken. • Die Piroggen mit Kümmel oder geröstetem Sesam bestreuen.

Zwiebelfüllung für Piroggen
600 g milde weiße Gemüsezwiebeln würfeln, in 60 g Butter und 2 Eßlöffeln trockenem Weißwein nicht zu weich dünsten. Mit 1 3/4 Gemüsebrühwürfel unter Umrühren noch einige Minuten schwach kochen lassen, bis die Flüssigkeit verdampft ist. Mit je 3/4 Teelöffel getrocknetem Majoran, gerebelt, und Schabziegerklee, je 1/2 Teelöffel getrocknetem Basilikum, gerebelt, und frisch gemahlenem schwarzem Pfeffer sowie 1 Teelöffel Kümmel kräftig abschmecken. 30 g Butter und 1 Ei unterrühren. Erkalten lassen. • Die Piroggen mit Kümmel bestreuen.

Pilzfüllung für Piroggen
90 g Zwiebelwürfel mit 1 Knoblauchzehe, feingehackt, in 30 g Butter glasig braten. 35 g mittelfein gehackte Haselnüsse mitbraten. 375 g frische große Champignons, gewürfelt, in 50 g Butter 10 Minuten unter Wenden braten. 2 Teelöffel Vitam-Steinpilzbrühe und 20 g Butter sowie die Zwiebelmischung und 2 Eßlöffel feingehackte Kräuter (Petersilie, Liebstöckel/Maggikraut, Majoran, Thymian) zufügen. 1 Ei verquirlen und einrühren. Mit frisch gemahlenem schwarzem Pfeffer und Kräutersalz kräftig abschmecken. Das Ei soll fest, aber die Masse nicht zu trocken werden.

• Mais • Weizen

Mais-Knusperfladen

Zutaten für etwa 16 Stück (1 Backblech):
100 g Mais, fein gemahlen · 25 g Weizen, fein gemahlen · 1/2 Teel. Kardamom · 1/4 Teel. Meersalz · 2 Eßl. Sonnenblumenöl · 200 g kaltes kohlensäurereiches Mineralwasser
Für das Blech: Butter
Pro Stück etwa 160 Joule / 40 Kalorien

- Zubereitungszeit: 25 Minuten
- Ruhezeit: 2–4 Stunden
- Backzeit: 20–25 Minuten

So wird's gemacht: Alle Zutaten zu einem ziemlich flüssigen Teig verrühren und zugedeckt 2–4 Stunden quellen lassen. • Das Backblech mit reichlich Butter einfetten, sonst bleibt das Gebäck hängen. Den Teig nochmals durchrühren. Jeweils knapp 1 Eßlöffel Teig dünn und gleichmäßig zu etwa handtellergroßen Fladen verstreichen. Die Fladen auf der mittleren Leiste in den kalten Backofen schieben und bei 220° C 20–25 Minuten backen. Sie sollen knusprig sein. Frisch aus dem Backofen servieren!

Wichtige Adressen und Bücher

Bezugsquellen

• Backferment, Backofenlampe:
Backtechnik GmbH, Postfach 80, 6364 Florstadt 1.
Bio-Quelle Klaus Lösch, Haager Str. 44a, A-4400 Steyr/Österr.
VANADIS, St. Johanns-Vorstadt 62, CH-4000 Basel/Schweiz.
• Getreide aus biologischem Anbau
– Adressen von biologisch wirtschaftenden Betrieben durch:
Demeter-Bund e. V., Wellingstr. 24, 7000 Stuttgart.
Fördergemeinschaft organisch-biologischer Landbau e. V., 7326 Heiningen.
• Getreidemühlen oder Informationsmaterial erhältlich in Reformhäusern, Elektro- und Haushaltswarengeschäften oder durch folgende Lieferanten:
Ludwig Bartsch, 6380 Bad Homburg v. d. H.
G. Bauknecht GmbH, Postfach 983, 7000 Stuttgart 1.
Bio-Dienst, Brandströmstr. 5/3, 7290 Freudenstadt.
Bösen Getreidemühle, System Dr. H. Burggrabe, Vertrieb durch Reformhäuser.
Elektro-as GmbH, Holsteiner Chaussee 283, 2000 Hamburg 61.
Werner Ganter, Buchenweg 32, 7742 St. Georgen.
Otto F. Hülter-Hassler, Postfach 850, 7831 Königsschaffhausen (Elsässer-Getreidemühle).
Lüder Automation GmbH, 7742 St. Georgen.
Wilfried Messerschmidt, August-Heisler-Weg 6, 7744 Königsfeld 1 (Getreidemühlen und Mahlwerkvorsätze für Bosch-, Jupiter-, Bauknecht-Küchenmaschine u. a.).
Green Hausmühlenbau, A-9991 Iselsberg 39/Österreich.
Schnitzer KG, Feldbergstr. 11, 7742 St. Georgen (z. Zt. über 20 Mühlenmodelle).
Schnoor Teestübchen H. Weyh, Wüstestätte 1, 2800 Bremen 1.
Spessart-Mühle, G + M Eizenhöfer, Kardinal-Faulhaber Str. 6, 8752 Kleinostheim.
• Getreidemühlen, Getreide und Gemüse aus biologischem Anbau, Dörrapparat, Backferment, biolog. Gartenbedarf:
Bildungs- und Gesundheitszentrum, Waldhof Krüdersheide, 5650 Solingen 11.
Bio-Gartenmarkt Fritz Keller, Konradstr. 17, 7800 Freiburg.
Bio-Service Karl F. Weber, Postfach 2221, 7730 Villingen.
Karl Blankenburg, Postfach 122, 4920 Lemgo.
Peter Böhmer, Hafermühle, Postfach 1102, 5779 Eslohe.
Ernst-Otto Cohrs, Postfach 1165, 2130 Rotenburg/Wümme.
Der grüne Baum, mv Manufaktur-Vertrieb, Reformversand, Postfach 101 765, 4630 Bochum 1.
Fachdienst Gesundheit GmbH, Postf. 120 140, 7530 Pforzheim.
Heinrich Geisel, Ludwigstr. 70, 8510 Fürth.
Fried Gebler, Fasanenweg 9, 5144 Wegberg-Arsbeck.
gesundleben GmbH, Postfach 33, 8959 Hopferau-Heimen (ausführliche Broschüre über die gängigsten Getreidemühlen gegen DM 1,50 Kostenersatz).
Grell Nachf. KG, Johannisstr. 7, 2353 Nortorf/Holstein.
Haus und Heim, Elsbeth Tillmanns, bio-Abt. »Die Jungmühle«, Breite Str. 82, 4150 Krefeld.
Josephus Heemskerk, Wideystr. 56, 5810 Witten.
Hans Heyer, Sonnenweg 11, 5064 Rösrath 3 (-Forsbach).
Kornblume, Hauptstr. 60, 8520 Erlangen (Versand nach auswärts, u. a. auch Dinkel).
Edm. Mockenhaupt KG, Hauptstr. 5, 5241 Harbach ü. Betzdorf.
Schnitzer KG, Feldbergstr. 11, 7742 St. Georgen.
Wilhelm Süss, Bruchsaler Str. 21, 7504 Weingarten.
Peter Visser, Hildesheimer Str. 16, 3209 Bettmar-Schellerten.
Weiling, Erlenweg 134, 4420 Coesfeld
• Küchenkräuter, Gewürzpflanzen, Gemüsesamen aus biologischem Anbau:
Heinrich Bornträger, 6521 Offstein.
• Besondere Zutaten:
Reformhaus Rahlstedt Friedrich Bein, Postfach 730 124, 2000 Hamburg 73 (Versand auch ins Ausland).
• Vollwert-Koch- und -Backkurse
– Auskunft durch unsere Kontaktstelle: Zeitschrift »Natürlich und Gesund«, Eberhard Cölle, Postfach 700 118, 7000 Stuttgart 70 (Freiumschlag beifügen).
• Empfehlenswerte Museen:
Deutsches Brotmuseum, Fürsteneckerstr. 17, 7900 Ulm (geöffnet tägl. außer Samstag 10–12 u. 15–17.30 Uhr).
Europäisches Brotmuseum, 3403 Mollenfelde-Friedland (geöffnet werktags 10–17, sonntags 10–18 Uhr, im Januar geschlossen, im Winter verkürzte Öffnungszeiten).

Empfehlenswerte Bücher

• Bezugsquellen für Alternatives. Ein Verzeichnis. Zu beziehen durch: Verein für ein erweitertes Heilwesen e. V., Johannes-Kepler-Str. 58, 7263 Bad Liebenzell-Ul.
• Bircher, Dr. med. Ralph, Gesünder durch weniger Eiweiß. Edition Wendepunkt, Bad Homburg v. d. H./Erlenbach-Zürich
• Brecht, Eduard A., Brecht-Kochbuch. Eduard A. Brecht Verlag, Karlsruhe
• Bruker, Dr. M. O., Gesund durch richtiges Essen. Econ Verlag, Düsseldorf
• Bruker, Dr. M. O., Krank durch Zucker. Helfer-Verlag E. Schwabe, Bad Homburg v. d. H.
• Bruker, Dr. M. O., Unsere Nahrung, unser Schicksal. Verlag gesundleben, Dreieich
• Cremer, Prof. Dr. med. H.-D., Die Große GU-Nährwert-Tabelle. Kalorien/Joule- und Nährstoffgehalte unserer Lebensmittel. Gräfe und Unzer Verlag München
• Friedl, Paul, Himmel, erhalt uns das Bauernbrot. Rosenheimer Verlagshaus, Rosenheim
• Fritzsche, Helga, Küchenkräuter selbst gezogen – am Fenster, auf dem Balkon und im Garten. Gräfe und Unzer Verlag
• Handbuch der Haushalts-Getreidemühlen, Verlag Natürlich und Gesund, Postfach 700 118, 7000 Stuttgart 70
• Klevers Kalorien-Joule-Kompaß. Mit über 3500 Werten. Gräfe und Unzer Verlag
• Koerber/Männle/Leitzmann, Vollwert-Ernährung – Grundlagen einer vernünftigen Ernährungsweise. Karl F. Haug Verlag, Heidelberg
• Renzenbrink, Dr. U., Ernährung unserer Kinder. Zu beziehen durch: Arbeitskreis für Ernährungsforschung e. V., Zwerweg 19, 7263 Bad Liebenzell 3

Rezept- und Sachregister

Kursiv gesetzte Seitenzahlen verweisen auf Abbildungen.

Rezept- und Sachregister

Rezept- und Sachregister